Julia Wadhawan
Sag mir nicht, wer ich bin

JULIA WADHAWAN

Sag mir nicht, wer ich bin

Über die Sehnsucht nach
Identität und die Freiheit,
nirgends hineinzupassen

dtv

Die Autorin bedankt sich für die Förderung durch das Neustart Kultur-Stipendium der VG Wort, initiiert von der Beauftragten der Bundesregierung für Kultur und Medien (BKM).

Originalausgabe 2022
© 2022 dtv Verlagsgesellschaft mbH & Co. KG, München

Umschlaggestaltung: Rothfos & Gabler, Hamburg, unter Verwendung
eines Fotos von brotherside, Hamburg
Satz: Fotosatz Amann, Memmingen
Druck und Bindung: CPI books GmbH, Leck
Printed in Germany · ISBN 978-3-423-26325-2

Für meine Eltern, in Liebe.

You are one person
But when you move
An entire community
Walks through you
– *You go nowhere alone*

Rupi Kaur

Inhalt

Vorwort

Als ich zum ersten Mal mit einem Verlag über die Idee zu diesem Buch sprach, war es mir wichtig, etwas klarzustellen: »In diesem Buch geht es um Indien und nicht um mich.« Ich wollte das Land aus einer Perspektive erzählen, die mehr sah als Bollywood, Yoga und heilige Kühe. Und zwar aus Sicht der Menschen vor Ort. Ich wollte *sie* erzählen lassen, wie Indien ist und was wir daraus über die Welt lernen können. Meine Ansage fand ich selbstbewusst. Doch je mehr ich darüber nachdachte, desto klarer wurde mir, dass es hierbei zwar um Indien ging, aber auch vor allem um eine Perspektive – nämlich meine. Oder um die Suche danach. Und über all den Themen, die mich umtrieben, schwebten immer zwei Fragen: Warum ist das wichtig, und was hat das mit mir zu tun?

Mein Selbstbewusstsein vom Anfang entpuppte sich ziemlich schnell als Angst: vor Aufmerksamkeit, davor, etwas Falsches zu schreiben, zu denken, zu fühlen. Selbstzentriert zu sein. Mein Beruf ist es, anderen ihre Gedanken zu allen möglichen Themen zu entlocken, und alle davon sind relevant, weil sie die Vielfalt der Lebensrealitäten abbilden. Also, wieso sind es meine nicht? Vielleicht, weil ich mit dem Gefühl aufgewachsen bin, dass die Perspektiven der anderen richtiger, weil allgemeingültiger waren und meine Erfahrungen speziell und damit unwichtig – und die Konflikte, die ich manchmal in mir spürte, ein Zeichen von Charakterschwäche. Dann dachte ich an einen Satz, den mein Vater gerne zu Menschen sagt, die er neu kennenlernt. Er fragt: *What's your story?* Und ich dachte, ja, wieso sollte denn ausgerechnet ich keine Antwort auf diese Frage haben? Und so wurden aus der Idee zu einem Buch auch eine Mutprobe: meine eigene Sichtbarmachung. Es ist eine persönliche Geschichte, aber vor allem ist es der Versuch einer Verortung in der Welt – oder in *den Welten,* in diesem Fall meiner deutschen Heimat und Indien. Aus dieser Verortung wurde auch das Nachdenken über eine Gesellschaft, in der die Frage nach Identität nicht spaltet, sondern verbindet.

Über jedes Thema, das ich in den einzelnen Kapiteln aufmache, könnte man ein eigenes Buch schreiben, und während ich an diesem saß, fragte ich mich immer wieder, was ich dem Wissen und den Debatten noch hinzufügen könnte, die sich mit Identitätsebenen wie Herkunft befassen. Ich konnte sie ja nicht mal vollständig abbilden, so viele Menschen haben sich bereits sehr kluge Gedanken gemacht. Trotzdem bleiben die damit zusammenhängenden Probleme aktuell. Und dann hörte ich auf einer Party diesen wunderbaren Satz: »Es gibt immer etwas hinzuzufügen, und das ist die eigene Geschichte.«

Es geht immer noch um Indien. Ein großes, vielfältiges Land, das sich nicht kategorisieren lässt. Das macht es umso spannender, Fragen nach Identität und Zugehörigkeit zu stellen. Ich bewege mich dabei in einem Zwischenraum, den Blick immer auch nach Deutschland gerichtet, meiner Heimat. Weil wir im Anderen vor allem über uns selbst lernen. Das verbindet uns, überall, jeden einzelnen Menschen auf dieser Welt. Die Strukturen, in denen wir leben. Der Wunsch nach Abgrenzung, weil wir uns dadurch selbst deutlicher sehen. Und der Wunsch nach Zugehörigkeit, Verbindung. Ein ständiger Dialog und ein Ringen um Freiheit: uns selbst zu bestimmen und angenommen zu werden, ohne irgendwo hineinpassen zu müssen. Das ist nie einfach, und es bringt Verantwortung mit sich: diese Freiheit auch für andere zu gewährleisten, sie ebenso zu schützen wie die eigene. Auch darum soll es gehen.

1 Verlustangst

Die Nachricht, vor der ich mich gefürchtet habe, kommt nicht überraschend, und doch trifft sie mich wie eine Ohrfeige. Papa hat sie offensichtlich in Eile geschrieben, aber die Botschaft ist deutlich.

Ich werde Indien hundertprozentig verlassen.

Es sind nur ein paar Worte über WhatsApp, aber ich kann beinahe hören, wie er sie mit dem Volumen eines Schlagbohrers herauspresst, laut, tief und unnachgiebig. Ich sitze auf zwei zusammengeschobenen Sesseln neben der geöffneten Terrassentür, die Beine ratlos ausgestreckt. Tee dampft aus einer bauchigen Tasse. So dunkel und grau der November in Hamburg auch sein kann, hier in Neu-Delhi fühlt er sich an wie Spätsommer. Nur ein bisschen staubig riecht es auch jetzt, am Morgen, obwohl sich die Luft über Nacht von den Ausdünstungen der Stadt erholen konnte. Draußen spielt das übliche Konzert einer indischen Metropole: Autoreifen auf Asphalt, Hup-Dialoge zwischen freundlicher Ankündigung und aggressivem Geh-mir-aus-dem-Weg, Gemüsehändler, die ihr Sortiment auf Fahrradtheken gestapelt klingelnd am Straßenrand entlangschieben. Unser kleiner Vorgarten wirkt dabei wie eine Irritation, ein Fehler. Zucchinis ziehen sich an der Erde entlang, grüne Tomaten hängen noch schüchtern in den Sträuchern. Eine weiße Mauer fängt meinen Blick auf die Straße ab, und ich frage mich, wie bei Mauern jeder Art, ob sie mich eigentlich schützen, und wenn ja, warum ich dann das Gefühl nicht loswerde, gleichzeitig eingesperrt zu sein.

Bin ich zu unvorsichtig geworden – war ich es immer? Leichtsinnig, einfältig? Ich fühle mich wie eine Wand, die eben noch mit ihrem Betonfundament protzte und jetzt kleinlaut nachgibt. Schuld, Trauer, das Gefühl von Ungerechtigkeit. Ich kann nicht sagen, was davon mir am meisten in der Brust zwickt. Ist es meine Schuld, dass Papa das Haus meiner Großeltern, in dem ich gerade sitze, verkaufen will? Weil ich den Golddring auf dem Nachttisch liegen ließ und er jetzt weg ist? Weil ich auf etwas Wertvolles nicht Acht gab? Und nun fehlt nicht nur der Schmuck, ich bin im Begriff, gleich mehrere Zuhause zu verlieren: einen Menschen in Deutschland, der mir diesen Ring als Zeichen seiner Liebe geschenkt hat. Ein Haus, das mir womöglich mehr bedeutet, als ich wahrhaben wollte. Und mit dem Haus auch die Verbindung zu einem Land, dem ich nah sein wollte, mit dem ich aber am ehesten eine unverbindliche Fernbeziehung führe.

Cousin Sharad analysiert nicht richtig ernst, aber auch nicht komplett ironisch:»Eigentlich ist es Tonys Schuld. Weil er Julia nicht besser erzogen hat.« Tony, das ist mein Vater. Es ist 2019, ich bin 32 Jahre alt und offenbar immer noch nicht in der Lage, mich einigermaßen würdevoll durchs Leben zu bewegen. Durch Indien. Papas Land. »Das ist nicht mein Land«, höre ich ihn in meinen Gedanken antworten, dabei schüttelt er den Kopf, als wolle er eine lästige Fliege abwimmeln. Nur weil er hier geboren ist, zur Schule ging, schätzungsweise 90 Prozent seiner Familie hier leben, hat er keinerlei Besitzansprüche an diesen Ort. Eigentlich finde ich das eine fortschrittliche Einstellung, Besitzansprüche kämpfen ja heutzutage nicht nur in

Gesellschaft und Liebe um Berechtigung. Papa bezeichnet sich jedenfalls weder als Inder noch als Deutscher, er sei Weltbürger. »Mein Zuhause ist mein Körper!«, hat er mehr als einmal gesagt. Ein gemütliches Zuhause, eingewickelt in mehrere Schichten gespeicherte Energie, die sich vor allem um den Bauch spannen. Damit die Energie nicht über weniger eingewickelte Körperteile verloren geht, trägt Papa gern eine französische Baskenmütze auf dem zarten grauen Haar, ein bisschen schief, und, wenn es sehr kalt ist, Wollmützen. Im Sommer setzt er den kolumbianischen Basthut auf, den ich ihm von meiner Südamerikareise mitgebracht habe. Mit seiner braunen Haut und einem gespannten weißen T-Shirt über dem Bauch sieht er dann aus wie ein kolumbianischer Kaffeebauer. Seine Ohren bleiben bei jeder Kopfbedeckung frei, vielleicht, um ihn nicht am »selektiven Hören« zu hindern, wie er das nennt. Papa hört öfter schlecht, weil er nicht anders kann. Und manchmal, weil er nicht anders will.

Ich wusste, dass die Situation mehr nach sich ziehen würde als nur ein bisschen Ärger. Am liebsten hätte ich sie einfach allein gelöst. Am Morgen hatte ich meinen Ring ausgezogen, weil er mir beim Yoga ständig auf den Knöchel gerutscht war. Als ich daran denke, kann ich ihn nirgends finden, und ein Verdacht beschleicht mich. Unter kleinen Tuben Hotellotion, Taschentuchpäckchen und verstaubten Moskitosprays krame ich mein Schmucktäschchen hervor. Die goldenen Armreifen, die Oma Rup mir geschenkt hatte, sind auch weg. Die eine Erinnerung an sie, die mehr war als ein paar unklare Bilder und verschwommene Gefühle. Natürlich geht es nicht um den materiellen Wert, sondern darum, wofür die Armreifen, der Ring stehen: Familie, Liebe, Zuhause. Das ist doch das Wichtigste im Leben, und ich lasse es sozusagen achtlos herumliegen, bis jemand anders Gefallen daran findet. *Jemand*, den ich kenne und der nur ein paar Meter weiter so tut, als wüsste er von nichts?

Ich bin allein im Haus meiner verstorbenen Großeltern im Süden von Indiens Hauptstadt Neu-Delhi. Also, fast allein. In der Küche schneidet Radhe Zwiebeln; ein halbstarker Junge mit James-Dean-Frisur schaut zu und gleichzeitig ständig auf sein Handy. Freundliche Gemüter, friedliche Koexistenz. Sie stellen kaum Fragen, ich gebe kaum Antworten und versuche, immer aufmunternd zu lächeln. Ich glaube zwar, dass sie das irritiert, aber sie nicken mir dann zu. Radhe kocht außerdem hervorragend. Er führte mal ein kleines Restaurant. Wir sprechen verschiedene Sprachen und denken manchmal, einander verstanden zu haben, die meiste Zeit aber hoffen wir das vor allem.

Der James-Dean-Junge hat außerdem einen großen Bruder, wir kennen die beiden schon lange. Ihr Vater Ahmed arbeitete bestimmt 15 Jahre für uns, bevor er vor ein paar Monaten plötzlich starb. An seiner Stelle fährt jetzt der älteste Sohn den Wagen. Ein stiller Anfang-20-Jähriger mit dünnen Beinen und sorgfältig gezwirbeltem Schnauzbart. Jamal. Ahmed saß im Auto in letzter Zeit häufig auf dem Beifahrersitz und redete pausenlos auf ihn ein. Die Bedeutung der Worte ging an mir vorbei, aber sein Ton war deutlich: Der Vater erteilte seinem Sohn Lektionen. Nur der erhobene Zeigefinger fehlte. Jamal hörte zu oder auch nicht, jedenfalls zeigte er keinerlei Reaktion, und davor hatte ich großen Respekt. Wenn ich mich um eine Konversation bemühte und ihn in gebrochenem Hindi fragte, wie es ihm ging (viel mehr fiel mir nicht ein), strahlten mich seine Augen für eine Sekunde an, bevor sie verschämt den Boden suchten.

Es ist nicht so, dass wir einander kennen würden. Wir können kaum drei Sätze miteinander wechseln. Trotzdem kam er mir in den letzten Tagen komisch vor, anders als sonst. Seine Augen waren glasig, er wich meinem Blick aus und huschte ins Hinterhaus, sobald er mich mit dem Auto am Eingang abgesetzt hatte. Ich schäme mich, das anzunehmen, aber ich glaube, er hat mich beklaut. Und in dieser Scham fühle ich mich ihm auf absurde Weise verbunden. Wir haben beide versagt. Ich habe zugelassen, dass sich unser Zuhause in Neu-Delhi, das meine Eltern so lange mühsam aufrechterhalten haben, nicht mehr sicher anfühlt. Dass ich diesen Jungen dazu verleitet habe, das Erbe seines Vaters zu verraten, der so lange unser Vertrauen genoss. Weil mich meine westliche Wohlstandsnaivität blind gemacht hat für die Realität. Goldschmuck, bei wem wecke ich da schon Begierden? Nur die verwöhnte Seele denkt sich dabei nichts. Papa hat nicht vor, mich zu trösten. Bei jeder WhatsApp-Nachricht vibriert das Telefon in meinem Schoß.

Schade, dass es so enden muss!

Was endet wie?

Dass du deine wertvollsten Sachen herumliegen lässt.
Und jetzt sind sie weg

Ich hatte sie in einer Schublade! In einer Tasche, ganz weit unten!

Bullshit, du bist voll doof.

Sicher hat er Recht. Das alles ist und war eine wirklich blöde Idee, und dieser Vorfall ist nur ein Zeichen vom Universum, mir das mitzuteilen. Andererseits, kann das nicht jedem passieren? Ich versuche mir und Papa einzureden, dass wir sachlich bleiben sollten, statt Dinge zu sagen, die wir gar nicht so meinen. Aber hier liegt offenbar das Problem: Papa meint es genauso.

Für mich ist Indien Vergangenheit ...

Ok. Für mich nicht.

Das ist deine Zukunft, nicht meine.

Neben mir wölben ein paar Auberginen ihre dunkel-violetten Bäuche, als wüchsen sie auf offenem Feld und nicht inmitten von Großstadtlärm und Staubluft. Sind sie genauso doof wie ich? Mein Handy vibriert wieder. Wie ernst es Papa meint, kann ich daran erkennen, dass er zwar die Sprache wechselt, die Botschaft aber unverändert bleibt.

I am exiting for sure, if you feel comfortable, let me know your intention.

Meine Absichten. Naja, zusammengefasst spiele ich mit dem Gedanken, bei einem Mann in Indien zu bleiben, statt in meine Beziehung und mein Leben nach Deutschland zurückzukehren. Mich beschleicht das leise Gefühl, dass sich Papa auch deswegen etwas angespannt verhält.

Während ich die weiße Mauer unseres Vorgartens anstarre, sacke ich innerlich enttäuscht zusammen. Projekt generationsübergreifende Rückintegration abgebrochen. Ich komme mir lächerlich vor, wie ich in diesem Land sitze, das nicht meines ist, und so tue, als würde ich hierher gehören. Bislang hatte mir Papa wenigstens noch ein Alibi verschafft. Er ist in Neu-Delhi geboren und aufgewachsen, reist seit über 40 Jahren beruflich immer wieder nach Indien, so lange, wie meine Eltern verheiratet sind. Nach Deutschland kam er das erste Mal 1971 für ein Praktikum bei einem Automobilzulieferer. Papa war 21 und hatte gerade sein Studium zum Elektroingenieur beendet. In Briefen berichtete er seinen Eltern vom ersten Schnee, für den er mitten in der Nacht das Haus verließ, und den unzähligen Arten, wie Deutsche ihre Kartoffel aßen, ohne sie zu würzen.

Ein paar Jahre später schickte ihn sein nächster Arbeitgeber für längere Zeit nach Frankfurt am Main als Trainer für die Bedienung von Großrechnern. In einem Irish Pub in Frankfurt Sachsenhausen lernte er meine Mutter kennen, Lehramtsstudentin, als Deutsche in Polen geboren. Sie sprachen über das Unterrichten von Kindern, von Erwachsenen. Über das Lernen. Mama wusste nicht viel über Indien, aber eines, das wusste sie, die als Zehnjährige nach Deutschland gekommen war, ganz bestimmt.»Wenn du hier lebst, musst du Deutsch sprechen.« Sie sprach im Gegenzug Englisch mit seiner Familie, fand in ihnen, in Neu-Delhi und Indien ein zweites Zuhause. Seit sie in Rente ist, verbringen meine Eltern den Herbst und manchmal auch den Frühling hier. Zwei Weltbürger*innen auf Reisen. Ich rechtfertigte mir damit eine gewisse Zugehörigkeit: Wo meine Eltern sind, darf ich sein. Natürlich hätte auch die Verwandtschaft in Indien dafür herhalten können. Zu Tante Bhawna und Onkel Ashish können wir zu Fuß laufen, zu Sabina und Deepak sind es zehn Minuten im Auto. Über Neu-Delhi verteilt leben ein paar Dutzend Familienangehörige, aber den meisten fühle ich mich, wenn ich ehrlich bin, nicht nah genug, um mehr zu sein als ein Gast.

Ich bin also eine Hochstaplerin, bestenfalls eine Touristin mit Stammliege. Ich bin hier nicht aufgewachsen, spreche nur ein paar Fetzen Hindi. Ich kann mich offensichtlich nicht einmal im eigenen Haus so verhalten, wie jede normale Bürgerin dieses Landes es tun würde.

Das hat sicher damit zu tun, dass ich meine Kindheit nicht in Neu-Delhi, sondern einer kopfsteingepflasterten Wohnstraße bei Düsseldorf und in einem hessischen Dorf verbracht habe. Zu Weihnachten gibt es bei uns Kartoffelklöße, Rotkohl und Braten. Indische Feste haben wir sehr lange keine gefeiert. Wir guckten »Wetten, dass..?« und James Bond statt Bollywood und Sharuk Khan. Im CD-Regal standen Musical-Soundtracks von »Cats« oder »Fame«, daneben vielleicht noch »Die Prinzen«, jedenfalls keine Alben indischer Musikstars. Wir sprachen Deutsch, nur im Streit wechselten meine Eltern früher ins Englische (was sinnlos war, weil mein Bruder und ich »idiot« auch so verstanden). In den Osterferien besuchten wir meine Großeltern in Neu-Delhi. Meinen Freundinnen kaufte ich lange Ohrringe, ich ließ mir die Hände mit Ornamenten aus *Mehndi* (Henna) bemalen, und manchmal nahm Mama uns mit zu McDonald's – das Mitte der 1990er-Jahre in Neu-Delhi expandierte –, weil mir das indische Essen nicht schmeckte. Als Kind haben mich diese Besuche oft gelangweilt. Ständig trafen wir (ältere) Verwandte, die ich ohnehin kaum verstand. Trotzdem habe ich immer die Nähe zu diesem Land gesucht, wollte eine Beziehung aufbauen, die meine Eltern als Verbindungsstück nicht brauchte. *Mein* Indien, das wurde mir irgendwann klar, war eigentlich *ihres.* Papas Indien. Mit dem er jetzt nichts mehr zu tun haben will. Das mir nun auch verloren geht?

Mehrfach habe ich später angesetzt, Hindi zu lernen: allein, in der Uni, an der Schule meiner Tante im Westen Indiens, in einem Intensivkurs in Neu-Delhi. Ich glaube, Papa hat das gerührt. Gesagt hat er: »Was willst du mit Hindi? Niemand spricht Hindi.« Außer natürlich die Menschen in Indien, auch unsere Familie. Aber die beherrschten alle Englisch, das sei ohnehin viel wichtiger. Ein *Weltbürger* braucht schließlich eine Weltsprache. Hindi steht übrigens an Platz vier der meistgesprochenen Sprachen der Welt. Ich spreche heute sehr gutes Englisch (Platz drei) und okayes Spanisch (Platz zwei). Papas Logik folgend hätte ich nach China auswandern und Mandarin lernen müssen (Platz eins).

Die Verbindung zur Familie war meinen Eltern immer wichtig. Nur darüber hinaus schien Papa Interesse für das Land nicht als gelungene Investition zu betrachten. Für seine Geschäfte, ja. Aber nicht für mich.

Als Studentin wollte ich zum ersten Mal ohne Familie durch Indien reisen. Meine Freundin Vero machte ein Praktikum in Pune, und wir planten, im Anschluss zu viert das Land zu erkunden. Die Eltern meiner Freund*innen wünschten uns viel Spaß, Papa schwieg und wurde dann wütend. Ich war ein paar Wochen früher angereist, hatte meine Tante im Westen besucht und wartete darauf, dass sich unsere Reisegruppe in Neu-Delhi zusammenfand. Tagsüber begleitete ich meinen Vater in sein Büro in Gurgaon, das seit 2016 Gurugram heißt, und südwestlich der indischen Hauptstadt liegt. Mit knapp einer Million Einwohnern könnte man quasi als Dorf bezeichnen. Ein Dorf mit vom Smog verhangenem Himmel und achtspurigen Straßen, die sich um Wolkenkratzer winden. In dem Business-Vorort werden die großen Geschäfte gemacht. Papa arbeitete gerade daran, den Indienstandort für einen deutschen Konzern aufzubauen, und wollte offensichtlich auch mit seiner Tochter einen Vertrag aufsetzen. Die Papiere lagen vor mir: eine sorgfältig kuratierte Reise, zusammengestellt von einem Familienfreund. Hotels, Inlandsflüge und Überfahrten im Pkw mit eigenem Fahrer. Ich lehnte dankend ab und verteidigte mutig unseren Plan: mit dem Zug fahren, in Homestays übernachten (ein Vorläufer von Airbnb) und mal sehen, wo es uns hintrieb. »Andere machen das auch, wir schaffen das schon.« Papa war anderer Meinung und schrie mich an: »Das geht nicht, Julia! Du bist hier nicht in Europa!«

Mein Vater, der eingedeutschte Weltbürger, versuchte seiner Tochter klarzumachen, dass er es besser wusste. Wie naiv ich in seinen Ohren klang, wie klischeehaft. Die wohlstandsverwöhnte Deutsche, die auf der Suche nach einer höheren Wahrheit barfuß durch Indien zog, um sich mit Magen-Darm-Infekt im nächsten Krankenhaus wiederzufinden. Ich sah das natürlich anders, zumal er mir keine zufriedenstellende Erklärung für seine abstrakten Ängste lieferte. Sie wirkten wie die weiße Mauer vor unserem Haus: ein wohlgemeinter Schutz, von dem ich mich eingesperrt fühlte – und das machte mich wütend. Meine Freundin organisierte sich selbst ein Praktikum, andere reisten einfach los, und ich, mit dem lebenden Erbe einer Familie und einer emotionalen Verbindung zu diesem Land, traute mich in Neu-Delhi kaum allein vor die Tür. Je paranoider Papa wirkte, desto naiver wollte ich sein. Ich lass mich nicht einschüchtern von deiner Unsicherheit! In Wahrheit hatte sie mich längst durchdrungen, aber das hätte ich niemals zugegeben. Es fühlte sich an, als sei allein mein Bedürfnis, meine eigene Beziehung zu Indien zu finden, verschwendete Zeit, naiv – und außerdem gefährlich. Anders gesagt, einfach, tja, doof. Und ich ließ zu, dass sich eine Beklemmung in meine Seele pflanzte, die jetzt, zehn Jahre später, aufblüht.

Ich habe die Jungs freundlich, aber nachdrücklich angewiesen, alles nach dem Schmuck abzusuchen, und mich ins Wohnzimmer gesetzt. So hätten sie Gelegenheit, ihn heimlich zurückzugeben. In Zukunft würde ich besser aufpassen, alles wäre gar nicht so schlimm. Sofakissen werden angehoben, Teppiche aufgerollt. Jamal schaut auf seine Füße, Radhe in meine Augen und sagt, sie hätten nichts gefunden. Sie ziehen die Tür hinter sich zu, ich schließe ab. Verstehe nichts, kann nichts tun, fühle mich ziemlich hilflos, verarscht und schäme mich: für Ahmed und seinen Sohn, für meinen Vater und unsere Familie, für mich. Aus irgendeinem Grund habe ich das Gefühl, für alles verantwortlich zu sein. Wo der Schmuck ist, weiß ich nicht, aber in meinem Kopf dreht ohnehin eine ganz andere Frage los: Was will ich hier bloß?

ANSICHTEN EINES WELTBÜRGERS I

Wolltest du denn eigentlich, als du die Mama
geheiratet hast, deine indischen Werte in die Ehe
einbringen, oder war dir immer daran gelegen,
eher europäisch oder deutsch zu leben?

Ich habe mich wirklich nicht indisch gefühlt,
fühle mich immer noch nicht indisch. Ich meine,
ihr versucht mich in eine Ecke zu drängen,
die ich absolut ablehne.

Was findest du daran so schlimm,
indisch genannt zu werden?

Ich möchte nicht gesagt bekommen: Du bist
aus Indien, du musst eine andere Kultur haben.
Meine Denkweise ist: Alle sind identisch, alle sind
ähnlich, und da ist kein großer Unterschied.

2 Was sie sagen und was ich denke

Papa ist kein Inder, und wir sind eine ganz normale, deutsche Familie. Eine normale, deutsche Familie spricht zuhause Deutsch, isst freitags selbstgemachte Pizza, an anderen Tagen Reibekuchen mit Apfelmus und fährt in den Sommerferien in die Berge. Was normal ist und was nicht, ist ja eine Frage der Perspektive. Von außen kann alles fremd erscheinen, was sich für einen selbst ziemlich alltäglich anfühlt. Und die meisten Menschen telefonieren mit ihren Eltern, wenn das möglich ist. Papa redet dabei einfach ein bisschen lauter. Okay, meistens ruft er, als müsste seine Stimme die Tausenden von Kilometern überbrücken, die ihn von der Familie in Indien trennen. Ich liege im Bett und werde von seiner Stimme unsanft aus dem Schlaf gerissen. *Atscha!*, höre ich immer wieder aus dem Arbeitszimmer. Klingt, als würde er sehr langsam niesen, bedeutet aber eher »gut«, »ach so« oder kontextbezogen etwas völlig anderes. Mein Gehirn greift nach einzelnen Worten, die es erkennen, wenn auch nicht verstehen kann, während ich die Augen zukneife und versuche, so zu tun, als könnte ich einfach weiterschlafen. So lange, bis Mama mit einer Dringlichkeit, die keine Uhrzeit kennt, die Tür aufreißt. »Komm bitte schnell hoch, die indische Familie ist am Telefon!« Ich habe wenig Lust, verschlafen mit diesen Menschen, die ich vielleicht alle zwei Jahre treffe, über die Schule oder hypothetische Ferienbesuche zu sprechen, so wenig Lust eben, wie sie die meisten normalen, deutschen Jugendlichen hätten. Aber sie sind auch Familie und diese Anrufe nicht alltäglich, die Distanz macht sie außerdem wichtiger, deswegen reibe ich mir die Augen und drücke wenige Minuten später den Hörer an mein Ohr, wie es sicher die meisten Mädchen in meinem Alter tun würden.

Meine Eltern wollten mich eigentlich Johanna nennen, aber als sie mich das erste Mal in den Armen halten, entscheiden sie sich um. Ich heiße also Julia, wie die anderen sieben Julias in meiner Klasse in der Mittelstufe. Aus Verständigungsgründen werden alle beim Nachnamen gerufen, außer mir. Keiner ist sich je sicher, ihn richtig auszusprechen, nicht mal ich. Dafür kann ich ihn hervorragend buchstabieren, das habe ich Papa in unzähligen Telefonaten abgehört: Wilhelm Anton Dora, Helmut Anton, Wilhelm Anton Nordpol. *Wadhawan* geschrieben. *Wathaavn* gesprochen. In der Schule sagen sie: *Watt haawen Sie denn da?* Und *Waddehaddedudeda.* Für den Alltag taugt das nicht. Einige Mitschüler*innen rufen mich stattdessen mit meinem zweiten Namen Anjuli. Ich weiß, dass es in Indien soviele Anjulis gibt wie Julias in Deutschland, kenne selbst aber keine. Vielleicht liegt darin auch schon alles, was ich lange zu begreifen versuche: diese Gewöhnlichkeit in beide Richtungen, die immer auch das Gegenteil bedeuten kann, je nachdem, von welcher Seite man sie betrachtet.

Meine Schule ist ein altes Schloss vor den Toren einer hessischen Altstadt auf der deutschen Fachwerkstraße. So richtig mit Schlosshof, Schlossbrücke und engen, sich die Etagen hinaufwindenden Holztreppen. Im Musiksaal knarzt der Boden unter jedem Schritt, von den Decken spähen pausbäckige Engelsköpfe zu uns herab. Wir singen Franz Schuberts »Winterreise«, und manchen der Jungs fällt das besonders schwer, nicht, weil sie unmusikalisch sind, sondern weil sie vorher im Rosengarten gekifft haben. Nach Schulschluss laufen wir zur *Busse,* der großen Bushaltestelle, gegenüber dem Neubau. Hier sitzen wir nach dem Unterricht herum, essen weiße Brötchen mit Dickmann's, rauchen manchmal Zigaretten, um zu zeigen, wie lässig wir sind, und stolzieren voreinander umher, auf der Suche nach Aufmerksamkeit, Anerkennung und Ablenkung. Es gibt in der Stadt auch eine Realschule. Sie liegt auf einem Berg, und ich weiß nicht viel darüber, außer dass sie viele Ausländer besuchen, was auch immer das bedeutet. An der *Busse* ist das ohnehin egal. Hier sind wir gemeinsam Jugendliche, die zum Mittagessen nach Hause müssen, aber lieber einen Bus später nehmen, um noch ein bisschen abzuhängen. Mit ein paar Freundinnen sitze ich dort herum, als eine Gruppe Jungs der anderen Schule zu mir herüberruft:»Was hängst du eigentlich mit den Kartoffeln ab? Du bist doch eine von uns!« Ich könnte mich geschmeichelt fühlen, ignoriere die Aufforderung aber trotzig. Als *eine von ihnen* hatte mich auch der Busfahrer erkannt, damals in der fünften Klasse, als ich meinen Rucksack in der vordersten Reihe auf den Sitzplatz neben mir stellte. Ich wollte ihn für meine Freundin freihalten. Mit zornigem Blick herrschte mich der alte Mann an:»In Deutschland macht man so was nicht!« Es war nicht sein erster Spruch mir gegenüber, aber der letzte. Dort, im Alter von zehn oder elf Jahren, war ich zum ersten Mal wirklich wütend geworden. Worüber genau, konnte ich nicht in Worte fassen, aber das Gefühl der Ungerechtigkeit war stark genug, um meiner Mutter davon zu erzählen. Sie war es nicht gewohnt, Beschwerden aus meinem Mund zu hören, und nahm sie sehr ernst. Also rief sie das Busunternehmen an und sagte, was sie für notwendig hielt, damit so was nicht wieder vorkam.

Manche nennen mich»exotisch« und meinen das wirklich liebevoll. Ich bin der»Schokokuss«,»Black Beauty«, die Farbe Gelb steht meinem Hautton super, und ich spüre, dass ich dankbar sein sollte, denn ich habe etwas, das andere vielleicht gerne hätten. Vielleicht beneiden mich manche um meine

Hautfarbe, ich beneide sie dafür um ihre grünen oder blauen Augen, die hellen Haare, in die sie sich Strähnchen färben lassen können, und die ebene Haut. Wie hässlich diese Farbschatten unter meinen Augen und um den Mund, »wie ein Affe«, haben in der Schule welche gesagt. Mit dem Concealer meiner Mutter tupfe ich die Schatten weiß, zu weiß, denn die Drogerie führt keinen passenden Make-up-Ton. Meine Augen sind so dunkel, als wären sie schwarz, wie Papas. Manchmal trete ich ganz dicht an den Spiegel heran. Wenn das Licht richtig fällt, kann ich meine Pupillen erkennen.

Papa ist kein Inder und damit nicht allein. Niemand in meinem Umfeld kommt aus Indien. Das könnte sich bald ändern, denn es sind die Nullerjahre, Deutschlands Zukunft hängt am seidenen Fachkräftefaden, und die Bundesregierung beginnt, IT-Spezialisten aus Indien anzuwerben. Es ist Zufall, dass ausgerechnet mein Vater eine eigene Softwarefirma führt, in der auch mein großer Bruder seine Leidenschaft für Computertechnologie entdeckt. Der ehemalige Bildungsminister und CDU-Politiker Jürgen Rüttgers empört sich[1]: »Statt Inder an die Computer müssen unsere Kinder an die Computer.« Daraus wird der Slogan »Kinder statt Inder.« Ich bin gerade in der Pubertät angekommen, habe meinen ersten Freund und bekomme von alldem nichts mit. Manchmal aber fällt dieser Satz in der Schule, mein Klassenkamerad lacht. »Ist doch nur ein Scherz.«

Im Skiurlaub mit Schulfreund*innen nimmt mich einer zur Seite und entschuldigt sich für die Witze der anderen. »Tut mir voll leid, dass die dich so dissen.« Seine Ernsthaftigkeit beleidigt mich. Es ist nur ein Spiel, wir alle nehmen Rollen ein, so what? Ich mache bei den Witzen ja selbst mit. Bevor ich zulasse, dass andere mich in Kategorien pressen, beherrsche ich sie doch lieber. Dissen ist auch eine Form von Aufmerksamkeit, und im Übrigen fühlt es sich gar nicht so furchtbar an, in einen Topf mit *Mel B* von den *Spice Girls* (obwohl ich *Mel C* besser finde) oder *Whitney Houston* gesteckt zu werden. Ich singe ja auch gern, das wissen alle. Also lache ich und steige mit ein. Das geht einigen aber zu weit. »Du bist doch gar nicht schwarz«, sagen sie. Tja, aber was denn eigentlich dann? Irgendwie ein bisschen braun, aber braun klingt dreckig. Wir halten unsere Unterarme nebeneinander und zucken mit den Achseln, weil wir noch nicht verstehen, dass die Bezeichnung einer Hautfarbe meistens auch die Gesichtszüge und Haare, das *Andersaussehen* in seiner Gesamtheit meint und die Zuschreibung *Schwarz* außerdem eine gesellschaftspolitische Dimension beinhaltet, die mit meiner Geschichte wenig zu tun hat, weil ich keine direkten Vorfahren habe, die aus afrikanischen Ländern kommen. Aber was man nicht versteht, lacht man am besten weg. »Hast du dich wieder nicht gewaschen?« Gelangweilt von der Einfallslosigkeit solcher Sprüche rolle ich mit den Augen. Mein Klassenkamerad klopft mir freundschaftlich auf die Schulter. »Ist doch nur ein Scherz.«

Während der Schulzeit sprechen wir kaum über unsere Eltern. An der Uni ändert sich das. Fremde wollen plötzlich meine Familiengeschichte erfahren. »Woher kommst du?«, »Bist du ganz deutsch?«, »Aber wo bist du denn geboren?« oder »Woher kommen deine Eltern?« Ich will nicht unhöflich sein, gleichzeitig fühlen sich diese Fragen irgendwie persönlich an, dabei kennen wir einander doch gar nicht. »Mein Vater kommt aus Indien« füllt eine Lücke für die Fragenden und reißt in mir eine auf, weil ich keine Kontrolle darüber habe, was diese Information für mein Gegenüber bedeutet. Ich frage mich auch, was wäre, steckte dahinter eine traumatische Geschichte. Wäre ich adoptiert, Halbwaise oder meine Mutter eine Geflüchtete – stünde den anderen zu, diese Wunden freizulegen, ohne mich zu kennen? Wenn ich jemanden neu kennenlerne, versuche ich, Gemeinsamkeiten zu finden, manche aber ziehen Grenzen, die ich dann überwinden muss. Also füge ich vorsichtshalber hinzu:

»Er ist aber total europäisch.« Ich bin halb deutsch, halb indisch, ich bin zwei Nebensätze, die andere bestimmen. Manchmal ist mir die Aufmerksamkeit unangenehm, denn nichts an mir ist interessanter als an anderen, im Gegenteil, ich finde mich eher schwammig, unbestimmt. Kann nicht damit dienen, »indisch« zu sprechen oder zuhause »indisch« zu essen, weiß im Grunde nicht besonders viel über Indien. Also wechsle ich das Thema und lache mit anderen darüber, »Meine Freundin, die Inderin!«, es ist ein Witz. Manchmal löse ich das Rätsel ohne Umschweife auf, schließlich kann ich die Neugier auch verstehen. Ich empfinde sie schließlich selbst, wenn ich jemanden kennenlerne, die aus meinem Erfahrungshorizont fällt. Wir alle wollen die Welt entdecken, und das bedeutet auch, einander zu entdecken. Manchmal bin ich genervt von der Inquisition, der Abgrenzung in erster Begegnung. Dann wiederhole ich auf die Frage nach meiner Herkunft stoisch den Namen der Kleinstadt in Nordrhein-Westfalen oder in Hessen, tue einfach so, als wüsste ich nicht, worauf mein Gegenüber hinauswill. Es ist auch ein Test, ich will den Einordnungseifer der anderen herausfordern, sie so sehr verwirren, dass sie aufgeben, und vielleicht würde dadurch ja ein neuer Gedankenweg frei, auf dem *gleich* immer vor *anders* liegt oder *deutsch* nicht gleich *weiß* bedeutet.

An der Uni denken Leute immer wieder ich studiere Ethnologie, denn, klar, eine Exotin beschäftigt sich wahrscheinlich mit dem Exotischsein. Im ersten Semester lerne ich einen Mann kennen, der sich mehr mit seinen französischen Wurzeln identifiziert als mit seinen deutschen und mir wiederholt versichert, nicht mit »Kartoffeln« abzuhängen. Weil ich Anschluss brauche und ein bisschen Abenteuer, lache ich solche Aussagen großzügig weg. In seinen Blicken suche ich nach Hinweisen darauf, was er in mir sieht, versuche, sein Bild mit meinem abzugleichen. Wir gehen mit seinen deutsch-türkischen Freunden tanzen und trinken Tee in einer Shisha-Bar. Am ersten Januar steht er mit einer Auswahl Bollywood-DVDs vor meiner Tür, und das macht mich so wütend, dass ich mich weigere, diese vielleicht gut gemeinte Geste anzunehmen. Ich lehne dankend ab, denn ich will keine Bollywood-Filme gucken, und ich bin auch nicht seine exotische indische Prinzessin.

Im dritten Semester besucht mein Journalistik-Kurs die Redaktion von *Cosmo TV*, einer WDR-Sendung, die über verschiedene Kulturen in Deutschland berichtet. Der Vater des Moderators kommt aus Syrien. Ich schreibe seit ein paar Semestern Veranstaltungsberichte für das Mainzer Wochenblatt über Straßenfeste, Spatenstiche und Tage der offenen Tür. Aber in den Räumen des fensterlosen Studios von *Cosmo TV* fühle ich mich auf eine Weise angesprochen, die mir bislang fremd war. Mutig und spontan frage ich noch während des Besuchs nach Möglichkeiten für ein Praktikum. Meine Dozentin mustert mich, bevor sie mir den Namen eines Förderprogramms nennt, das zu mir passen könnte. Auf der Website lese ich später, dass damit jungen »Menschen mit Migrationshintergrund« der Einstieg in den Journalismus ermöglicht werden soll, um das Medienangebot thematisch und personell diverser zu gestalten. Weil das nichts mit mir zu tun hat, will ich die Bewerbungsseite schon wieder wegklicken, rufe dann aber vorsichtshalber meine Mutter an. Sie zögert, bevor sie meinen Zweifel ausräumt: »Ja, natürlich hast du einen Migrationshintergrund.« Aber der Begriff gefällt ihr nicht. Er ist auch neu: Das Statistische Bundesamt hat ihn drei Jahre zuvor, 2005, als »soziales Merkmal« im Mikrozensus eingeführt, um gesellschaftliche Integrationsprozesse besser abbilden zu können[2]. Migrationshintergrund hat demnach jede in Deutschland lebende Person, wenn sie selbst oder mindestens ein Elternteil die deutsche Staatsbürgerschaft nicht durch Geburt besitzt. Die Erhebung solcher Daten sollte helfen, strukturellen Nachteilen von zugewanderten Menschen und ihren

Nachkommen zu begegnen – etwa beim Zugang zu Bildung, beruflichen oder politischen Positionen. In der Realität wird daraus nur eine weitere Dimension von *Andersaussehen* gepaart mit *Anderssein,* ein abgeschwächtes Synonym für »fremd«, »ausländisch« oder »migrantisch«, weshalb der Debatte bald die Bezeichnung Migrations*vordergrund* hinzugefügt wird und meine Mutter all diese Begriffe als ausgrenzend empfindet. Ich hingegen bin überrascht und ein bisschen erleichtert, vielleicht erklärt das dieses leichte Gefühl der Entwurzelung, das manchmal unangekündigt auftaucht. Meistens schiebe ich es auf den Umstand, dass wir mal umgezogen sind, eine Heimat habe ich damit schließlich zurückgelassen. Mit *Migrationshintergrund* bedeutet, es gibt eine Erklärung für das Gefühl, ich kann dafür nichts, und in gewisser Weise ist diese Erkenntnis für mich sehr wichtig. Gleichzeitig schäme ich mich dafür, weil es klingt, als würde ich mich abgrenzen, hervorheben. Ein paar Leute reagieren tatsächlich irritiert, als ich ihnen von dem Programm erzähle: »So ein Quatsch, du bist doch deutsch!« Am Ende steht Aussage gegen Aussage oder Annahme gegen Annahme, und ich fühle mich mit beiden unwohl. Was ist gleich, und wo beginnt anders? Wie anders ist anders genug? Den Praktikumsplatz nehme ich zwar an, aber nicht ohne mich innerlich als Hochstaplerin abzustempeln. Die Deutsche mit nicht-indischem Vater, die denkt, sie könnte aus dessen Herkunft irgendeinen Besonderheitsanspruch ableiten! Peinlich. Ich bin anscheinend nicht die Einzige, die so denkt. Als ich ein paar Jahre später einen Volontariatsplatz für einen anderen absage, rückt eine Frau mit persischem Namen auf meinen Platz. »War ja klar«, kommentiert eine Kollegin, die zeitgleich dort anfängt, und sagt noch etwas über »die Quote«, beiläufig, mit einem Hauch von Ironie, und ich lächele verständnisvoll. »Ja klar, haha, diese bescheuerte Quote.« Meinen Migrationshintergrund umschiffe ich fortan weitgehend. Ich will weder über

Migration oder Integration berichten noch darüber sprechen. Das Thema lässt in mir geradezu ein Vakuum entstehen, das ich nicht zu füllen weiß. Also habe ich nichts damit zu tun, und werde ich doch damit konfrontiert, überkommt mich jedes Mal die Angst, aufzufliegen: *Schau mal, die tut nur so.*

/

Das Abenteuerlichste an den Besuchen in Indien ist für mich lange die Reise im Flugzeug. Tage vorher denke ich darüber nach, welcher Film wohl auf den Hängebildschirmen im Gang gespielt wird, da man noch nicht an jedem Platz sein eigenes Programm wählen kann. Wenn die Flugbegleitung meine Mutter auf Deutsch und mich auf Englisch anspricht, sage ich »Coke, please.« statt »Eine Cola, bitte.« und freue mich darüber, als hätte ich sie ausgetrickst. Mein Körper ist eine Verkleidung, und je nach Ort bedeutet sie etwas anderes. Eine Verkleidung sollen wir auch auf die Klassenfahrt in der Grundschule mitbringen. Mama zeigt mir, wie ich ihren weißen Seiden-Sari mit den roten Punkten um die Hüfte wickeln und den Stoff über eine Schulter werfen kann. Sie holt ihn ganz hinten aus dem Schrank, ich habe sie noch nie in einem Sari gesehen, es wird auch nie vorkommen. Ich bin in der vierten Klasse, klebe mir ein rotes *Bindhi* zwischen die Brauen und gehe zu Fasching als Inderin.

Indien ist ein Kleid, das ich mir überziehe und bei der Rückkehr am Flughafen wieder ablege. Damit fängt es an: mit der Vorfreude, mich in bunte Stoffe zu hüllen, die sich dort richtig und in Deutschland falsch anfühlen. Ich mag diese Baumwollkleider in satten oder sanften Farben, wie sie die erwachsenen Frauen in meiner Familie tragen. *Salwar Kamiz*, knielange Tunika mit einem Schlitz an der Seite und einer passenden Baumwollhose, lose oder enganliegend, an den Knöcheln gerafft. Meine Mutter trug die traditionelle Kleidung an ihrer Hochzeit in Neu-Delhi, ein Set aus pinker Seide, mit einer *Dupatta*, einem feinen Tuch, das von vorn über die Schultern geworfen wird. Auf dem Markt gegenüber dem Haus meiner Großeltern kaufe ich ein ähnliches Set aus Baumwolle, füge mich ein in meine Umgebung, oder denke das zumindest, denn die jungen Cousinen in meiner Familie mögen als Heranwachsende lieber *western clothes*: Jeans und T-Shirt.

Indien, das ist für mich der Geschmack von *Daal*, Linsencurry, vermengt mit Joghurt, um den brennenden Gaumen zu beruhigen, und die glatte Haut reifer Mangos, durch die ich ihren klebrigen Saft sauge. Indien ist: Papageien in den Bäumen vor dem Haus meiner Großeltern und ein Geruch, der sich ausbreitet, sobald Papa den Koffer von seiner Reise öffnet. Ein Geruch wie Teppichreiniger und altes Papier, staubig und rau. Eigentlich ist es eine Mischung aus Abgasen, Baustelle und Mottenkugeln. Kein Witz. Nachdem ich jahrelang den Geruch – *meinen* Geruch – Indiens über Papas geöffnetem Koffer durch die Nase zog wie ein Klebstoffjunkie, entdeckte ich, dass ich auch an Mottenkugeln riechen könnte. Mottenkugeln, die mich in einem Gefühl von Sehnsucht und Geborgenheit wiegen.

Indien ist für mich: Familie. In Deutschland sind wir eine kleine Gemeinschaft. Meine Eltern, mein Bruder, ich. Oma Anne-Marie stirbt zu früh, als dass ich mich an sie erinnern könnte. Opa Paul und Onkel Andi wohnen eine gute Stunde entfernt. An den Wochenenden besuchen wir sie manchmal, richten die Blumen auf Omas Grab, essen gemeinsam zu Mittag, Kartoffelsalat und Würstchen, schauen fern. Über dem braunen Ledersofa hängt ein schweres Waldgemälde in dunklem Grün, und das goldene Pendel der Standuhr schwingt die Sekunden durch den Raum, während Opa Paul uns seine Münzsammlung zeigt. Manchmal spielt er uns auch auf dem Keyboard oder der Ziehharmonika vor. Ich kann hören, wie seine langen Fingernägel auf den Kunststofftasten des Keyboards klackern, und sehe die goldene Krone in seiner oberen Zahnreihe aufblitzen, wenn er lacht. Und Opa Paul ist ein kleiner Witzbold, er lacht gern.

Was Opa und Oma in Indien gerne machen, weiß ich als Kind nicht. Ich weiß lange nicht einmal, wie sie wirklich heißen. Opa Rajinder und Oma Rup. Oder Opa Rup und Oma Rajinder? Sie sprechen kein Deutsch, ich kaum Englisch, deswegen nicke ich manchmal auf gut Glück, meistens schüttele ich den Kopf. Meine ersten englischen Vokabeln sind: *Yes* und *No*. Wenn Oma mich etwas fragt, sage ich oft *No*, weil ich Angst habe, dass sie eine weitere Frage stellt und mir eine weitere Antwort fehlt. Oma Rup hatte fünf Geschwister, Opa sieben. Sie alle sind meine *aunties*, *uncles* und *cousins*. Ihre Namen kann ich mir nicht merken. Mein Kopf findet keine Referenz für die fremde Phonetik, die noch dazu völlig unterschiedliche Zusatzbezeichnungen bekommt, abhängig davon, in welchem Verhältnis ich zu jemandem stehe. Papa ist für andere ein *uncle*, womit nicht mehr gemeint ist als ein älterer Mann, ob verwandt oder nicht. Um das tatsächliche Verhältnis zu bestimmen, gibt es zusätzliche Begriffe, die vor allem danach trennen, ob die Verwandtschaft mütterlicherseits oder väterlicherseits besteht. Für einen Cousin ist Papa *Tony Taya* – der ältere Bruder des Vaters. Für andere ist er *Tony Chacha* – der jüngere Bruder des Vaters. Für meine Cousine ist er *Tony Mama* – der Bruder ihrer Mutter. Meine Mutter nennt sie: *Gaby Mami*, die angeheiratete Tante mütterlicherseits. Seine eigene Schwester nennt ihn *Bhaia*, für *Bruder*. Auch ich bekomme neue Namen, bin *Julia Bhua* – Tante Julia – oder *Didi*, wie *große Schwester*. Oma und Opa würden zu *Dadi* und *Dada* oder zu *Nani* und *Nana*, aber mir schwirrt der Kopf, es sind zu viele Menschen, deswegen sage ich Oma und Opa und vermeide es, den Rest direkt anzusprechen.

Oma hat langes graues Haar, das ihr bis zum Po reicht. Am Abend nimmt sie ein Bad, das heißt: Sie füllt einen großen Plastikeimer mit Wasser, schöpft es mit einem kleinen Plastikkelch ab und schüttet es sich über den Kopf, immer wieder, bis Haut und Haare nass genug sind, um Seife und Shampoo darin zu verteilen. Dann wäscht sie alles mit den gleichen Bewegungen wieder ab. Bücken, schöpfen, schütten. Wasser spritzt gegen die Kachelwände und überschwemmt den Badezimmerboden, aber die Haut atmet auf, befreit von dem Staub und für einen Moment auch von der Hitze. Dann setzt sie sich auf einen Schemel vor dem Schminktisch im Schlafzimmer. Ich schaue ihr dabei zu, wie sie ihr Haar kämmt, vom Scheitel bis zu den Spitzen. Helle und dunkle Silbertöne fließen ineinander, sie teilt alles in drei Strähnen und flicht einen langen Zopf. Erst mit den Armen hinterm Kopf, dann hebt sie das Haar über ihre Schulter nach vorn. Indien, das war für mich immer: Haare, so lang, dass sie meine Hüften streicheln könnten. Indische Shampoowerbung: Frauen mit vollem schwarzem Schopf und rotem Punkt zwischen den Brauen. Der Ton krächzt aus dem Fernsehgerät im Schlafzimmer meiner Großeltern, und ich frage mich, ob ich mit dem richtigen Shampoo auch solche Haare bekäme. Meine Mutter sagt, das indische Essen würde helfen: die Vitamine im Gemüse, Proteine in den Linsen, das Kalzium im Joghurt. Was ich mag, sind *Chapatis*: dünne Fladen, die Oma fast täglich in der Küche ausrollt, um sie dann in einer flachen Pfanne auf dem Gasherd zu backen. Ganz am Ende bläht sich das Brot auf wie ein Ballon, bevor es flach in sich zusammenfällt. Manchmal darf ich die Luft mit dem Küchentuch herauspressen. Von den Linsen aber bekomme ich Bauchweh, und das Gemüse schmeckt mir nicht. Meine Haare sind lockig, sie wachsen ungefähr bis Brusthöhe, dann werden sie brüchig und dünn, sodass ich sie abschneiden muss.

Mit Opa Paul teile ich die Hingabe zur Musik, mit Oma Rup

eine Vorliebe für rostrot lackierte Zehen und glitzernde Ohrringe und mit Opa Rajinder meine Liebe zu Wackelpudding mit Vanilleeis: grüner Waldmeister oder rote Himbeere. Wenn er sich den ersten Löffel in den Mund schiebt, stemmt sich die Gesamtheit seiner altersentspannten Gesichtshaut gegen die Schwerkraft. Für einen Moment ist es egal, dass seine Stimme mit dem Alter an Kraft verloren hat, dass wir einander auch sprachlich kaum verstehen. Für einen Moment lachen wir vergnügt über das Glück im Mund, sind beide Kinder, er und ich.

Ich bin 16 Jahre alt und trinke gerade mit meinem Freund auf seiner Abiturparty Bier, als mein Handy klingelt. *Wir müssen nach Indien fliegen.* Sofort, denn Oma ist gestorben, ganz unerwartet, und ein Leichnam wird in Indien innerhalb von 24 Stunden verbrannt, dann muss die Seele verabschiedet werden. Mama ruft noch nachts bei der Indischen Botschaft an, wir brauchen Visa, drei Stück, für sie, meinen Bruder und mich. Papa hat seines bereits, weil er einen Tag später ohnehin fliegen wollte. In der Dunkelheit sitze ich im Auto meines Freundes vor einem Grillplatz, auf dem Abiturient*innen betrunken umeinanderwanken. Der Verstand sucht meinen Körper nach Gefühlen ab, nach Trauer. Aber die Lücke, die Oma hinterlässt, ist weit weg. Sie gehört nicht in diese Welt, und ich muss erst in ein Flugzeug steigen, um sie zu spüren.

Für die Zeremonie in Delhi kleiden wir uns in weiße Baumwolle, die Farbe der Trauer. Ich finde das schön, weil es sich leicht anfühlt. Trauer scheint mir hier insgesamt leichter zu sein, ein Teil des Lebens, und es tut gut, als meine Cousine mir erklärt, dass Omas Seele nur die Form wechselt. Wir wünschen ihr eine gute Reise, aber natürlich tut es auch weh. Es ist das erste und einzige Mal, dass ich meinen Vater weinen sehe. Der Boden im Saal ist mit weißem Stoff überzogen, wir sitzen im Schneidersitz im Halbkreis, und ich bin wirklich froh, dass Papa einen weißen *Kurta Pyjama* trägt, ein knielanges Baumwollkleid mit weiter Hose, denn schwarz hätte ich nicht ertragen. Mit Omas Asche fahren wir nach Haridwar, einer heiligen Stadt am Ganges – Opa, Papa, seine Schwester, ihr Mann, ihre Kinder und wir. Auf einer Felsenzunge liest ein Priester die Gebete. Der Wind streicht übers Wasser, während Papa die Asche seiner Mutter in den Wind streut. Oma Rup war *Sikh*. Der Sikhismus entstand als Reformbewegung aus dem Hinduismus, entwickelte sich aber zu einer eigenständigen monotheistischen Religion. Man erkennt Sikhs daran, dass Männer Turbane tragen (was im Ausland häufig fälschlicherweise dem Hinduismus zugeschrieben wird), mit Nachnamen *Singh* (Männer) und *Kaur* (Frauen) heißen, oder an einem der »Fünf K«: *Kesh, Kara, Kanga, Kaccha* und *Kirpan*. *Kesh* bedeutet *ungeschnittenes Haar*: Sowohl Männer als auch Frauen tragen ihre Haare als Zeichen eines uneitlen, simplen Lebens und der Hingabe zu Gott lang. *Kara* ist ein silberner Armreif aus Edelstahl oder Messing; *Kanga* ein Holzkamm, das Symbol für einen sauberen Körper und einen reinen Geist; *Kaccha* eine Art Boxershorts aus Baumwolle, die Soldaten unter ihren Kleidern trugen. Und *Karpan* schließlich meint einen kleinen Dolch, Zeichen für die Verteidigung der Gemeinschaft und Gottes. Vor allem den silbernen Armreif tragen Sikhs heute noch häufig. Ihr Gott ist ein Buch: das Guru Granth Sahib. Es vereint unter anderem Schriften der zehn ersten Gurus des Sikhismus. Nach Omas Tod lässt meine Familie diese Schriften in einer *Gurudwara*, der heiligen Stätte der Sikhs, einmal von vorn bis hinten vorlesen. Die Tempelpriester wechseln einander ab, sie lesen Tag und Nacht, eine Woche lang. An einer anderen Stelle des Ganges waten wir währenddessen voll bekleidet ins Wasser, halten einander an den Händen und tauchen mehrmals unter. Um uns herum planschen Kinder, Alte stehen im hüfthohen Wasser und schauen in die Ferne. Bei jedem Untertauchen denke ich an einen geliebten Menschen, eine meiner verstorbenen. Das heilige Wasser wird die Wünsche zu ihnen tragen und unsere Seelen reinigen. In meinem Englisch-Leistungskurs erzähle ich später von dem Ritual. Die meisten finden es spannend, aber einige lachen angewidert:»Du hast im Ganges gebadet! Hoffentlich hast du nicht die Krätze!« Es ist mir mit einem Mal peinlich, denn wirklich, ich hatte nicht eine Sekunde darüber nachgedacht, dass im Ganges die Exkremente von Lebenden und die Reste verbrannter Menschenkörper schwammen.

Alltägliche Verhaltenskodizes kosten mich da mehr Überwindung als die Idee, in schmutziges Wasser zu tauchen. Mit der Begrüßung fängt es an. Für meine Cousinen und Cousins ist es normal, älteren Familienmitgliedern mit einer Hand die Füße zu berühren, manchmal auch nur das Schienbein, eine Geste des Respekts. Es sieht aus wie ein Knicks, und manchmal ist es so beiläufig, als wäre ihnen etwas heruntergefallen. Ich habe ein paar Mal versucht, sie nachzuahmen, quasi als Beweis meiner angeborenen Assimilationsfähigkeit. Die Tochter eines Nicht-Inders, deutsch mit weltbürgerlichem Migrationshintergrund: ein kultursoziologisches Chamäleon. Niemand hat mich je dazu aufgefordert. Ich beuge mich also Richtung Füße, aber diese kleine Bewegung fühlt sich an wie ein Kostüm, das mir nicht einmal passt, und ich bin sicher, alle können das sehen.

/

Immer wieder werde ich gefragt, was Indien mir bedeutet oder wie ich es dort finde. Für mich bricht in diesem Moment jedes Mal die gesammelte Kraft angestauter Erinnerungen wie durch eine geöffnete Schleuse. Eilig versuche ich die schäumende Flut zu sortieren, das Dort mit dem Hier zu vergleichen, eine Haltung herauszulesen. Ich denke dann beispielsweise daran, dass es vor unserem Haus in Neu-Delhi keine Bürgersteige gibt, dass Oma Rup beim Überqueren der Straße von einem Auto angefahren wurde und meine Familie schon Sorgenfalten bekommt, wenn ich allein auf den Markt gehen will. Ich denke an die gelangweilten Wachmänner vor den Geschäften, die bettelnden Kinder, die an Ampeln an Autoscheiben klopfen, oder an das erste Mal, als ich in einem indischen Krankenhaus lag. Mit zwei Freunden wollte ich nach Leh ins Himalaya-Gebirge reisen, in die nördlichste Stadt des Landes, über den höchsten, befahrbaren Pass der Welt. Nach Luft schnappen vor Ehrfurcht und Sauerstoffmangel, an Grenzen stoßen. Bevor wir uns in den Nachtbus setzen, gebe ich meinen Begleitern unseren familienerprobten Crashkurs »How to travel India«.

Erstens: Iss unterwegs kein Fleisch.

Zweitens: Trinke nur Wasser aus geschlossenen PET-Flaschen. Stelle sicher, dass der Verschluss wirklich versiegelt ist.

Drittens: Iss keine rohen Nahrungsmittel wie Salate (häufig mit Leitungswasser gewaschen).

Sie halten sich an keine der Regeln. Ich halte mich an alle und wimmere leise, als mir die Schwester im Krankenhaus eine Infusion legt. Magen-Darm-Infekt, Höhenkrankheit und Lebensmittelvergiftung, irgendwas davon oder alles. In jedem Bissen lauert die Gefahr, für mich zusätzlich, wenn sich darin Erd- oder Cashewnüsse befinden. In Indien ein Roulettespiel, das ich einige Male verloren habe.

Wenn mich also jemand fragt, wie ich Indien finde, denke ich daran, wie ich als deutsche, halb-indische Nicht-Inderin indisches Essen öfter schlecht vertrage, vor allem wenn es scharf ist, und dafür amüsierte Blicke ernte. »Witzig, gerade du müsstest das doch abkönnen!« Ich denke an die abrupten Wechsel zwischen Hitze und Klimaanlage oder wie sich all meine Zellen gegen den Lärm der hupenden Menschenmassen stemmen. Überhitzt, rasselnd und bohrend wühlt sich die Stadt in meinen Schlaf. Ich denke natürlich an meine engste Familie: an Tante Papu, die einzige Schwester meines Vaters, mit dieser

Wärme, die jeden sanft stimmt in ihrer Gegenwart. An ihre Enkel – das fünfjährige Mädchen, das vor dem Schlafengehen die Hüften zu Shakiras »Waka Waka« kreist, und ihren kleinen Bruder mit den langen Wimpern, der versucht, sie nachzuahmen. Sie leben im Bundesland Gujarat, anderthalb Flugstunden südwestlich von Neu-Delhi. Bei jedem Besuch gehen Papu und ich Cappuccino trinken. Papu will dann Kuchen essen, verbietet es sich im nächsten Moment selbst, um schließlich doch einen Blaubeer-Muffin zu bestellen, verstohlen zwei Löffel zu essen und mir das meiste davon herüberzuschieben. Es ist unsere Zeit zu reden: über das Leben, die Schule, die sie aufgebaut hat. Die ersten Unterrichtsstunden fanden noch im Erdgeschoss ihres Wohnhauses statt. Daraus sind mittlerweile zwei große Schulgebäude und ein Kindergarten gewachsen. Papu denkt stets darüber nach, wie der Unterricht noch wertvoller gestaltet werden könnte. Sie fragt mich dann beispielsweise, wie wir sexuell aufgeklärt wurden, weil das in Indien bislang kaum stattfindet. Gemeinsam recherchieren wir zwischen den Welten, um voneinander zu lernen.

Mindestens einmal essen wir auch bei *Little Italy* zu Abend, Cousin Arjun bestellt für alle, und ich hoffe, dass die Pizzen nicht zu scharf sind, denn in *Little Italy* streuen sie gern *Masala* unter den Käse. Manchmal nehmen Arjun und seine Frau Bhavna mich mit ins Kino. Bei warmem Mais oder Nachos mit Käse flüstert mir Bhavna die Zusammenfassung der Dialoge ins Ohr. Ich denke an das warme Gefühl, wenn ich mit ihnen am Esstisch sitze und versuche, den Gesprächen auf Hindi zu folgen, bis irgendwer die anderen ermahnt: »*English please!*«

Aber wenn ich in Deutschland aus dem Flugzeug steige, entspannen sich meine Muskeln, als hätte jemand einen schweren Mantel von meinen Schultern gehoben. Die Bettwäsche hier ist so weich, sie riecht auch nach Bettwäsche, und es ist so still –

wie wunderbar. Wehmütig atme ich die Anspannung aus, die ich in dem Moment vermisse, in dem sie entweicht.

/

Der Mann ganz rechts stellt die Frage, vor der ich mich besonders gefürchtet habe:»Sie kennen Indien ja schon. Warum sollten wir gerade *Sie* als Journalistin dorthin schicken?« Tja, warum? Ich bin ehrlich: Ich habe darüber nachgedacht und keine Ahnung. Es soll ja ein kultureller Austausch zwischen zwei Ländern sein, den ich Dutzende Male gelebt habe. In der Familienperspektive aber fühle ich mich schon länger gefangen, in meinem Redaktionsjob auch. *Unser* Indien, das kenne ich. Aber was ist mit dem Rest? Immerhin wurde ich zu diesem Auswahlgespräch eingeladen – irgendeine Berechtigung habe ich offenbar, hier zu sitzen. Der indische Name hat sicher dabei geholfen, aber er soll nicht der einzige Grund bleiben. Ich denke: Im Grunde hat das eine mit dem anderen nichts zu tun, denn Papa ist nicht indisch, und ich bin eine ganz normale, deutsche Journalistin, die im Ausland arbeiten will und bestenfalls ein Gefühl von dem Land hat, in das sie gehen könnte. Ich sage:»Vielleicht kann ich gerade deswegen mehr sehen als das, was auf den ersten Blick anders wirkt.« Der Satz klingt gut und richtig, nach einer tieferen Wahrheit, aber noch im selben Moment bekomme ich Angst, dass er nicht stimmt.

3 Falsche Inderin

Das Austauschprogramm findet 2016 statt. Ich reise zum ersten Mal als Journalistin nach Indien und merke schon vor Abflug, wie praktisch es ist, die Tochter eines nicht-indischen Weltbürgers zu sein. Während meine sieben Mitreisenden bis zum letzten Tag die indische Botschaft an die Ausstellung ihrer Journalistenvisa erinnern müssen, packe ich in aller Ruhe meine *OCI*-Karte zu den Flugtickets. Lange stand auf dem blauen Büchlein noch *PIO* – *Person of Indian Origin*. Als ich es vor fast 20 Jahren zum ersten Mal öffnete, konnte ich nicht sagen, welches Gefühl überwog: Auf der einen Seite stand Dankbarkeit gegenüber der indischen Regierung, die mit ihrem neuen Bürgergesetz ein bisschen Substanz in meinen wabernden Migrationshintergrund brachte. Dieser Hintergrund – *Origin* – hatte jetzt einen Namen, er war *indisch*. Auf der anderen Seite schwang die leise Angst mit, es könnte sich um ein Missverständnis handeln. Ich stellte mir vor, dass ich jeden Moment bei dem Versuch erwischt werden würde, mir eine Zweitidentität zu ermogeln. Nichts an uns war schließlich indisch, nicht einmal Papa. Aber der banale Verwaltungsakt erinnerte mich auch daran, dass die Gegenwart einen Hintergrund hatte, und dieser Hintergrund war ein Stück Papier: Papas Geburtsurkunde. Als das indische Parlament vor einigen Jahren beschloss, die Langzeitvisa in lebenslange Einreise- und Aufenthaltserlaubnisse zu

überführen, wurden die drei Buchstaben auf dem Büchlein zu
OCI – Overseas Citizen of India –, mein dichter gewordener
Hintergrund formte flimmernde Konturen, und ich stellte verwundert fest, wie sich etwas in mir aufrichtete. Ein warmes Gefühl breitete sich in meiner Brustgegend aus, das mit Nationalstolz wirklich nichts zu tun hatte. Es war unschuldiger, als wäre irgendwo eine Tür aufgegangen, nach der ich zwar nicht gesucht, die ich aber gefunden hatte. Indien wurde zu einem Haus, das mir fortan immer offenstand. Der Schlüssel war ein Büchlein, und es gehörte jetzt mir. Papa erklärte mir die praktischen Vorzüge unseres Alibi-Zweitpasses: »Du kannst eigentlich alles machen, außer wählen.« Alles heißt: Ich darf mich auf unbegrenzte Zeit im Land aufhalten, arbeiten, Immobilien kaufen, und beim Eintritt ins Museum zahle ich die Preise für Einheimische. Als Tochter eines indischen Auswanderers gehöre ich offiziell zu einer Gruppe von mehr als 18,5 Millionen Menschen weltweit und damit zur größten Diaspora der Welt. Oder wie Cousin Sharad sagte: »*Indians are everywhere*«. Nur eben nicht in meinem direkten, deutschen Umfeld. Zwar gibt es auch in Deutschland Menschen, die selbst oder deren Eltern aus Indien kommen. Die meisten aber leben in asiatischen Ländern, den USA oder Großbritannien. Das ist vor allem eine Folge der Kolonialzeit[1]: Zwischen dem 17. und 20. Jahrhundert wurde der indische Subkontinent zu großen Teilen von portugiesischen, niederländischen, französischen, dänischen und zuletzt für rund 200 Jahre von britischen Kolonialmächten direkt oder indirekt beherrscht. Als erst das britische Empire – und daraufhin weitere Länder – 1833 die Sklaverei verboten, ersetzten sie die verloren gegangenen Arbeitskräfte in ihren Kolonien oftmals durch Menschen aus Indien, die in Ländern wie Mauritius, Guyana, Trinidad oder Südafrika in temporärer Schuldknechtschaft gehalten wurden und anschließend blieben. Nach dem zweiten Weltkrieg und der Unabhängigkeit Indiens hatte das Empire

selbst Arbeitskräftebedarf. Die offene Migrationspolitik für Menschen aus ehemaligen Kolonien führte zusätzlich zu großer Migrationsbewegung, vor allem ins Vereinigte Königreich. Aber auch andere Industrieländer öffneten sich nach und nach gezielt für Migrant*innen aus Indien. Bevor Deutschland zwischen 2000 und 2005 indische IT-Spezialisten hereinbat, hatte es schon in den 60er Jahren indische Krankenschwestern angeworben. Gut ausgebildete Inder*innen zogen zunehmend in wohlhabende Industriestaaten wie die USA[2], wo sie heute im Schnitt mehr verdienen als so gut wie jede andere ethnische Gruppe[3]. In Deutschland übersteigt das Durchschnittseinkommen indischer Ausländer*innen sogar das von deutschen Staatsbürger*innen, was vor allem daran liegt, dass ein Großteil der Eingewanderten in gut bezahlten naturwissenschaftlichtechnischen Berufen arbeitet[4]. Bis heute schickt die indische Diaspora in absoluten Summen so viel Geld nach Indien wie keine andere Gemeinschaft in ihr Herkunftsland. Manche kehren nach Indien zurück, gründen mit dem im Ausland erworbenen Wissen erfolgreiche Firmen, investieren in Bildungsinitiativen oder wollen ihrem Heimatland auf andere Weise zu Fortschritt verhelfen. Es ist also sinnvoll, ihnen ein Gefühl von Willkommensein zu geben – und sei es mit der Möglichkeit, auch als Staatsbürger*in eines anderen Landes zu wissen, dass Indien immer für sie offensteht. Kaum ein Akt verkörpert diese Geste für mich besser als die Passkontrolle am Flughafen. Denn natürlich gibt es einen eigenen Schalter für Besitzer*innen von indischen Hintergründen.

Nach einer weitgehend schlaflosen Nacht neben einem schnarchenden Sitznachbarn laufe ich in der Ankunftshalle des Flughafens Chennai dankbar an den müden Gesichtern wartender Tourist*innen vorbei zu einem Schalter weiter hinten. Ich bin ja schließlich keine Touristin, oder eine *All- otherpassports*-Person, ich bin (sowas wie) eine Bürgerin dieses Landes, aus Übersee! Der Beamte sieht das nicht gleich, sicher ist er ebenfalls müde. Er schaut mich lange an, dann wieder zu seinen Händen, die meine Papiere in alle Richtungen drehen, durchblättern, erneut drehen, dann schaut er wieder zu mir. »*You are married to an Indian?*« fragt er beiläufig, während er einen Stempel in ein blaues Stempelkissen drückt. Ob ich mit einem Inder verheiratet sei, will er wissen.

»Ähm, nein.«

»Wadhawan, das ist ein indischer Name«, stellt er fest, und ich wundere mich über seine erste Schlussfolgerung oder darüber, dass mein Hintergrund mit einem Mal seiner Bezeichnung gerecht wird und offenbar nicht mehr zu sehen ist. »Mein Vater kommt aus Delhi«, erkläre ich ein bisschen verwirrt. Der Beamte mustert mich einen Moment lang, als müsste er seine Gedanken einmal zurückspulen und neu zusammensetzen, einen neuen Behälter für diese Information finden, *warte, ich hatte irgendwo noch eine leere Schublade.* Dann hat er seinen Blick schon von mir abgewendet, nach hinten, zur nächsten Person, die er mit einer gleichgültigen Handbewegung zu sich winkt.

Es ist das erste Mal, dass ich bei meiner Einreise nicht in Neu-Delhi lande, und ein bisschen fühlt sich das an, als hätte ich mit Ende 20 gerade noch einmal dem Elternhaus Lebewohl gewunken. Jede Wadhawan-Delegationsreise nämlich, egal ob aus einer oder mehreren Personen bestehend, folgt seit vielen Jahren einem strengen Ankunftsprotokoll: Koffer holen, Handy einschalten, wenn möglich ins WLAN einloggen. Beim Bankautomaten frische Rupien ziehen. Zu Gate 5 laufen, wie die Ausgangstore beschriftet sind, aber *auf! keinen! Fall! rausgehen!* Zumindest nicht, bevor Ahmed uns durch die getönte Scheibe des Flughafengebäudes zuwinkt. Ahmed ist so etwas wie die Assistenz der Geschäftsführung, aka meines Vaters. Ein gedrungener Mann mit froschbreitem Kiefer, der meinen Koffer schneller schiebt, als ich laufen kann, und beim

Autofahren häufig schimpft. In Neu-Delhi kümmert er sich für uns um alle Belange des alltäglichen Lebens: Er fährt den Wagen, kauft bei Bedarf ein, kocht Sojahack mit Erbsen, Okras oder *Pulao* – Reis mit Gemüse –, bezahlt den Wachmann, und wann immer er Kleider in die Waschmaschine wirft, kommen sie verfärbt wieder heraus. Meinem Freund erklärte er einmal stolz: »*Ahmed driver, Ahmed cook, Ahmed security, Ahmed manager*!« und »*Ahmed 24/7*!«. Ahmed versteht mehr Englisch, als er spricht, und ich verstehe genauso wenig Hindi, wie ich spreche. Im Auto wickle ich bei jeder Ankunft vorsichtig meine limitierte Edition Hindi-Sätze aus eingestaubten Tüchern, frage nach seiner Gesundheit, nach seinen zwei Söhnen, der Tochter. Ahmed sagt mir dann Sätze vor, die ich artig wiederhole, bis ich ihn mit meiner Aussprache zufriedengestellt habe. Wir sind ein Englisch-Hindi-Tandem, der Fahrer vorne am Steuer und die Tochter des Geschäftsführers auf der Rückbank. Irgendwann ruft immer Papa an. Er gibt mir Infos für die kommenden Tage, was geputzt oder eingekauft werden sollte. Papa hat von jedem Ort aus alles unter Kontrolle, also Ahmed, und Ahmed den Rest.

In Chennai aber steht kein Ahmed für mich bereit und auch sonst niemand. Hier buche ich mir am Schalter ein vorbezahltes Taxi. Mit meinen Hindi-Brocken brauche ich den Fahrer nicht zu belästigen. Offiziell sprechen die Menschen in der Hauptstadt des südwestlichen Bundesstaates Tamil Nadu *Tamil,* und auch wenn Hindi und Englisch hier durchaus verstanden werden – darauf verlassen sollte man sich nicht. Alles Wichtige steht auf der Rechnung für den Fahrer, auch der Preis, also kann ich mich beruhigt zurücklehnen und dabei kompetent fühlen. Ich bin vielleicht nicht so schnell wie Ahmed, aber ich komme auch ohne ihn an. Das *Townhouse,* zu dem ich fahre, ist Teil eines Anwesens mit weiß getünchten viereckigen Säulen und Topfpalmen neben den Türen. Zwei

Stockwerke, drei Schlafzimmer, jedes mit Klimaanlage, wie auf *Airbnb* beschrieben. Die Betten sind frisch bezogen, der Boden glänzt, und die Bäder riechen … nicht unangenehm. Ich atme erleichtert aus und gratuliere mir selbst. Alles richtig gemacht. Die Übersee-Bürgerin schafft es, auch ohne Wadhawan-Portal geschmeidig ins Land zu gleiten. Meine Reisen haben mich in einige Länder und bis nach Südamerika getragen. Aber nirgendwo spürte ich je diesen Druck, alles richtig zu machen, wie in Indien. Weil ich beweisen will, dass ich zurechtkomme wie eine, die hier hingehört. »Ich sage immer: Drei Menschen müssen zu jeder Zeit wissen, wo du bist«, höre ich Papa das erste Gesetz seiner Verfassung *Reisen als Weltbürger* predigen. Die zweite lautet: Lande, wenn möglich, nie nachts. Die sauberen Toiletten kommen irgendwo an Stelle sechs oder sieben. Weil Papa Indien kennt, macht er die Gesetze. Ich versuche meistens, mich davon nicht verrückt machen zu lassen, aber am Ende will ich trotzdem eine gute Bürgerin sein. Und so lege ich mich bei Ankunft auf das ordentlich hergerichtete Bett, den Blick auf die offenstehende Badezimmertür, und schreibe meinen Eltern eine Nachricht: »Bin gut gelandet. Das Haus ist schön, und alles ist sehr sauber.«

Meine beiden Mitbewohnerinnen kennen die Regeln noch nicht, sie landen in der Nacht. Um drei Uhr morgens öffne ich ihnen die Tür, als wären sie meine Gäste. Drei Monate dürfen wir Indien bereisen, gemeinsam in einer Gruppe von acht Journalist*innen und allein. Die Leiterin des Austauschprogramms ist in Indien geboren und aufgewachsen, lebt aber seit Jahren in Deutschland. Manchmal sucht ihr Blick meinen, wie der einer Verbündeten. Als eine Kollegin sich im Nachtzug unbedarft zwischen den Schlafkojen umzieht, kichern wir gemeinsam darüber, als verstünde nur ich, was ihr durch den Kopf geht. Trotzdem bin ich weniger indisch als sie, also tauft sie mich liebevoll *Fake Indian* und lacht, dass ihre großen, dunklen Augen leuchten. Wir sind sechs deutsche Journalistinnen, ein deutscher Journalist und eine falsche Inderin. Die ersten Wochen verbringen wir am Asian College of Journalism. Jeden Tag halten uns Aktivisten, Juristinnen, Historiker oder Journalistinnen Vorträge über die Lage Indiens, und ich bin von der Dringlichkeit nahezu jedes Themas überfordert: Selbstmordwellen indischer Bauern, Mikrokredite zu Wucherzinsen und ein Gesundheitssystem, das ganze Familien in Schuldknechtschaft treibt, Armut, Mangel- und Unterernährung, Gewalt gegen Frauen, Moslems oder Menschen aus unterdrückten Kasten, Vergewaltigungen und so viel Gewalt. Was ist aus Gandhi geworden, der doch Gewaltlosigkeit predigte?

Zum ersten Mal höre ich von *Hindutva*, einer nationalistischen Ideologie, deren Anhänger*innen Indien zum Land der Hindus machen wollen. Zentral ist dabei die Abgrenzung speziell zu Islam und Christentum, die mit Fremdherrschaft zu Zeiten des Mogulreiches und mit dem europäischen Kolonialismus assoziiert werden. Religion dient dabei als Instrument zur Herausbildung einer robusteren, indischen Identität in Reaktion auf die Unterdrückungserfahrungen der Vergangenheit. Das Ergebnis aber wäre das schichtweise Abtragen demokratischer Rechte von Minderheiten, zu denen auch die muslimische Bevölkerung gehört. *Hindutva* wird daher auch als Hindu-Faschismus, Hindu-Supremacy oder Hindu-Nationalismus bezeichnet. Eines der Symbole dieser Bewegung ist die Farbe Safrangelb, weshalb manche auch von einer »Safronisierung« Indiens sprechen. Vor ein paar Jahren habe ich mir im MBlock Market im Süden Delhis ein Kleid in Safrangelb gekauft. Es ist mein Lieblingskleid, weil es fließend fällt, pinke Fransen am Saum baumeln und ich die Farbe sehr gerne mag. Ich mag auch den Hinduismus gern, mit seiner eklektischen

Lebhaftigkeit, in der kein Gott über einem anderen steht und jeder Mensch seine eigene Beziehung zu einer Inkarnation seiner Wahl gestalten kann. So habe ich es von meiner Familie gelernt. Meine romantische Zuneigung weicht bald allgemeinem Unwohlsein, als ein Politiker der Regierungspartei BJP im Hintergrundgespräch äußert dass sich Minderheiten im Land natürlich an die Kultur der Mehrheit anpassen sollten. Er sagt das mit einer Selbstverständlichkeit, als spreche er nur aus was jeder vernünftige Mensch denken müsste. Mir kommt das deutsche Unwort *Leitkultur* in den Sinn und der Versuch, gemeinsame Werte in Gesten oder Bräuche zu übersetzen wie Händeschütteln oder, sagen wir, den Besuch der Christmesse. Als könnte man Menschlichkeit in Rituale pressen.

Dass in Indien Hunderte von Sprachen und Dialekten ineinanderfließen, wussten wir bereits, aber am College lernen wir, dass viele davon aussterben; dass Englisch und Hindi zwar als nationale Amtssprachen gelten, die Bundesstaaten aber jeweils zusätzlich ihre eigenen festlegen, beispielsweise *Tamil, Bengali, Telugu, Malayalam, Kannada, Gujarati, Marathi, Panjabi, Sindhi oder Manipuri*. Insgesamt kommunizieren die Menschen des Subkontinents in 22 offiziellen Amtssprachen, und während ich nachzähle, welche davon ich beherrschen könnte, hätte Papa sie an mich weitergegeben, klingen seine Worte in meinen Gedanken nach. *Was willst du mit Hindi, keiner spricht Hindi.* Eine meiner deutschen Kolleginnen allerdings schon, zumindest so viel wie ich, was mich kurz verlegen macht, bevor ich die Verantwortung wieder selbstbewusst Papa zuschiebe. Einmal habe ich ihn gefragt: Warum hast du uns deine Sprache nie beigebracht? Wir saßen im Wohnzimmer beim Kaffee, und Papa drückte den Rücken durch, als müsste er eine Ansprache halten. Das passiert immer dann, wenn ich ihn etwas frage, wozu er sich schon lange Gedanken gemacht hat, und er die Möglichkeit wittert, ein Stück Lebensphilosophie weiterzutragen.»Die Kultur und Art, wie Menschen miteinander umgehen – das alles ist in der Sprache verankert. Darüber findet ein Mensch Identität. Aus dem Grund war ich der Meinung, dass ein Kind einsprachig aufwachsen sollte und andere Sprachen lernen kann, wenn es älter ist und Interesse hat«, sagte er. Ich dachte: In Ordnung, Papa lernte zu der Zeit selbst Deutsch, meine Eltern fanden gerade neben Englisch eine neue, gemeinsame Sprache. Er wollte uns und sich selbst also nicht verwirren, und nun saß ich da mit meinem Hochstaplerinnensyndrom und schrumpfte immer ein bisschen, wenn andere fragten, ob ich denn auch *indisch* spräche. *Nice try.* Mama nippte schweigend an ihrer Tasse. Sie lässt Papa immer ausreden, bevor sie seinen philosophischen Konzepten die Realität beifügt. Schließlich sagte sie: »Wenn du Kinder zweisprachig erziehen willst, muss jedes Elternteil eine der Sprachen übernehmen. Ich war die meiste Zeit mit euch zuhause, also haben wir Deutsch gesprochen.« Hier im Süden Indiens würde Papa mit seiner Theorie zumindest Gehör finden. Schulen unterrichten Tamil und Englisch. Versuche, Hindi als Drittsprache zu lehren, wurden immer wieder bekämpft, aus Sorge, die eigene kulturelle Identität und Autonomie gegenüber der Zentralregierung in Delhi zu verlieren. Ich denke, wie paradox die Sehnsucht nach kollektiver Identität sein kann, ob in einer Familie oder einem Land: Während die einen nach (sprachlicher) Einheit streben, wünschen sich die anderen Vielfalt – und beide begründen es ähnlich.

Ich trinke all die Informationen wie ein ausgetrocknetes Flussbett den Regen, dann laufe ich über wie eine indische Stadt im Monsun. Es fühlt sich gut an, als würde ich ein lange hinfälliges Gespräch mit einer nahestehenden Person führen. Wir lernen einander besser kennen, dieser *Hintergrund* und ich. Aber mit jeder Seite, die ich notiere, entfernen wir uns auch voneinander. Weil ich merke, wie viel ich über diesen Ort und seine Menschen nicht weiß, über Indien – und meine Familie? Über mich? Distanz kollidiert mit Nähe, alles wirbelt in meinem Kopf durcheinander. Die Unbeschwertheit, mit der ich an religiösen Festen getanzt habe – war sie naiv? Die Armut, die mir auf den Straßen begegnet, die Ungerechtigkeit und Gewalt – was hat das mit meiner Familie, was hat das mit mir zu tun? Tragen wir Verantwortung, und wenn ja, welche? Die falsche Inderin fühlt sich um die Wirklichkeit betrogen und gleichzeitig ein bisschen ertappt. *Guck mal, die tut nur so.* Meine Verunsicherung behalte ich, so gut es geht, für mich. Es muss ja nicht jede sehen, wie ich als erwachsene Frau in Identitätspubertät verfalle. Weil meine Perspektiven übereinanderfallen wie Mikado-Stäbchen, konzentriere ich mich darauf, die der anderen zu beobachten – in der Hoffnung, dadurch selbst klarer sehen zu können.

/

»Can we please take a picture with you?«, haben die Schülerinnen kreischend gerufen, die gerade mit ihrer Klasse Neu-Delhi erkundeten. Hinter uns ragte ein riesiger Torbogen in den Himmel: 1921 erbaut, soll das India Gate an die Soldaten erinnern, die im Ersten Weltkrieg für das *Empire* gefallen sind. Die eigentliche Attraktion aber waren wir, beziehungsweise meine Kolleginnen. Beim Besuch von Tempelanlagen drücken Frauen ihnen Babys in die Arme; Schülerinnen, Jungsgruppen, indische Touristinnen wollen Selfies mit ihnen schießen. Es ist ein bisschen witzig: die helle Aufregung über diese Fremden, als wären sie Berühmtheiten. Ich kenne das Spiel. Wann immer ich mit Freundinnen durchs Land gefahren bin, verschwand ich im Schatten ihrer Auffälligkeit und konnte beobachten, wie es sich anfühlt, wenn andere exotisiert werden. Für die meisten hier ist der Anblick eines Menschen mit weißer Haut oder hellem Haar noch immer eine völlig neue Erfahrung. Das hat

schöne Seiten: Schülerinnen tänzeln vergnügt herüber, Groß-
väter lächeln warm in die Kamera. Offenheit, Neugier, ein bisschen Ekstase. Meine Kollegin Fiona wollte wissen, warum die
Menschen so interessiert an ihr waren, und tauschte jedes Bild
gegen eine Antwort: Warum? Warum ich? Die Mädchen lach-
ten: »Du bist Ausländerin. Du siehst einfach anders aus als
wir.« Manche waren stolz darauf, Tourist*innen aus aller Welt
in Indien zu sehen, und wollten das Gefühl mit einem Foto
festhalten. Junge Männer luden die Bilder auf Facebook hoch,
um an der Seite einer als freizügiger geltenden Europäerin er-
fahrener zu wirken. Und manchmal sagten sie, dass sie eben so
schön sei – also, so schön weiß.

»Ja, in Indien wären die Menschen gern weißer«, kommentiere ich am Abend beiläufig, während wir über Fionas Experiment lachen, und erzähle von dem Versuch, in einem kleinen
Laden in Süd-Delhi eine Gesichtslotion zu kaufen. Wie ich dort
vor dem Regal voller Tuben und Döschen stand – Nivea,
Garnier, Vichy – und jede einzelne mir versprach, meine Haut
aufzuhellen. Den Laden verließ ich ohne Lotion, dafür mit einer
Irritation im Bauch, der ich keinen Namen geben konnte. Die
gleiche Irritation hatte mich erfasst, als eine meiner Tanten
mich mich gefragt hatte, ob sie mir ein Gesichtspeeling buchen
sollte. To scrub off the tan – um die Bräune abzuschrubben. Ich
lachte sie verständnislos an, aber sie meinte das ernst. Sie wollte
mir etwas Gutes tun. Es war, als hätte sie gesagt: Komm, ich
buch dir eine Massage!

Meine Kollegin Nina sagt: »Das ist ja spannend«, und die
Ernsthaftigkeit in ihrer Neugier überrascht mich. Ich könnte einige solcher Geschichten erzählen, Schwänke des Alltags zum
Kopfschütteln. Mein Indien würde zu einer Sammlung aus Ku-
riositäten, die immer nur im Verhältnis zu meiner deutschen
Realität existieren. Sie sind auch witzig, diese kleinen Momente
zwischen den Welten, aber sie waren in meiner Familie nie

wichtig. Wichtig war, was uns verbindet. Aber während wir uns dort gegenübersitzen, Fionas Erfahrung und meine, frage ich mich, was das eigentlich genau ist.

ANSICHTEN EINES WELTBÜRGERS II

Meine Kinder haben Indien nie als etwas Fremdes gesehen. Sie sehen auch kein interessantes Bild, wie die anderen, sie sehen das als ganz normales Leben.

4 Haut: Die Farbe Anders

Der Stammsalon meiner Tante liegt im vierten Stock eines verglasten Gebäudes in der westindischen Millionenstadt Vadodara. Blickdichte Blenden halten Sonne und Spätsommerschwüle draußen, ich atme auf in der kühlen Luft. Tante Papu will sich die Haare machen lassen, ich will recherchieren. Es war klar, dass ich damit hier beginnen würde: im *Parlour*, dem Schönheitssalon. Parlours, das sind eigentlich Friseurläden, in denen es um mehr geht als Haare schneiden. Egal wie brüchig der Asphalt, wie dick die Abgasluft, es gibt sie an jeder Ecke einer indischen Großstadt: nach Shampoo und Nagellack duftende, polierte Räume. Friseur, Kosmetik-, Nagel- und Waxing-Studio in einem. Parlours, das sind Orte des Zusichkommens einer wohlhabenderen indischen Stadtbewohnerin. Ein Besuch gehört für mich seit langem zur Ferienroutine jeder Indienreise. Die einen behandeln am Strand von Goa ihre nordhemisphärische Winterblässe, ich lasse mir im Salon die Hornhaut von den Füßen hobeln. Ein Luxus, auf den ich in Deutschland nie gekommen wäre, da stecken die Zehen auch meistens in Socken. An diesem Tag aber geht es mir nicht um Wadenmassagen und lackierte Nägel. Während Papu darauf wartet, ihren Kopf in fremde Hände zu legen, nehme ich prüfend eine Tube Gesichtslotion aus dem Wandregal. Die Verpackung verspricht »sofort hellere Haut«. Auf der »Menükarte« des Salons finde ich ähnliche Angebote, darunter eine Gesichtsbehandlung gegen »Pigmentierung«, für umgerechnet 28 Euro. Einmal das Gesicht bleichen gibt es schon für einen Fünfer. Da ist sie wieder, diese Irritation, die diesmal auch Worte findet, zumindest in meinem Kopf: *Spinnt ihr eigentlich? Wieso wollt ihr bitte unbedingt heller werden?!* Bevor wir herkamen, waren Papu und ich Cappuccino trinken gegangen. Im Schutz der Zweisamkeit wollte ich sie über die Bedeutung von Hautfarben ausfragen, aber etwas daran war mir unangenehm gewesen. Die Sorge, meine Fragen könnten als Vorwurf verstanden werden? Die Angst vor einer Wahrheit, die mir nicht gefallen könnte? Gespräche über Haufarbe – das hatte ich in Deustchland gelernt – bereiteten den meisten Menschen Unbehagen. Tante Papu hatte auf meine Fragen einen Moment geschwiegen und dann fast unmerklich genickt. »Es gibt Menschen, die sagen: Schau, dieses Mädchen ist so schön, weil es hell ist. Das ist ein Problem. Es herrscht eine Art Besessenheit nach heller Haut.« Sie erinnerte sich an Erzählungen aus ihrer Jugend, in der Milch die Haut heller strahlen lassen sollte und auf Tee verzichtete, wer nicht dunkler werden wollte. Papu habe das nicht ernst genommen, und es hätte mich auch gewundert, aber sie vermeide es trotzdem, zu viel Zeit in der Sonne zu verbringen. »Unsere Haut ist sehr empfindlich«, hatte sie gesagt und hinterhergeschoben: »Wir bekommen schnell dunkle Flecken im Gesicht«, ein bisschen entschuldigend, wie um sicherzustellen, dass ich die Besessenheit einer Gesellschaft nicht mit der Empfindsamkeit ihrer Hautzellen verwechselte.

Auch der Salonbesitzerin scheint diese Trennung wichtig. Während sie die Haare einer Kundin richtet, erklärt sie mir vollkommen gelassen, dass ich da etwas falsch verstanden habe. Niemand hier wolle hellere Haut. »Beim Bleichen geht es eigentlich darum, schwarze Gesichtshärchen aufzuhellen.« Darüber hinaus kämen Kundinnen, um dunkle Flecken im

Gesicht behandeln zu lassen, sogenannte Pigmentierungen, oder zum *Detanning*, zum Entbräunen, um nach dem Urlaub zu ihrem ursprünglichen Hautton zurückzukehren. *To scrub off your tan.* Klingt harmlos, als ginge es um eine tiefe Gesichtsreinigung. Wer will schon keine ebenmäßige Haut? An einigen Stellen habe auch ich Flecken, sogenannte Hyperpigmentierungen, in Folge von Verbrennungen, Stürzen oder Pickeln. Je höher der Melaningehalt der Haut, desto eher neigt sie zu dunkler Vernarbung. Ich kann verstehen, dass Menschen diese Flecken loswerden möchten. Was mich stört, ist die allgemeine Problematisierung von Pigmentierung. Dabei bedeutet sie erst einmal nichts weiter als die Bildung dieser Melanine, also farbgebender Substanzen in der Haut. Das braune bis schwarze Eumelanin bestimmt nicht nur die Helligkeit (im Gegensatz zum Phäomelanin, das einen rötlichen oder gelblichen Unterton produziert), es schützt auch vor UV-Strahlen. Menschen, deren Vorfahren in kältere Gegenden auswanderten, haben hellere Haut entwickelt, um mehr Sonnenlicht aufnehmen zu können – damit ging ein Teil ihres natürlichen Sonnenschutzes verloren. Je mehr Melanin in der Haut, desto später setzt der Sonnenbrand ein. Die körpereigene Substanz schützt den Körper also. Hier klingt sie nach einem gesundheitlichen Problem, wie Akne oder Schuppenflechte. Und egal welche Lösung frau nun wählt, um es zu beheben, das offenbar erwünschte und beworbene Resultat ist die Aufhellung der Haut. Nicht nur im Gesicht: Auch bei Pediküren schütten Salons schon mal hautbleichendes Wasserstoffperoxid ins Wasser.

Als ich versuche, eine Dermatologin zu finden, die mir die Prozeduren und den Umgang mit Hautpigmentierung einordnet, lande ich nur immer wieder bei *Beauty Clinics*, die neben Haartransplantationen und Narbenreduktion auch *Skin-Lightening*-Behandlungen anbieten. Ich lasse mir trotzdem einen Beratungsermin geben. Empfangen werde ich von Lalnei, einer Kosmetikerin im rosa Kittel. Mit einer Lupe so groß wie meine Handfläche betrachtet sie meine Wangen. Ihr Befund: »Sie haben eine oberflächliche Pigmentierung.« Gegen die sanfte Sommerbräune empfiehlt sie mir eine Laserbehandlung. Melanin werde dabei zerstört und die Neuproduktion gehemmt. Das reduziere die Gefahr von Hautkrebs, sagt Lalnei, was mich stutzig machte, denn das Gegenteil ist der Fall. Und das Wichtigste: Ich könne bis zu zwei Hauttöne heller werden. »Aber warum sollte ich das wollen?«, frage ich. Sie lächelt aufmunternd: »Sie werden sich besser fühlen.« Als ich aus der polierten Praxis in die dicke Straßenhitze zurückkehre, fühle ich mich nicht besser, sondern verarscht. Ob es nur um die Sonnenbräune geht oder die Aufhellung des natürlichen Hauttons, die Botschaft scheint deutlich: In einem Land, in dem alle Menschen irgendwie braun sind, wird ihnen weisgemacht, Melanin sei ein gesundheitliches Problem. Wer auf seinen Körper achten will, muss es bekämpfen. Gebräunte Haut: ein Zeichen für Ungepflegtheit, Krankheit – ein Problem, für das Kosmetikhersteller Lösungen anbieten und damit erst echte Probleme schaffen. Teure Produkte sind zwar häufig nichts anderes als Tagescremes mit UV-Schutz, die als hautaufhellend beworben werden. Ende 2015 musste die Firma Emami einem Kläger mehr als 20 000 Euro Schmerzensgeld zahlen, weil das Produkt nicht den beworbenen Effekt erzielte. Falsche Versprechen wie »Werde hellhäutig in drei Wochen« wurden daraufhin verboten. Billige Bleich-Produkte, die auch auf dem afrikanischen Kontinent und in Südasien verbreitet sind, enthalten allerdings häufig gesundheitsschädliche Wirkstoffe wie Hydrochinon, Quecksilber und Steroide. In Europa sind sie deswegen in Kosmetika verboten. Die Haut brennt, juckt, entwickelt Akne und reagiert, welch Ironie, umso empfindlicher auf Sonneneinstrahlung.

Natürlich frage ich mich, wo der Unterschied liegt zwischen dem indischen Wunsch nach Hautaufhellung und dem Trend zur Sonnenbräune, den ich aus Europa kenne. Beides kann gesundheitsschädlich sein und basiert auf einem Schönheitsideal, das der Realität widerspricht. Einer Realität, der meine Haut in Deutschland jedoch näher lag als die meines Umfelds. Zwar wurde meine Sonnenbräune nicht unbedingt als solche anerkannt, aber es fühlte sich trotzdem gut an, dass meine Haut nicht nur »dreckig« sein konnte oder »exotisch«, sondern irgendwie auch gemeinsam mit den anderen in die Kategorie »schön« passte. Die Sonne glich meine Augenschatten aus, ich sah frischer aus. Also schoben wir am See die Bikinihosen tiefer und verglichen am Abend unsere Abdrücke. In Indien konnten es über 30 Grad sein, niemand sonnte sich hier. »Wir wollen doch immer das, was wir nicht haben«, hatte eine Cousine mich im Urlaub geneckt, als ich in Bikini Richtung Pool aufbrach und sie sich in den Schutz der kühlen Wohnung zurückzog. Ist es wirklich so einfach? Macht mich der indische Antipigmentierungstrend schlicht so wütend, weil mein Hautton dadurch keinen Besonderheitenstatus mehr genießt, keinem Ideal näher liegt, weil ich es anders gelernt habe?

/

Irritation, Ärger oder Wut sind keine angenehmen, aber hilfreiche Emotionen, weil sie den Weg zu Antworten weisen können. Mich führen sie zu Neha Mishra. Eigentlich arbeitet sie als Dozentin für Rechtswissenschaften, nebenberuflich leistet sie Aufklärungsarbeit. Als wir uns treffen, ist sie gerade 35 Jahre alt und leitet die juristische Fakultät an einer Universität im südindischen Bangalore. Ich besuche sie in einer der ruhigeren Wohngegenden der Stadt, mit mehrstöckigen Einfamilienhäusern und Toren vor der Einfahrt. Hier begann sie sich dieselben Fragen zu stellen wie ich, hier wurde sie wütend wie ich. Damals, vor ein paar Jahren, kam ihre siebenjährige

Nichte weinend von der Schule. Ein Junge hatte gehässige Kommentare über ihre dunklere Haut gemacht, was das Mädchen verletzt und verunsichert zuhause erzählte. Es war nicht das erste Mal, das Mishra so etwas hörte. Die Stigmatisierung dunkler Haut, sagt sie, sei derart Teil des Alltags, dass die meisten sie nicht einmal wahrnähmen. Aber die Tränen einer Siebenjährigen trafen sie unmittelbar. Die Juristin begann zu recherchieren, suchte das Gespräch mit Studierenden, Freund*innen, mit ihrer Familie – und traf dabei keineswegs auf Verständnis. »Viele gaben mir das Gefühl, zu übertreiben.« Also sammelte sie Beweise. Gemeinsam mit anderen Wissenschaftler*innen entwarf sie einen Fragebogen, den sie Studierenden vorlegten. Die Befragten hatten jede Menge Anekdoten zu teilen: von Verwandten, die nach der Geburt eines Babys zuerst hinter die Ohren schauten, um den Hautton zu prüfen, den das Kind einmal annehmen würde. Von Geschwisterkindern, die immer wieder wegen ihrer dunklen Haut ermahnt wurden, als hätten sie etwas ausgefressen. Von gehässigen Kommentaren in der Schule. Beiläufige Bemerkungen, Ist-doch-nur-ein-Scherz-Attitüden, wie ich sie selbst aus der Schulzeit kannte, aber eines blieb hängen: Hell ist gut, dunkel schlecht. »Vielen wurde erst bei der Beantwortung der Fragen klar, dass sie auch Vorurteile haben.«, erzählt mir Mishra. Mehr als zwei Drittel der ersten 100 Befragten assoziierten Schönheit mit dem Merkmal *fair*, also hell, hatten schon einmal Aufhellungscremes genutzt und gaben zu, einen hellhäutigen Menschen als Partner*in zu bevorzugen. Mishra erinnerte sich in diesem Prozess selbst daran, dass ihr als Kind immer wieder gesagt wurde, wie hübsch sie mit ihrer hellen Haut sei. Ihre Schwester, etwas dunkler als sie, hörte solche Komplimente nicht. Weil Mishra ins positive Raster »schön« passte, war ihr das lange nicht aufgefallen.

Wie kann es sein, dass Menschen die natürliche Beschaffenheit ihres Hauttons derart ablehnen – noch dazu in einem Land wie Indien, in dem der Großteil der Bevölkerung braun ist? Die alten Schriften ebenso wie die Zusammensetzung der indischen Bevölkerung widersprechen dem eigentlich, erklärt mir Neha. Einige der wichtigsten hinduistischen Götter und ihre Avatare werden darin als schwarz oder dunkelhäutig beschrieben. Der Gottesname Krishna basiert auf einem Sanskrit-Wort und wird mit »dunkel« übersetzt.[1] Kali, die mehrarmige Göttin der Zerstörung und Erneuerung, bedeutet »Die Schwarze«. In Größe und Vielfalt kann man Indien zudem eher mit Europa vergleichen als mit einem einzelnen Land – bewohnt von fast doppelt so vielen Menschen. Klima und Vegetation sind ebenso divers wie die Bevölkerungsgruppen, die sich über den Subkontinent verteilen. Im Norden tendieren die Menschen zu hellerer Haut und größerer Statur, im Süden sind sie eher dunkler und kleiner, im Osten haben sie mehr Ähnlichkeit mit Menschen in zentralasiatischen Ländern wie der Mongolei. Inmitten dieser kulturellen und ethnischen Diversität aber hat sich über Jahrhunderte hinweg ein komplexes soziales Gefüge gebildet, in dem Menschen anhand von Religion, Berufsstand und Kaste, Sprache, Klasse und regionaler Herkunft eingeteilt und bewertet werden. Das sei auch der Grund, warum die Haut als eine Kategorie von vielen relativiert werde. Aber, sagt Mishra: »Wer dunklere Haut hat, wird auch innerhalb seiner Kaste oder Klasse stets weniger wert sein als mit heller Haut.« Indiens Diversität erklärt das hellhäutige Schönheitsideal also nicht, und ginge es nach den alten Schriften, wäre auch dunkle Haut göttlich. Die Suche nach Antworten führte die Juristin schließlich über die eigenen Landesgrenzen hinaus, denn das wurde schnell klar: Was sie mit ihren Studien zum ersten Mal im Kontext ihrer Heimat wissenschaftlich festgehalten hatte, ist kein auf Indien begrenztes Phänomen, und es hat einen Namen: Colorism. Kolorismus.

In den USA wird darüber schon länger intensiv gesprochen

und geforscht. Die afroamerikanische Autorin Alice Walker bezeichnete mit Colorism 1982 erstmals die »ungleiche Behandlung aufgrund von Hautfarbe zwischen gleich-rassifizierten Menschen«. Also, eine an die Hautfarbe geknüpfte Hierarchie innerhalb einer als gleich definierten Gruppe. Colorism ist eine Folge rassistischer Gesellschaften. Während Rassismus die von außen auferlegte Pauschalisierung und Abwertung ganzer Gruppen anhand kultureller oder biologischer, vor allem aber als unveränderlich wahrgenommener Merkmale bezeichnet, steht Kolorismus für die Übernahme dieser Hierarchie durch die betroffenen Gruppen selbst. Anders ausgedrückt: Kolorismus ist, wenn Schwarze weißer sein wollen – oder Inder*innen als schöner empfunden werden, je heller sie sind. Und es impliziert, dass Menschen in einer Gesellschaft von allen besser behandelt werden, je näher sie diesem Ideal kommen. Es ist ein altes Prinzip, das erst erst spät einen Namen bekam, und es hat mit Macht zu tun.

Als die meisten Menschen noch von landwirtschaftlicher Produktion lebten, waren es die Arbeiter*innen, die auf dem Feld Hitze und Sonne ausgesetzt waren. Wer es sich leisten konnte, blieb im Haus. Je heller also ein Mensch, desto mehr Geld musste er haben. Daraus entwickelte sich eine Idee von Schönheit, die bis ins Heute wirkt und vor allem Frauen betrifft. Ob in den USA, in Europa, Ostasien oder der Arabischen Welt[2]: Je heller die Haut der Töchter und Ehefrauen, desto schöner und wertvoller sind sie, desto mehr Ansehen genießt auch die Familie. Der Kolorismus aber, von dem Alice Walker sprach ist vor allem eine Folge der europäischen Eroberungsgeschichte. Durch westlichen Imperialismus, Kolonialisierung und Sklaverei wurde der weiße, europäische Phänotyp in weiten Teilen der Welt zum Macht- und Schönheitssymbol. Je näher die Beherrschten dem Bild der Mächtigen kamen, desto besser wurden sie behandelt. Hellere schwarze Menschen mussten während Zeiten der Sklaverei in den USA beispielsweise leichtere Arbeit verrichten. Gleichzeitig wurden die Versklavten und Beherrschten als wild, rückständig und unzivilisiert abgewertet. Die Hierarchie der weißen Eroberer übertrugen sich auf die unterworfenen Gruppen. Die Forscherin Joy DeGruy Laery entwickelte dazu den Begriff des *Post Traumatic Slave Syndrom* (PTSS):[3] Hass oder Abgrenzung unter Afro-Amerikaner*innen gegen jene, die heller sind – und sei es in der eigenen Familie. Weil sie den Mächtigen näher-, weil sie damit auch über ihnen standen. Kolorismus bedeutet, dem weißen Ideal näherkommen wollen oder es verfluchen, sich in jedem Fall aber immer daran messen.»Wer nicht weiß ist, entwickelt zwangsweise Minderwertigkeitsgefühle und einen internalisierten Selbsthass«[4], schreibt die Politikwissenschaftlerin Emilia Roig in ihrem umfangreichen Werk über strukturelle Unterdrückung»*Why We Matter*«.

In Indien waren es die muslimischen Herrscher aus Persien, später die Portugiesen oder Holländer, vor allem aber die Gesandten des British Empire, die hellere Haut zum Symbol für Herrschaft und Wohlstand machten.»Hellsein hatte nichts mit Schönheit zu tun«, hat Neha Mishra gesagt,»sondern mit Macht.« Ein Begriff, auf den ich bei meinen Recherchen immer wieder stoße, bezeichnet den indischen Kolorismus daher als *colonial hangover*: einen kolonialen Kater, der von der Kosmetik- und Medienindustrie stetig reproduziert wird: Auch die Held*innen in TV-Serien und Kinofilmen sind hellhäutig, Werbespots für Cremes versprechen Erfolg und Liebe, Promis und Politiker*innen müssen sich immer wieder Sprüche und Witze über ihre dunklere Haut anhören. Gleichzeitig werde Kolorismus immer subtiler, hat Neha gesagt. Statt von Hautaufhellung sprechen die Menschen von Pigmentierung oder Detanning. Und wer davon nichts wissen will, muss sich dafür rechtfertigen, als wäre die Haut ein Muskel, den man nur lange genug trainieren muss. In Nehas Studie schrieb eine der Befragten: »Manche Tanten fragen unverfroren, andere diplomatisch: Warum tust du nichts gegen deine Sonnenbräune?« Immer wieder müsse sie wiederholen: »Das ist keine Sonnenbräune, das ist mein Hautton.«

Was ich aus dem Gespräch mit Mishra vor allem mitnehme, ist, wie sehr wir Menschen Ungerechtigkeiten reproduzieren, ohne es zu merken. Mit der Idee, wer schön ist und wer nicht, fängt es an. Darauf aufbauend beeinflussen Schönheitsideale, wen wir als intelligent und kompetent wahrnehmen, und vielleicht sogar, wie ernst wir jemanden nehmen oder wie wir diese Person behandeln. Das alles machen wir unterbewusst, wir bekommen es so vorgelebt. Und manchmal braucht es die ungehemmte Gefühlsreaktion eines siebenjährigen Kindes, um uns vor Augen zu führen, was schiefläuft. Meine jedenfalls sind plötzlich weit offen. Auf Werbeplakaten, denen ich vorher kaum Beachtung geschenkt habe, entdecke ich Models, die sich in ihren Hauttönen von denen in Deutschland kaum unterscheiden. Wie *weiß* das Schönheitsideal weltweit zu sein scheint, erschreckt mich. Es ist der Moment, in dem ich verstehe, was Menschen meinen, wenn sie von der *Weißen Norm* sprechen, unter der alles andere zur Abweichung wird. Da laufe ich durch Indiens Straßen und fühle mich zurückversetzt in meine Jugendzeit in Deutschland, in der nicht-weiße Menschen im Fernsehen eine Ausnahme waren. In der achten Klasse wollte sich ein Schulfreund in die Kartei einer Modelagentur für Kinder aufnehmen lassen, und ich weiß noch, dass ich das spannend fand, dann aber dachte: Bestimmt wollen sie keine Mädchen mit brauner Haut und dunklen Haaren. In der Schulzeit spielte ich in Musicals mit und vermutete: Diese oder jene Rolle würde ich sowieso nicht bekommen, weil sie im Original hellhäutig und blond war. Und wer weiß: Vielleicht war es ausgerechnet die afrodeutsche Kommilitonin, die mich dazu inspirierte, Journalistin zu werden, weil ich in – oder *an* – ihr etwas von mir sah und das brauchte, um mich zu trauen.

/

In Indien ist die Abweichung von der weißen Norm eine Sammlung von Nuancen, und ein guter Ort, mehr darüber zu erfahren, sind indische Hochzeitsannoncen und Heiratsportale. Die Angabe des Hauttons gehörte hier lange zur Personenbeschreibung wie Alter und Beruf. Eltern suchen dabei ganz gezielt nach Bräuten mit heller Haut oder geben den Pigmentierungsgrad ihrer Söhne an. Geläufig ist eine Einteilung nach fünf Stufen: sehr hell, hell, weizenfarben, dämmrig (dusky) und dunkel. Ich muss zugeben, dass ich lange eine recht binäre Vorstellung von Hautfarbe hatte, ungeachtet dessen, was ich in Realität sah: Sie war entweder »normal« oder dunkel, »normal« oder »schwarz«, was ich als Farbbezeichnung verstand, die heute aber eine politische, gesellschaftliche und historische Dimension impliziert – je nach dem, wen man fragt. Dazwischen war ein Ort des Nicht-Seins: Nicht »normal«, aber auch nicht Schwarz. Die Farbe »Haut« war für mich immer rosa. Was ist hell, und wo beginnt dunkel? »Du bist aber braun geworden«, hörte ich nach dem Urlaub und konnte spüren, wie mein Gegenüber sich noch im selben Moment schämte, weil, meine Haut *ist* ja braun, ich bin nicht erst so *geworden*. Auch ich zuckte in solchen Momenten zusammen und fragte mich, ob es daran lag, dass wir keine Worte kannten für die unterschiedlichen Ideen von Bräune oder ob wir verinnerlicht hatten, dass alles außer *Weiß* etwas ist, von dem wir besser nicht sprachen. Aber wovon wir nicht sprechen, das können wir auch nicht richtig sehen, und umso weniger verstehen. Und so bin ich dankbar für die Vielfalt der Brauntöne, die sich in Indien vor mir entfalten. Aber noch während ich mich darüber freue, macht sich Unbehagen breit. Hautfarbe sollte doch egal sein, will ich sie wirklich »sehen« können? Meine gesamte Familie fällt außerdem eher ins hellere Spektrum der Braun-Skala. Hatten meine Vorfahren deswegen Vorteile gegenüber anderen Bevölkerungsgruppen, die ihnen zu Wohlstand und sozialem Kapital verhalfen? Auf alten Bildern meiner Großeltern meine ich klar zu erkennen, dass Oma hellhäutiger war als Opa, wenn auch nur ein, zwei Nuancen. Wurde sie auch deshalb als Ehefrau für ihn erwogen? Und: In welche Kategorie falle ich eigentlich?

»Du bist am ehesten *wheatish*«, analysiert mich Devika, eine meiner Großcousinen. Ich besuche sie und ihre Familie häufig, wenn ich in Delhi bin. Sie ist vier Jahre jünger als ich und muss kurz überlegen, als ich ihr meine Fragen stelle. Hautfarbe, nein, das sei nie ein Problem gewesen. Einmal habe sie eine Aufhellungscreme gekauft, danach nie wieder. Devikas Haut ist wie meine: weizenfarben. Wir liegen also genau in der Mitte, und damit noch in der positiven Norm, versichert sie mir. Anders formuliert: Bildung, Vermögen und Herkunft mal außen vor gelassen, wäre ich hell genug, um eine gute Braut zu sein, aber auch nicht die Schönste. Irgendwie dazwischen, genau wie in Deutschland, wo ich zwar von der Norm abweiche, aber gerade so viel, dass ich manchmal selbst nicht sagen kann, ob es anderen wirklich auffällt, oder nur, wenn sie wollen. Trotzdem hat es mich immer wieder unter Druck gesetzt. *Da ist doch noch was anderes in dir*, sagten sie, und wenn ich nach eingängiger Suche nichts fand, außer ein paar Farbpigmenten, hatte ich das Gefühl, alle enttäuscht zu haben. Die meisten Menschen in meiner deutschen Umgebung waren außerdem weiß, und weil ich meistens sie ansah und nicht mich, *fühlte* ich mich auch weiß. Dann fiel mein Blick auf meine Hände, und ich erinnerte mich daran, was andere sahen. Was, zum Beispiel, dachte die Mitarbeiterin aus der Personalabteilung, als sie sich auf der Frauentoilette in der Redaktion einer überregionalen Tageszeitung neben mir die Hände wusch. Im Spiegel schaute sie erst zu mir, dann zur Frau hinter mir. »Was für einen tollen Teint sie hat, oder?« Es sollte ein Kompliment sein, aber es war mir unangenehm, weil sie mit der Kollegin *über* mich sprach, statt mit mir – zwei Gleiche und die Andere. Sollte ich mich bedanken für dieses vermeintliche Kompliment? Wäre sie überrascht, wenn ich ihr auf Deutsch antwortete? Meine Haut fühlte sich mit einem Mal dicker an, undurchlässig wie eine Wachsschicht, die mich von den anderen trennte. Statt etwas zu entgegnen, lächelte ich verunsichert und trocknete meine Hände ab. Für einen Moment war es, als lebte die Personalfrau in einer anderen Welt, die ich immer nur für Augenblicke erahnen konnte. Diese Welt ist voller Erwartungen an mich: Erwartungen über außergewöhnliche Erfahrungen, fremde Sprachen, Andersartigkeit. Manche erwarten auch nichts von mir, nicht mal einen Funken Verstand. Meine ehemalige Chefin in einem Restaurant etwa verband mit meinem Hautton offenbar einen schweren Grad von Begriffsstutzigkeit. Mit meinen Kolleginnen scherzte sie herum, lobte und plauderte. Übertrug ihnen Verantwortung, plante sie ein. Mich schien sie allenfalls zu dulden. Die meiste Zeit ignorierte sie mich, außer, sie hatte etwas zu beanstanden. An einem Abend sollte ich eine CD einlegen, da kniete sie sich vor die Anlage und erklärte mir in überartikulierter, lauter Sprache, was ein »Play«-Knopf war und wie man ihn bediente. Ich stand vollkommen verdutzt daneben. Meinte sie das ernst? Wie kam sie darauf, dass ich, eine Oberstufen-Schülerin im Gymnasium, über simpelste Dinge auf diese Art belehrt werden musste? Mit den Köchen und Küchenhilfen sprach sie ähnlich wie mit mir, alles Menschen mit *Migrationsvordergrund*. Ihr Ehemann war noch schlimmer. Er wechselte regelmäßig in abgehacktes und unverständliches Englisch. Es war ihm egal, ob der Koch besser Deutsch sprach oder seine Muttersprache Französisch war. Mich machte dieses Auftreten wütend, vor allem aber hatte ich ständig das Bedürfnis, ihnen beweisen zu wollen, dass ich kompetent und gebildet war.

In Indien frage ich mich, ob es Jamal auch manchmal so geht wie mir als Kellnerin im Restaurant. Jamal, Ahmeds ältester Sohn mit dem Zwirbelbart. Seinen richtigen Namen kannte ich lange nicht, denn seine Familie nennt ihn nur *Kalu* – ein weit verbreiteter Kosename, abgeleitet vom Hindi-Wort *Kala* für »schwarz«. Es klingt irgendwie süß, wie Kosenamen eben klingen. Jamals Haut ist vielleicht ein bis zwei Töne dunkler als meine. Mir wäre der Unterschied nicht aufgefallen. Er allerdings wird durch seinen Kosenamen ständig daran erinnert. Vielleicht stört er sich nicht daran, vielleicht klingt der Name in seinen Ohren nur zärtlich. Was mir aber klar wird: Dunkel, das ist immer das *Andere*. Nicht nur in hellhäutigen Mehrheitsgesellschaften wie in Deutschland.

Es gibt einen Begriff für die Praxis, bestimmte biologische oder kulturelle Merkmale hervorzuheben und als fremd zu konstruieren: Othering. In ihrem Buch »Was weiße Menschen über Rassismus nicht hören wollen, aber wissen sollten« macht die afro-deutsche Journalistin Alice Hasters anschaulich, wie Othering funktioniert, indem sie das Normverständnis einmal umdreht: »Ich betone dann nicht, dass ich dunkle Haut habe, sondern dass *weiße* Menschen helle Haut haben. Vielleicht habe ich ja gar nicht so viele Haare auf dem Kopf, sondern *weiße* Menschen einfach wenige. Und vielleicht sind meine Lippen nicht dick, sondern die von weißen Menschen schmal. Es ist erstaunlich, wie irritiert *weiße* Menschen reagieren, wenn ich von mir als Standard ausgehe. Oft empfinden sie das regelrecht als Beleidigung. Es ist kein schönes Gefühl, als Abweichung der Norm definiert zu werden.«[5]

Othering ist sozusagen der Ausgangspunkt für jede Form

von rassistischem Verhalten, Stereotypen und Vorurteilen. Statt Individuen sehen wir nur noch die Andersartigkeit, an die wir bewusst oder unbewusst Bedeutung knüpfen: *gut* anders oder *schlecht* anders. Eine Hierarchie entsteht, in der *wir* normal sind, *die* nicht. Und je ausgeprägter die Anderen als fremd wahrgenommen werden, desto schwerer fällt es uns, sich in sie hineinzuversetzen. Ein Forschungsexperiment an der Universität Mailand-Bicoccia in Italien zeigte beispielsweise, dass Teilnehmer*innen heftiger auf den Schmerz einer weißen Person reagierten als auf den einer schwarzen Person. Den Mangel an entgegengebrachter Empathie aufgrund rassifizierter Merkmale bezeichnet man auch als *Racial Empathy Gap*.

So weit muss es aber gar nicht kommen. Manchmal führt die Andersmachung dazu, die eigene Wahrnehmung in Frage zu stellen. Wenn ich mich über meine Winterblässe beklage, ernte ich beispielsweise immer noch Gelächter. »Du kannst doch überhaupt nicht blass sein!« Ich habe das selbst lange geglaubt, genau wie die unlogische Annahme, da ich bereits braun sei, könnte ich ja gar nicht brauner werden oder Sonnenbrand kriegen, schließlich schützen mich meine Hautpigmente davor. Bis sich mein feuerrotes Gesicht in der neunten Klasse auf einer Skifreizeit tagelang unter Schmerzen schälte – und ich war auch noch stolz darauf. Manchmal zeigte ich anderen ein Foto davon, um zu beweisen: Schau, auch *ich* kann Sonnenbrand kriegen. Ich habe vielleicht ein paar Farbpigmente mehr in meinem Körper, aber ich bin wie ihr! Meine Haut ist im Sommer dunkler, im Winter heller. Wenn es mir schlecht geht, weicht alles Blut aus meinem Gesicht; setzt meine Erdnussallergie ein, leuchtet meine Haut am ganzen Körper rot. Kann nur ich das sehen? Und wenn dem so ist, stimmt es dann überhaupt? Wie kann ich anderen begreiflich machen, was passiert, wenn niemand es sieht? Ich bin allein mit meiner Wahrnehmung, weil die der anderen stärker ist.

Weil wir nicht gelernt haben, Hautfarbe jenseits von *Weiß* zu verstehen. Das hat gesundheitliche Folgen. Bis heute basiert das medizinische Wissen über dermatologische Erkrankungen auf weißen Hauttypen, obwohl sich Symptome bei dunklen Hauttypen durchaus unterscheiden können. Aber um diese Wissenslücke zu schließen, müssen wir sie erst einmal anerkennen.

/

Am Abend nach dem Gespräch mit Neha creme ich mein weizenfarbenes Gesicht mit nicht-aufhellender Lotion ein und frage mich, wie wir dem Netz aus konstruierten Verschiedenheiten entkommen können. Die Juristin hatte mir noch gesagt, dass sie sich ein politisches Eingeständnis dazu wünsche, wie sehr Hautfarbe im sozialen Miteinander der indischen Gesellschaft eine Rolle spielt. »Artikel 14 und 15 der indischen Verfassung verbieten Diskriminierung auf vielen Ebenen. Hautfarbe erwähnen sie nicht.« Ein Problem aber könne erst überwunden werden, wenn die Menschen es anerkannten. Darin aber schwingt eine Gefahr mit, die ich während der Recherche an mir selbst beobachte: Je bewusster ich mich mit dem Thema Hautfarbe auseinandersetzte, desto mehr Unterschiede nehme ich wahr. Vorher sah ich Menschen mit brauner Haut, jetzt sehe ich auch hell, dunkel oder *dusky*, denke über ihren Bildungsstand, ihre Herkunft nach, ordne mich selbst in eine Hierarchie ein, der ich nicht angehören will. Aber die utopische Gesellschaft ist doch farbenblind! Verfestigen wir Unterschiede nicht, indem wir sie ständig benennen?

Es erinnert mich an einen Rassismus-Workshop, den ich einmal besucht habe. Wir waren vielleicht ein Dutzend Teilnehmer*innen, die meisten *weiß*, außerdem zwei, die sich als *PoC* vorstellten – *People of Color. PoC*, lernte ich, ist eine Selbstbezeichnung von Menschen mit Rassismuserfahrungen und ein kollektiver Gegenentwurf zu jeder Form von Stereotypisierung aus Perspektive einer *weißen* Norm. Daraus wurde später die Abkürzung *BIPoC*, die außerdem die spezifischen Erfahrungen von Schwarzen und indigenen Menschen betont. Auf jenem Workshop aber kam mir die Selbstidentifikation der beiden Teilnehmenden erst aufdringlich vor, als wollten sie sich vom Rest der Gruppe abgrenzen, eine Spaltung vornehmen, die dieser Workshop doch zu überwinden versuchte. Als eine Freundin, mit der ich dort war, mich in der Pause fragte, wie ich mich denn eigentlich selbst wahrnahm, fand ich keine klare Antwort. Sie fütterte mein Nachdenken mit ihrer eigenen Perspektive: »Also, ich hätte dich jetzt auch eher als *weiß* gelesen.« Sie meinte damit wahrscheinlich: Für mich bist du nicht *anders*, wir sind gleich, und das war gut gemeint. Es ist sicherlich genauso gut gemeint, wenn jemand sagt: »Ich sehe keine Hautfarben.« Aus irgendeinem Grund aber trafen mich ihre Worte, verärgerten mich sogar ein wenig. Erst als ich vor dem Spiegel in einem Badezimmer in Neu-Delhi stehe, wird mir klar, warum. Ihre Wahrnehmung relativierte meine Erfahrungen mit Fremdzuschreibungen, in denen ich immer wieder mit der mehrdeutigen Annahme konfrontiert wurde, irgendwie aus der Norm zu fallen. Gleichzeitig wollte ich ihr auch recht geben, und darin steckten zwei wichtige Erkenntnisse: Erstens hatte ich ein Problem damit, die Verschiedenheit unserer Erfahrungen zu betonen. Ich wollte meinem Umfeld versichern, dass wir *gleich* waren. Weil ich mich nicht betroffen fühlte von Rassismus, unter dem ich vor allem Gewalt und Hass verstand. Weil ich in dieser Form nie betroffen davon war. Zweitens hatte ich die Stereotypen meiner Umgebung längst selbst verinnerlicht. Mit Migrationshintergrund oder *PoC* verband ich unbewusst eine stärkere, nicht-*weiße*, kulturelle Prägung, Fremdsprachigkeit, Armut oder Flucht, Kämpfe um Aufenthaltserlaubnisse und Aufstiegschancen. Anders formuliert: Ich projizierte genauso viel auf diese Gruppe wie andere auf mich. In dieser gesellschaftlichen Projektionserfahrung aber waren wir gleich, diese zwei PoC aus dem Workshop und ich – und das machte mich, genau genommen, zu einer von ihnen. Weil ich mich aber genauso ungern in Kategorien füge wie Papa, dauerte es eine Weile, bis ich verstand, dass mich diese Bezeichnung von meiner Freundin nicht abspaltet, sondern eigentlich mit ihr verbindet – und mit allen anderen auch. Die Erfahrungen einer Gruppe erzählen uns schließlich etwas über die Gesellschaft an sich, zu der wir alle gehören. Sie erzählen uns auch etwas über die Erfahrungen der anderen, die sich mit Identitätsfragen oder der Farbe ihrer Haut nie in dieser Weise auseinandergesetzt haben. Nur wenn wir alle Seiten betrachten, können wir die Strukturen, in denen wir leben, wirklich verstehen. Deswegen ist es auch so wichtig, dass Menschen darüber sprechen lernen, was *Weißsein* gesellschaftlich bedeutet, was als »normal« gilt und was nicht. Indem wir alle unsere Erfahrungen reflektieren und gemeinsam betrachten, können wir sehen, dass es nicht Hautfarbe ist, die Unterschiede schafft, sondern die Bedeutung, die sich über Jahrhunderte hinweg herausgebildet hat. Diese Bedeutungsunterschiede können nur durch Erfahrungsberichte deutlich werden. Sie zu benennen, bedeutet nicht, sie zu reproduzieren. Es ist der erste Schritt einer Bewusstmachung. Erst wenn die Unterschiede klar sind, können wir sie umdeuten. Weil wir erst *color conscious* werden müssen, bevor *colorblindness* möglich ist.

In Indien ist die Thematik der Hautfarbe in den letzten Jahren zum Gegenstand eines kritischen Diskurses geworden. Kampagnen wie »Dark ist beautiful« oder #unfairandlovely arbeiten daran, das Stigma dunkler Haut zu benennen und gleichzeitig umzudeuten. Einen ihrer größten Erfolge feierten die Initiatorinnen 2014, als der Indische Werberat neue Richtlinien veröffentlichte, nach denen dunkle Haut in Werbespots nicht als Nachteil dargestellt werden darf. Im Juni 2020 beschloss das indische Heiratsportal Shaadi.com, seine Filterfunktion »Gesichtsfarbe« zu entfernen. Kurz darauf kündigten die Kosmetikriesen Johnson & Johnson und Unilever an, ihre Aufhellungscremes aus dem Sortiment zu nehmen beziehungsweise umzubenennen. Ein historischer Schritt, mit dem die Unternehmen in erster Linie auf die *Black Lives Matter*-Bewegung reagierten, die weltweit Aufmerksamkeit bekam, als ein weißer Polizist in den USA den Schwarzen George McFloyd tötete. Die indische Diaspora in den USA sorgte dafür, dass die Wut auch Indien erreichte. Das wird sicher nicht reichen, um die Gedankenstruktur einer ganzen Gesellschaft zu verändern. Wandel braucht Zeit. In Deutschland findet rassismuskritisches Denken und Sprechen erst in jüngerer Zeit größere Öffentlichkeit – auch weil Medien sich dem Thema zunehmend widmen, was daran liegt, dass immer mehr Menschen mit unterschiedlichen Erfahrungen in Redaktionen sitzen.

Und wer weiß, vielleicht ist die Utopie einer farbenfrohen Farbenblindheit gar nicht so unrealistisch – in Deutschland oder Indien. Die nachfolgenden Generationen können es nur besser machen. An einem Nachmittag bei meiner Tante in Gujarat saß ich im Wohnzimmer, als ihre Enkelin von der Schule kam. Sie war neun Jahre alt und spielte gern im Garten. Etwas ungelenk wollte ich von ihr wissen, ob sie keine Sorge habe, dass ihre Haut dadurch dunkler werde. Das Mädchen strahlte mich an: »Nein!«, sagte sie fröhlich. »*I love my tan!*«

5 Herkunft: Die Kaste Mensch

»Du heißt also *Wadhawan*?«, will Priyanka wissen, während wir auf dem Rücksitz eines weißen Hyundai von ihrem Fahrer durch Neu-Delhis Morgenverkehr manövriert werden. Sie muss ungefähr in meinem Alter sein, trägt ihr langes Haar offen und wischte eben noch konzentriert auf dem Smartphone herum. Ein paar E-Mails, ein Anruf, mobiles Arbeiten einer jungen Großstadtpendlerin. Priyanka ist Pressesprecherin eines Tech-Unternehmens, dessen Gründer ich interviewen will. Ein indisches Start-up, das gemeinsam mit einem deutschen Mittelständler den lokalen Markt für Lagerhaus-Automatisierung neu ordnet. Indischer Machergeist und deutsche Sorgfalt – die perfekte Synergie, sagen sie, und wer könnte darüber besser berichten als eine deutsche Übersee-Inderin? Vom Süden Delhis aus wollen Priyanka und ich in die Satellitenstadt Gurugram, eines der größten IT- und Finanzzentren des Landes. Vor uns liegen 30 Kilometer, und weil wir nicht die einzigen auf dieser Strecke sind, heißt das: anderthalb Stunden Autofahrt. Der Rückweg dauert je nach Verkehrslage manchmal doppelt so lange. Für Priyanka sind diese Stunden im Auto Alltag. Sie lässt für einen Moment das Handy in den Schoß sinken und schaut gedankenverloren aus dem Fenster. Wahrscheinlich ist das der einzige Vorteil dieses Pendellebens: Zwischen zwei Orten braucht es keinen Aufbruch und kein Ankommen. Dazwischen kann mensch, und sei es ganz kurz, einfach sein. Oder darüber nachdenken, wie sich ein Gespräch starten ließe, das 1,5 Stunden Autofahrt füllen könnte. »Du heißt also Wadhawan«, sagt Priyanka. Es ist eine Feststellung, keine Frage. In Deutschland löst mein Name meistens zwei Reaktionen aus: Die Menschen wollen wissen, woher er kommt und wie er richtig ausgesprochen wird. In Nordindien ist der Name geläufig, und trotzdem wirft er Fragen auf, zumindest wenn ich ihn nenne.

»Ja, genau«, antworte ich Priyanka, und sie fragt, was alle wissen wollen, in Deutschland und in Indien, eigentlich sogar in fast jedem Land, in dem ich bisher war.

»*How come?*«

»Mein Vater kommt aus Delhi.«

»*I see.*«

Mit der Zeit habe ich gelernt, dass die wenigsten Inder*innen in solchen Momenten versuchen, mein Deutschsein zu entziffern, also das, was für sie anders ist. Was sie einordnen wollen, ist mein Indischsein. Der Name spielt dabei offenbar eine wichtige Rolle. Ich habe lange kaum drüber nachgedacht, aber an diesem Tag, neben Priyanka im Auto, will ich es genau wissen.

»Was sagt dir mein Name?«, frage ich sie.

»Ach, nichts weiter. Nur dass ihr Panjabis seid«, antwortet sie wie selbstverständlich, als hätte ich sie nach der Uhrzeit gefragt. »Dass deine Familie ursprünglich aus dem Nordwesten Indiens kommt.« Panjab, Wiege des Sikhismus, indischer Bundesstaat und Großregion, die heute zwischen Indien und Pakistan geteilt ist. Übersetzt bedeutet der Name »Fünf Wasser«, wie die fünf Flüsse, die in der Region in den Indus fließen. Soweit die Fakten. Ich weiß das, weiß auch, dass die Familie meiner Großeltern aus der Region. Vor Ort war ich noch nie.

Wegen der räumlichen Nähe und in Folge der Teilung zwischen Indien und Pakistan leben heute viele Panjabis in Neu-Delhi.

Aber ich will mehr wissen, also frage ich weiter: »Was bedeutet das denn, Panjabi sein?« Pryianka zögert kurz, bevor sie mir amüsiert erklärt, dass meine Leute einen bestimmten Ruf genössen. »Sie gelten als aggressiv, laut und ziemlich angeberisch. Und sie feiern gern.« Oha! Wadhawans, die Angeber und aggressiven Partygänger? Innerlich schiebe ich die neue Schablone über meine Familie. Das mit der Lautstärke kann ich zumindest bestätigen. Der Rest trifft mich ein bisschen. Priyanka scheint das zu spüren. »Ich bin auch Panjabi«, tröstet sie mich.

In meiner Familie kursiert eine Geschichte über unseren Namen, die mein Ururgroßvater meinem Vater erzählt hat. Der Erzählung nach stammen unsere Vorfahren aus Gujranwala, einer Stadt in der Provinz Panjab. Vor langer Zeit wurde dieser Ort überfallen. Reitende Perservölker raubten die Bevölkerung aus, brachten sie um und verbrannten ihre Hütten. Nur eine Frau überlebte. Sie war schwanger. Ihren Sohn nannte sie »Wadhwa«, was so viel bedeuten soll wie *wachsen*, im Sinne von: Die Familie wuchs wieder. In Britisch-Indien gab es später einen Fürstenstaat, der *Wadhwan* hieß. Seine Hauptstadt trägt noch heute diesen Namen und liegt im westlichen Bundesstaat Gujarat. Zu all diesen Geschichten habe ich keinen Bezug, dafür kann meine Zunge unseren Nachnamen schmecken und mein Herz ihn fühlen. *Wadhawan*, das ist für mich der deftige Geschmack von *Rajma*, einem Curry aus Kidneybohnen, das traditionell auf unseren Familienfeiern in Delhi gereicht wird, ein typisches Panjabi-Gericht. Es ist auch die Eigensinnigkeit, Energie und Herzlichkeit meiner Verwandten, oder das Gefühl, auf nahezu jedem Kontinent einen Ort zu haben, den ich Zuhause nennen könnte, weil dort Menschen leben, die zur Familie gehören. Wenigen davon bin ich persönlich nah, trotzdem herrscht untereinander ein Gefühl von weltumspannender Zusammengehörigkeit, Sicherheit und Immer-willkommen-Sein. *Wadhawan*, das bedeutet für mich Möglichkeiten – und damit hatte ich wahrscheinlich großes Glück. Denn in Indien helfen Namen nicht nur dabei, Menschen in Regionen, Sprachfamilien und Essenskulturen einzuteilen. Sie erzählen auch immer noch von der individuellen und kollektiven Position in einer sozialen Hierarchie: von der Zugehörigkeit zu einer Kaste.

/

Wie das mit dem Kastenwesen in Indien denn sei, wurde ich in Deutschland häufig gefragt und hatte keine gute Antwort darauf. Es fiel mir schwer, das Konzept Kaste überhaupt zu greifen. Auf meinen Indienbesuchen hatte ich auch keinen Hinweis darauf gefunden, anders formuliert: Ich konnte es nicht *sehen*. Die Menschen teilten sich für mich in eine Matrix aus vier Variablen: Familie und Nicht-Familie einerseits, Arm und Nicht-Arm andererseits. Mehr Unterschiede nahm ich nicht wahr. Papa leistete keine große Hilfe. Als ich ihn danach fragte, sagte er:»Bei uns haben Kasten keine Rolle gespielt.« Ein bisschen was erklärte er dann doch: Kasten seien ursprünglich nichts anderes als Berufsstände gewesen. Wadhawans, lernte ich, gehörten zur Kaste der Krieger und Herrschenden, zu den *Kshatriyas*. Traditionell waren sie Geschäftsleute. Das eine klang erhaben, das andere tüchtig, beides in jedem Fall vorteilhaft. Ich dachte an meine Familie, von denen die meisten in angesehenen Berufen arbeiten, als Ärztinnen, Juristinnen, Wirtschaftsprüfer, Personaler in globalen Konzernen. Einige haben Unternehmen gegründet. Mein Großvater arbeitete in der staatlichen Verwaltung, ein Cousin von Papa bekleidete hohe Posten in der Armee. Alles Zufall? In unserer Familie spielt Bildung eine wichtige Rolle. Die meisten Verwandten würde ich im Allgemeinen als interessiert, ambitioniert und selbstbewusst beschreiben. Weil unsere Vorfahren Krieger waren, Herrschende? *Kshatriyas*. Parth, ein junger befreundeter Fotograf, erzählt mir, dass er auf Recherchen häufig nach seiner Kaste oder seinem Nachnamen gefragt werde. Weil seine Vorfahren traditionell Händler waren, schlussfolgerten manche, er sei geizig und nur auf Geld aus, erzählt er mir. »Manchmal lache ich darüber, manchmal macht mich das sauer.« Wie viele unserer vermeintlichen Eigenschaften werden davon bestimmt, welche Geschichte wir über uns erzählt bekommen, welche Geschichte auch andere glauben, bevor sie uns kennen? Und was ist mit jenen, denen von klein auf gesagt und gezeigt wird, dass sie weniger dürfen oder können als andere? It's a cultural thing, hatte eine Cousine gesagt, als ich sie nach dem Kastenwesen fragte, und ich meinte einen Hauch von Rechtfertigung herauszuhören. »Ich kenne die Kaste meiner Freunde nicht«, antwortete mir ein Bekannter beim Bier. »Ich will sie auch nicht wissen. Sie ist mir egal.«

Als Außenstehende ist es gar nicht so leicht, etwas zu verstehen, das man weder sehen noch richtig erfragen kann. Gleichzeitig kollidiert die Sprachlosigkeit, der ich im Privaten begegne, mit einer medialen Omnipräsenz zum Thema. Es ist paradox. In indischen Zeitungen gehört der englische Begriff »Caste« zum Alltag. Dort lese ich von Kastenunruhen, von Gewalttaten gegen Menschen aus bestimmten Kasten oder Diskussionen um deren Repräsentanz in Politik und Wirtschaft. Auch während unseres Unterrichts an der Journalismusschule in Chennai hören wir ständig davon. Agrarreformen, soziale Bewegungen, wirtschaftliche Entwicklung – egal welches Thema, irgendwann fällt auch das Wort Kaste. Und obwohl wir alle verstehen, dass es Kasten gibt, die in der Gesellschaft Nachteile erleben, denen es strukturell schlechter geht, die Diskriminierung erleben: Woran das liegt, was eine Kaste genau ist und woran man sie erkennt, will ich nicht begreifen. Bis uns Kancha Ilaiah am College besucht. Illaiah schreibt Bücher, unterrichtet an Universitäten und hält Vorträge – und das ist keine Selbstverständlichkeit. Der Professor wurde als Sohn einer Hirtenfamilie in eine sogenannte rückständige Kaste geboren. In seinem Dorf, erfahren wir, sprach in seiner Kindheit zunächst niemand von Kasten, sondern von *Jatis*, so etwas wie Berufsstände. Jede Familie gehörte einem an. Sie hüteten Schafe oder Rinder, extrahierten den Saft aus den Blüten der Kokosnusspalme[1] oder pflügten den Acker und heirateten nur in innerhalb der eigenen Gemeinschaft. Deswegen werden Jatis auch als endogame, also in sich geschlossene, vererbte, Berufskasten beschrieben. Berufskasten, die manchmal eigene Esstraditionen pflegten oder Gottheiten verehrten. Sie existieren bis heute in hinduistischen, muslimischen, christlichen oder buddhistischen Gemeinschaften, sowie in anderen Ländern wie Sri Lanka, Nepal oder Pakistan. Es gibt Tausende von Jatis im ganzen Land, es könnten bis zu 40 000[2] sein, weil jede Dorfgemeinschaft und Region ihre eigenen Bezeichnungen geschaffen hat. Dass Kancha Ilaiah also einer Jati angehörte, war in Indien normal. In der Schule aber musste er lernen, dass er mit seiner Jati anderen untergeordnet war. Er hat ein Buch darüber geschrieben, in dem steht: »Wie sich ein Lehrer uns gegenüber verhielt, hing von seiner eigenen Kastenzugehörigkeit ab. War er ein Brahmane, hasste er uns und sagte uns ins Gesicht, dass das Zeitalter des Schlechten – kaliyuga[3] – schuld daran war, dass er ›Sudras‹ wie uns unterrichten müsse. Seiner Ansicht nach waren wir für nichts gut. (...) Auf dem Feld arbeiten war in seinen Augen schmutzig und unästhetisch. (...) Die Kinder aus Familien von Brahmanen,[4] Baniyas oder Landbesitzern aus höheren Kasten – sie waren die ›Guten‹. Weil sie keine schmutzige Feldarbeit verrichteten, weil ihre Gesichter gewaschen, ihre Kleider sauberer, ihr Haar sorgsam geölt und gekämmt war.« Was *Brahmanen* und *Sudras* sind, steht in den heiligen Schriften des Hinduismus, den *Veden*. Wann immer es um die Entstehung des Kastenwesens geht, taucht irgendwann der *Purusha-Sukta-Vers*[5] auf. Er beschreibt die Entstehung des Universums. Aus Purusha, dem »kosmischen Wesen«, entsprangen dabei die Tiere der Luft und der Erde. Seinem Nabel entwich die Luft, dem Kopf der Himmel, den Füßen die Erde. Dann erschuf Purusha die Menschheit: Aus seinem Mund kamen die *Brahmanen*, Priester und Gelehrte; seine Arme verwandelten sich in *Kshatriyas*, Krieger und Herrscher; seine Oberschenkel formten sich zum Volk, den *Vaishyas* – Bauern und Händler. Aus den Füßen schließlich wurden *Sudras*: Arbeiter, Künstler und Diener. Diese vier Gruppen bildeten das *Chaturvarna* – das System der vier *Varnas*. Ich würde ja denken, dass jeder Körperteil für den Organismus gleichermaßen wichtig ist. Die Gelehrten aber leiteten daraus eine Rangordnung ab, um ihre eigene Macht zu rechtfertigen: ganz oben der Mund, die *Brahmanen*, unten die Füße, *Sudras*. Kancha Ilaiahs Familie gehörte zu den Füßen. Aber das wussten sie nicht, bis es ihnen andere sagten. Sie wussten auch nicht, dass sie Hindus waren, erzählt uns Ilaiah. »Meine Eltern hatten nur eine Identität, und zwar ihre Jati: Sie waren Kurumaas. Ihre Feste waren lokal, ihre Götter und Göttinnen waren lokal and manchmal sogar spezifisch für ihr Dorf.« Deswegen heißt sein Buch Why I am not a Hindu. Illaiah kehrt damit dem Hinduismus den Rücken. Das hat in Indien eine lange Tradition. Seit Jahrzehnten konvertieren Menschen zum Buddhismus, Christentum oder Islam, um der deterministischen Hierarchie des Kastenwesens zu entkommen. Prominent für diesen Schritt ist der Sozialreformer Bhimrao Ramji Ambedkar, eine Ikone der Befreiungsbewegung unterdrückter Kasten. Bei Befreiung und Indien denken viele ja zuerst an Gandhi. Aber wer sich ein bisschen mit der Geschichte des Landes auseinandersetzt, wird unweigerlich auf das Porträt dieses pausbäckigen Mannes im Anzug stoßen, mit zurückgekämmtem Haar und schwarzen Brillengläsern. Ambedkar wurde 1891 als letztes von vierzehn Geschwistern geboren.

Seine Familie gehörte der Kaste der *Mahar* an, einer vor allem in Maharashtra und umliegenden Bundesstaaten lebenden Bevölkerungsgruppe. Für die meisten aber waren sie vor allem eines: *Unberührbare.* Wie genau diese fünfte Stufe der Kastenordnung entstand, ist bis heute umstritten, denn im Purushta-Vers steht davon nichts. Wer in sie hineingeboren wurde, fiel aus dem System der vier Varnas heraus, war sozusagen kastenlos, also nicht von Gott geschaffen. Die Menschen dieser Gruppe trugen in der Geschichte unterschiedlichste Namen. Lange waren sie als *Unberührbare* bekannt, *Untouchables.* Jene, die an das Kastensystem glauben, betrachteten sie als unrein, höchstwahrscheinlich weil sie ursprünglich als unrein betrachtete Tätigkeiten verrichteten. Sie häuteten tote Rinder zur Lederproduktion, entsorgten Tierkadaver, reinigten Toiletten. Jeder Kontakt mit ihnen galt als verunreinigend. Um ihn zu vermeiden, entstand eine kulturelle Praxis der *Unberührbarkeit,* deren krude Regeln in manchen Regionen – so schreibt es die berühmte indische Schriftstellerin und Historikerin Arundhati Roy[6] – die Grausamkeit von Jim Crows Sklavengesetzen in den USA noch überschritten. Ich bin ganz ehrlich: Nie wäre ich darauf gekommen, dass ein Land wie Indien rassistisch sein könnte. Rassismus, das war für mich *Schwarz* gegen *Weiß,* Apartheid, Nazis. Aber die Konstruktion von *Andersartigkeit,* von angeborener Überlegenheit, die sich strukturell in der Gesellschaft niederschlägt, ist global. In seiner Ideologie teilt das Kastenwesen den ideellen Kern von Rassismus, indem der Wert eines Menschen an seine Herkunft geknüpft wird, Gruppen anhand körperlicher oder kultureller Merkmale als von Natur aus unterlegen dargestellt, Individuen dadurch entmenschlicht und ihnen Würde und Rechte abgesprochen werden. Der junge Bhimrao Ramji Ambedkar musste als Schüler am hinteren Ende des Klassenraums auf einem selbst mitgebrachten Tuch sitzen, weil das Personal der Schule nichts reinigen wollte, das er berührt hatte. Lehrer fassten seine Schulhefte nicht an, Wasser bekam er nur, wenn eine Reinigungskraft der unteren Kasten anwesend war, um es ihm zu reichen. Schon der Schatten von *Unberührbaren* galt als verschmutzend. In einigen Fällen wurden sie gezwungen, einen Besen um die Hüften zu knüpfen, mit dem sie die eigenen Fußabdrücke beiseitefegten. Männer privilegierter Kasten vergriffen sich an Frauen deren *Unberührbarkeit* in diesem Kontext kein Hindernis darstellte solange es um Machtdemonstration ging. Die Grausamkeiten wurden mit dem heiligen Schicksal begründet, *Dharma*, das ertragen werden musste, um erlöst zu werden. Denn wer in eine untere Kaste geboren wurde, hatte, so die Logik, dort eine Pflicht zu erfüllen, um im nächsten Leben aufzusteigen – Ablasshandel kombiniert mit Rassismus, auf Sanskrit. »Was bleibt zu sagen über eine Vorstellung, menschlich oder göttlich, die sich ein solches soziales Arrangement ausdenken kann?«, fragt die Schriftstellerin Arundhati Roy weiter und wundert sich darüber, dass »eine der brutalsten hierarchischen Organisationen, die die Menschheit kennt«, im Vergleich zu Antisemitismus, Apartheid oder religiösem Fundamentalismus auf internationaler Ebene so wenig kritisch diskutiert worden ist. Vielleicht liege es daran, dass Menschen in Indien das Kastenwesen immer wieder verharmlosen, als grundsätzlich sinnvolle Arbeitsteilung und soziale Ordnung verklärten, die Zusammenhalt stiftet. Aber jeder Versuch, eine Gesellschaft in Kategorien zu teilen, berge die Gefahr, Menschen darin einzusperren. Das britische Empire habe sich an der Kastenordnung der Brahmanen orientiert, um ihre Kolonie besser zu verstehen und zu regieren. Dadurch seien Kastenidentitäten politisch verhärtet worden.

Weil sein Vater als Offizier für die britische Armee arbeitete, hatte der junge Ambedkar zumindest das Glück, einen besseren Zugang zu Bildung zu haben als andere Kinder seiner Gemeinschaft. Später studierte er in New York und London Ökonomie und Jura, wurde zum ersten Justizminister des unabhängigen Indiens und schrieb maßgeblich an der indischen Verfassung mit, als deren eigentlicher Vater er gesehen wird.[7] Dank ihm verbietet Artikel 15 seit 1950 die Diskriminierung auf Basis von Kaste, Artikel 17 die Ausübung von Unberührbarkeit. 1956 konvertierte er zum Buddhismus und löste damit Massenkonversionen aus. Und trotzdem: All das reichte nicht, um die «Kastenhierarchie» aus den Köpfen der Menschen zu vertreiben. Die Machtverhältnisse und die daran geknüpften Überzeugungen durchdrangen die Gesellschaft zu sehr. Gerade in ländlichen Gebieten herrscht noch heute ein Separatismus, der auch »Indiens Apartheid« genannt wird: Kastenlose wohnen getrennt vom Rest der Dorfgemeinschaft, dürfen nicht aus denselben Brunnen Wasser schöpfen oder mit anderen essen. Viele gehen noch immer traditionellen Tätigkeiten nach, säubern Latrinen, häuten Rinder. Jene, die es in die Städte geschafft, vielleicht Bildung genossen haben, kommen schwieriger an Wohnungen[8] oder Jobs. Und wer es dank staatlicher Gleichberechtigungspolitik aus dem Käfig der Stigmatisierung herausgeschafft hat, wessen Wohnort oder Beruf nicht mehr darüber Aufschluss geben, welcher Kaste eine Person mal angehörte, dessen Name kann die Person immer noch verraten.

Auch Ambedkar wäre mit seinem ursprünglichen Namen *Sakpal* vielleicht nicht so weit gekommen. Sein Vater änderte ihn bei der Einschulung zu Ambadavekar, abgeleitet von dem Dorf, aus dem sie kamen, ohne mehr über die Kastenidentität zu verraten. Den Namen Ambedkar bekam er schließlich von einem Lehrer einer höheren Kaste, der sicherstellen wollte, dass dem vielversprechenden Schüler wegen seiner Herkunft keine Steine in den Weg gelegt wurden.

Das Ablegen von Nachnamen hat eine ebenso lange Tradition in Indien wie die Konvertierung zum Buddhismus. Eine Freundin von mir heißt Kumar, ein sehr verbreiteter indischer Nachname. Bevor Papa sie kennenlernte, wollte er ihren Familiennamen wissen. »Den habe ich dir doch gerade genannt«, antwortete ich irritiert. Aber Papa klärte mich auf: »Kumar ist nur ein *middle name*, eine Art zweiter Vorname.« Ich dachte an Priyanka, an Panjabis aus dem Norden, die lauten Wadhawans, Krieger und Herrschende, und verdächtigte ihn sofort der sozialen Hierarchisierung. Warum wollte er das wissen, warum war der Nachname meiner Freundin überhaupt von Interesse? Und wo lag der Unterschied zwischen dieser Frage und den endlosen deutschen Varianten von *Woher kommst du*? Von Kasten wollte Papa nichts wissen, aber indische Regionen erkannte er manchmal am Namen, Nord und Süd, West und Ost. Vielleicht wollte er nur prüfen, ob er sich noch auskannte in dieser Gesellschaft, in der er immer mehr zum Besucher wurde. Suchte Gemeinsamkeiten nicht in der Herkunft einer anderen Person, sondern in überliefertem Wissen. Weil ich keine Ahnung hatte, wovon er sprach, fragte ich meine Freundin – und wurde überrascht. Ihr Großvater hieß eigentlich *Arora*, hatte den Namen aber abgelegt: aus Protest gegen die Hierarchisierung des Kastensystems. Nicht so sehr aus Betroffenheit – die Familie meiner Freundin waren *Kshatriyas*, Krieger –, sondern aus Prinzip. Es gibt eine ganze Reihe von *middle names*, die auf diese Weise zu typischen indischen Familiennamen geworden sind: *Kumar, Prakash, Devi, Lakshmi*. Menschen, die so heißen, tragen ihre Herkunft nicht mehr im Namen, und manchmal werden sie trotzdem danach gefragt, weil es in Indien noch immer normal ist, seine Mitmenschen darüber einzuordnen, sei es aus Gewohnheit oder nur als Einstieg ins Gespräch, bevor man einander wirklich kennenlernt. Das Ablegen bestimmter Merkmale kann helfen, Diskriminierung zu entkommen, nicht aber, sie zu überwinden. Wer seine Haut aufhellen will, um positiver wahrgenommen zu werden, verstärkt die Idee der etablierten Norm nur. Und je weniger Abweichung, desto stärker fällt sie auf. So ähnlich ist es doch auch mit Namen. Mit *Wadhawan* habe ich auch in Deutschland noch vergleichsweise Glück. Die meisten können ihn nicht sofort einordnen, also auch keine Annahmen bilden. Die Aussprache ist nicht sofort jedem klar, erfahrungsgemäß schafft es die Mehrheit aber nach zwei bis drei Anläufen. Studien zeigen allerdings, wie Menschen etwa mit türkischen, rumänischen oder generell ausländisch klingenden Namen bei gleicher Qualifikation seltener zu Bewerbungsgesprächen[9] eingeladen, vom Jobcenter schlechter beraten[10] und auf dem Wohnungsmarkt diskriminiert werden. Anfang 2020 musste der Immobilienkonzern»Deutsche Wohnen« einem Wohnungssuchenden 3000 Euro Schadensersatz wegen Diskriminierung zahlen[11]. Vier Mal hatte sich der Kläger unter seinem türkischen Namen um Wohnungen beworben und erhielt Absagen. Er bewarb sich noch einmal, mit deutschem Namen – und wurde zur Besichtigung eingeladen. Manche wollen ihre Namen ändern, was in Deutschland gar nicht so einfach, in meinen Augen aber auch nicht wünschenswert ist. Es geht dabei ja nicht um den Namen, sondern um die Bedeutung, die andere ihm geben. Um die Idee von Verschiedenheit oder Unterlegenheit, die überhaupt erst aus der Idee einer einheitlichen Norm entsteht.

Der indische Professor und Hirtensohn Kancha Illaiah will seine Herkunft daher nicht verstecken, sondern die Deutungshoheit darüber zurückgewinnen. Deswegen hat er ihn um einen Zusatz erweitert, er heißt heute Kancha Ilaiah *Shepherd*, wie Hirte[12]. Englisch wählte er, um seine Herkunft in eine internationale Gemeinschaft von Hirten einzubetten, in eine Gemeinschaft, die größer ist als jede lokale Kaste oder Hierarchie. Es ist ein Akt der Selbstermächtigung: sich selbst zu benennen, die eigene Bedeutung bestimmen zu dürfen, statt die der anderen zu befolgen. Für dieses Recht kämpfen Kastenlose in Indien seit Jahrhunderten. In der Geschichte trug die Gruppe dieser Menschen unterschiedliche Namen. Am geläufigsten ist heute das im 19. Jahrhundert entstandene *Dalits* – die Zerrissenen –, weil es als Selbstbezeichnung gilt. Sie haben ihre eigenen Bewegungen gegründet, darunter *Dalit Lives Matter*. Der Begriff *Bahujan* erweitert diese Bezeichnung, meint so etwas wie »die Vielen« oder »die Mehrheit« und soll alle marginalisierten Gesellschaftsgruppierungen umfassen: niedrige Kasten, Dalits und religiöse Minderheiten, die aufgrund ihres Aussehens oder ihrer Herkunft gesellschaftlich benachteiligt werden oder Ausgrenzungserfahrungen machen. *BIPoC* auf indisch sozusagen. Einige Inder*innen lesen auch in diesen Begriffen eine Abwertung[13], greifen auf ihre individuellen Kastennamen zurück, die sie wie Ilaiah Shepherd mit Stolz tragen wollen. Andere fürchten, die Bewegung würde gerade dadurch fragmentiert, ihre Schlagkraft abgeschwächt. Die richtige Selbstbezeichnung zu finden ist ein immerwährender Prozess, ein Dialog zwischen Selbst und Gesellschaft, zwischen Innen und Außen, der sich kontinuierlich erneuert. Er findet in Indien genauso statt wie in Deutschland und anderen Ländern. Mit Kasten und ohne. Ich kann verstehen, warum manche davon nichts wissen wollen. Es ist kompliziert. Die Sprachlosigkeit, die ich in Indien im Privaten erlebe, erinnert mich an deutsche Gespräche über Herkunft, Rassismus und *Migrationshintergrund*. Eigentlich soll es doch kein Thema sein, wir sind alle gleich, ich will auch nicht falsch verstanden werden, im Grunde bin ich nur neugierig, aber allein die Annahme eines Unterschieds fühlt sich falsch an. Als würde ich etwas heraufbeschwören, das alle zu vergessen versuchen. Dabei sollte Herkunft nicht problembehaftet sein, im Gegenteil, schließlich haben wir alle eine, und es ist doch spannend, zu erfahren, was sie einem Menschen bedeutet. Viel zu oft aber sprechen wir darüber, was andere darin sehen. *Du heißt also Wadhawan? Die falsche Inderin, du bist doch Deutsche, mit Migrationshintergrund, witzig, dass gerade du nicht scharf essen kannst, du bist Panjabi, eine Kriegerin.*

/

Von welcher Seite ich es auch betrachte, in Indien oder nicht, im Kontext einer heiligen Ordnung oder der deutschen Gesellschaft: Ich bin in das Privileg hineingeboren, keine strukturellen Nachteile wegen der Frage erfahren zu haben, wo ich oder meine Eltern geboren wurden oder wie wir heißen – ob in der Schule, auf Wohnungssuche oder im Job. Zumindest nicht bewusst. Das liegt mit Sicherheit daran, dass wir als *ganz normale deutsche Familie* in unserem deutschen Umfeld kaum auffallen, wären da nicht ein paar Pigmente, dass meine Eltern beide studiert haben, in angesehenen Berufen arbeiten und *ganz normale deutsche* Sachen machen, wie am Abend »Das perfekte Dinner« zu gucken. Es mag auch daran liegen, dass indische Migrant*innen in Deutschland insgesamt positiver wahrgenommen werden als Menschen im arabischen oder afrikanischen Kontext und ich in einer Branche arbeite, in der schon länger versucht wird, Diversität als Vorteil zu etablieren. Ich bin also als eher unbekümmerte Bildungsbürgerin aufgewachsen, für die sich die Frage nach Zugehörigkeit – neben ein paar blöden Sprüchen und ein bisschen Verwirrung – vor allem darauf bezog, welche Gruppe ich in der Schule eigentlich meine »Clique« nennen wollte; immer mit der Freiheit, mich überall einzufügen, wenn ich denn wollte. Meine Familie in Indien fühlt sich ebenso frei an, und ich kann nicht ausschließen, dass sich ihre gesellschaftliche Position unter anderem darin begründet, einst einer gehobenen Kaste angehört zu haben. *Kshatriyas*, Kriegersein – ein Privileg. Dachte ich zumindest. Bis ich mit einer Kollegin auf Recherche fahre.

Mridula, waldgrüner *Salwar Kamiz* und stoische Ruhe, ist Reporterin bei *Scroll.in*, einer eher progressiven, eher jungen, eher (regierungs-)kritischen Nachrichtenwebsite mit Hauptsitz in Mumbai, Maharashtras Hauptstadt und Finanzzentrum, außerdem Bollywoodmetropole. Für ein paar Wochen darf ich in der Redaktion des Magazins meinen Laptop auf einen Schreibtisch stellen, die Internetverbindung nutzen und mit den Kolleg*innen über Themenideen, ihre Arbeit und die Frage sprechen, was wir voneinander lernen können. Dass ich selbst nicht viel dazu beitragen kann, wird schnell klar. Beim Begrüßungstee mit dem Chefredakteur wollte ich einen guten Eindruck machen und meine Dienste anbieten, aber er sagte nur: »Wir sind hier ziemlich auf Indien fokussiert.« Es bedeutete so viel wie: Du kannst hier nichts für uns tun. Reporter*innen brauchen vor allem Sprach-, aber auch Regionalkenntnisse, die ich nicht mitbringe. Das kann ich nicht mal Papa in die Schuhe schieben, der spricht nämlich auch kein Marathi. Es tröstet mich ein bisschen, zu wissen, dass nicht nur falsche, sondern auch richtige Inder*innen in diesem Land fremd sein können. Ich war beinahe erleichtert, als mir klar wurde, dass schon Menschen aus anderen Bundesstaaten hier als *Migrants* bezeichnet werden. Mit meinem *Hintergrund* bin ich hier also genau richtig. Wobei mit Migrant*innen meist eine bestimmte Gruppe von Menschen gemeint ist: Wanderarbeiter*innen, Tagelöhner*innen, jene, die auf Baustellen Zement schippen, in Wohnungen und Bürogebäuden Böden wischen, ältere Menschen pflegen oder im Hinterhof Kleider schrubben. Die Tätigkeiten mögen sich im Detail von denen in anderen Ländern unterscheiden, aber die Aufgabenverteilung scheint doch überall gleich: Die Grundversorgung aller wird zu einem erheblichen Teil von Menschen gestemmt, die in der öffentlichen Wahrnehmung als nicht zugehörig gelten.

Ich habe zwar nicht viel zu bieten, damit ich mich trotzdem nicht ausgeschlossen fühle, hat mir der Chefredakteur ein Integrationsangebot gemacht: »You can shadow Mridula.« Ich werde zum Schatten meiner Kollegin. Mridula will über die Proteste der Marathen berichten, die seit Wochen durch den Bundesstaat ziehen. Ihr Vorhaben ist mein Glück, denn so kann ich mehr darüber lernen, wie das Kastendenken politisch am Leben gehalten wird – und das hat, paradoxerweise, mit dessen Überwindung zu tun.

Es ist nämlich so: Um die Ungleichheit in der Bevölkerung zu bekämpfen, führte das unabhängige Indien 1950 ein Quotensystem ein. Eine bestimmte Anzahl von Jobs im öffentlichen Dienst, Studienplätzen an Universitäten und in privaten Schulen wird seither für benachteiligte Bevölkerungsgruppen reserviert, um ihnen Aufstieg und Repräsentation zu ermöglichen. *Quota* heißt das hier, oder *Reservations*. Der Schriftsteller und Politiker Shashi Tharoor bezeichnete die Maßnahme auch als »das erste und strengste Gleichberechtigungsprogramm der Welt«.[14] Im akademischen Diskurs werden Sonderrechte wie Quoten auch als *affirmative action* oder *positive Diskriminierung* bezeichnet. Die Begriffe zeigen schon, wo das vermeintliche Dilemma liegt: Um struktureller Diskriminierung zu begegnen, muss sie zunächst sichtbar gemacht, müssen die alten Kategorien betont werden. Das kann sie weiter verfestigen. Im indischen Kontext bedeutet das: Während die einen nichts mehr von Kasten wissen wollen, müssen jene, die deswegen immer noch Nachteile erfahren, ständig daran erinnern. Quotenberechtigt sind Mitglieder unterer Kasten sowie Kastenlose, außerdem indigene Stämme und sogenannte *Other Backward Classes (OBC)*: Gemeinschaften mit niedriger Alphabetisierungsrate, die unzureichend in staatlichen Behörden sowie Handel, Industrie oder Finanzwesen vertreten sind. Wer zu dieser Gruppe gehört, ist nicht eindeutig – und genau hier wird es interessant. Die Krieger von Kolhapur wollen nämlich von der Förderung durch Quoten profitieren, anders formuliert: Sie wollen als rückständig oder benachteiligt anerkannt werden.

Marathen, habe ich gelesen, waren in der Vergangenheit ein mächtiges Kriegervolk, das einst den gesamten »Bauch« Indiens regierte und wesentlich dazu beitrug, die Mogulherrschaft auf dem Subkontinent zu beenden. Zwischen 1674 und 1818 lebte es in seinem eigenen Reich, dem Reich der Marathen, expandierte von dort in den Norden, Westen und Süden des Landes, bevor die Briten es letztlich um seine Unabhängigkeit brachten. Die Marathen hatten ihre eigene Sprache, Marathi, die heute noch von mehr als 70 Millionen[15] Menschen gesprochen wird, damit in Indien an dritter Stelle der meistgesprochenen Sprachen steht und weltweit auf Platz 20. Es wäre allerdings falsch, alle Menschen Marathen zu nennen, die Marathi sprechen. Meistens bezieht sich die Bezeichnung auf eine bestimmte Gruppe bessergestellter Kasten in Maharashtra: Landbesitzer, Bauern, Krieger. Sie stellen schätzungsweise ein Drittel der Gesamtbevölkerung des Bundesstaates und haben bis heute erheblichen gesellschaftspolitischen Einfluss. Zehn der 16 Ministerpräsidenten des Bundesstaates kamen aus ihren Reihen.[16] Die meisten privaten und angesehenen Universitäten in der Region wurden von Marathen gegründet und werden noch immer von ihnen geführt. Maharashtra hat eines der dichtesten Netzwerke von Genossenschaftsbanken, hauptsächlich geführt von Mitgliedern der Marathen-Gemeinschaft. Es klingt in meinen Ohren vollkommen absurd: Wie kann es sein, dass ausgerechnet sie darauf drängen, vom Staat bevorzugt zu werden?

Der Aufmarsch der Maharaten in Kolhapur, zu dem ich meine Kollegin begleite, ist der bisherige Höhepunkt bereits seit Wochen stattfindender Demonstrationen. Die Stadt Kolhapur liegt mitten in einem der Zentren von Indiens Zuckerrohr-Industrie. Mridula und ich sind mit dem Nachtbus hergekommen, acht Stunden für ungefähr 400 Kilometer. Den ganzen Morgen schon strömen Menschenmassen durch die Straßen, orangefarbene Schiffhütchen auf den Köpfen, Flaggen in den Händen. Männer spazieren in Grüppchen, Frauen sitzen in stummen Blöcken auf dem Asphalt. Bis zu 25 *Lakh* Menschen seien in die Stadt gekommen, wird es später heißen, auch wenn ich das nicht glauben kann. In *Lakh* zählt man hier alles, das viel ist, also sehr viel. 25 *Lakh*, das sind 25 mit fünf Nullen, also 2,5 Millionen. Ordentlich aufgereiht und händchenhaltend ziehen Freiwillige in einer langen Kette über die Hauptstraße. Mindestens 10 000 von ihnen sollen vor Ort sein, um die Proteste in Reihe zu halten. Auf ihren gelben T-Shirts steht »*Ek Maratha, Lakh Maratha*« – ein Maratha mit der Kraft von hunderttausend Maratha! Hunderttausend Maratha, die händchenhaltend wie Schulklassen über die Straße wandern. Wir hatten davon gelesen: Weil Aufmärsche in anderen Städten in Gewalt geendet sind, wollen die Krieger ihrem Anliegen durch »stille Proteste« besondere Kraft verleihen.

Mridula hat es geschafft, zu einem der Initiatoren des Marsches vorzudringen: ein gut genährter Stahlwerkbesitzer, schütteres Haar, goldfarbenes Smartphone in der Brusttasche. Wir besuchen ihn auf seinem Anwesen, ein zweistöckiges Einfamilienhaus mit glänzenden Fliesen und Garten. Auf der ausladenden Sofagarnitur bekommen wir *Chai* gereicht, indischen Milchtee. Benachteiligt oder rückständig wirkt hier nichts, aber der Mann erklärt uns gelassen, dass es hier erstens nicht um ihn gehe. Er unterstütze die Gemeinschaft lediglich – mit Kontakten, wir vermuten: auch mit Geld. Zweitens sei die Aufnahme ins Quotensystem nicht das Hauptziel der Demonstrationen. Was die Marathen eigentlich wollten, sei dessen Abschaffung. »In der privaten Wirtschaft herrscht eine Lobby der oberen Kasten, im öffentlichen Dienst die Quote für untere Kasten. Wir in der Mitte stecken fest.« Marathen, die Abgehängten, die vergessene Mittelschicht? Auf der Straße fragen wir nach. Viele leben in Dörfern, pachten oder besitzen Land, aber erzählen uns, sie können von der Ernte nicht leben. Andere beklagen, dass ihre Kinder keine Plätze an Universitäten bekämen, während benachteiligte Gruppen gefördert würden. Eine junge Frau erklärt uns, dass Quoten nicht nur ungerecht seien, sondern eine Form von positiver Diskriminierung. Sie fordert eine Reform des sogenannten *Prevention of Atrocities Acts (POA)*: Das 1989 in Kraft getretene Gesetz soll Dalits und indigene Gruppen vor kastenbasierter Gewalt durch höhere Kasten schützen. Wer sich an ihnen vergreift, kann ohne Anhörung zu Gefängnisstrafen verurteilt werden, Opfer bekommen Entschädigungsgelder. Die vermeintliche Bevorzugung geht Vielen hier gegen den Strich. Zu anderen Zeiten sei das Gesetz notwendig gewesen, räumt die Frau ein.»Heute sind die Menschen nicht mehr so, außer vielleicht in den Dörfern. Also kann das Gesetz etwas gelockert werden.«

Dalits, hören wir an diesem Nachmittag immer wieder, nutzten ihre Rechte aus.»Sie bestehlen uns und belästigen unsere Frauen. Und wenn wir uns wehren, kommen wir ins Gefängnis«, empört sich ein Versicherungsverkäufer mit Maratha-Kappe auf dem Kopf; andere berichten Ähnliches. Mridula hakt nach, will wissen, ob die Personen von einer Begebenheit aus ihrem Umfeld erzählen können. Keine einzige kann das. Was sie immer wieder anführen, ist ein Verbrechen, das sich einige Wochen zuvor in Kopardi abgespielt hat. Wir haben davon gehört, es ging durch die Presse. Kopardi ist ein Dorf, in dem nicht mal 1800 Menschen leben. Einer der vielen erdfarbenen Flecken außerhalb der indischen Megastädte, eingesät zwischen Ackerland, holprigen Straßen und anderen Dörfern. Unbefestigte Wege, Hütten aus Backstein und Lehm. Das Mädchen war

15 Jahre alt, ein Teenager, auf dem Rückweg von ihrem Großvater und – Maratha. Ihr vermeintlicher Mörder ist ein 25-jähriger Naturwissenschaftsstudent, Sohn eines Landarbeiters, und – Dalit. Ihr Körper wurde unter einem Baum gefunden, zu Tode gewürgt. Ein brutaler Fall von Gruppen-Vergewaltigung, hieß es. Zwei weitere Männer sollen beteiligt gewesen sein. Ebenfalls Dalits. Wenige Tage später zogen die ersten Proteste durch Maharashtras Städte, monatelang, immer wieder, immer größer. »Wir haben den Fall genutzt, um die Menschen zu mobilisieren«, hatte der Geschäftsmann eingeräumt. Kopardi wurde als politische Botschaft instrumentalisiert: Schluss mit der Bevorzugung vermeintlich Unterdrückter! Seht ihr nicht, dass sie Kriminelle, ja, Mörder sind? Und so kommt es, dass Eltern ihren Kindern an diesem Tag in Devanagari den Schriftzug »Maratha« auf die Wangen gemalt haben, dass sich junge Frauen mit Fackeln in den Händen aufreihen, als würden sie gleich das Olympische Feuer entzünden; andere haben Plakate gemalt, die sie zu dritt und viert vor sich hertragen. Ohne den Tod des Mädchens relativieren zu wollen, fragen meine Kollegin und ich uns, wie es sein kann, dass ein einzelnes Verbrechen solche Wut auf eine ganze Bevölkerungsgruppe richten kann, deren Mitglieder noch dazu selbst überdurchschnittlich häufig Opfer von Gewalttaten sind. Laut Nichtregierungsorganisationen und offiziellen Statistiken haben Straftaten gegen marginalisierte Kasten und Kastenlose in den vergangenen Jahren erheblich zugenommen – allein zwischen 2015 und 2019 um rund 20 Prozent[17] –, während die Verurteilungsrate innerhalb dieser Kategorie abgenommen hat. Dalit-Frauen, immerhin 16 Prozent der weiblichen Bevölkerung Indiens, sind verstärkt von sexueller Gewalt betroffen. Polizei und Dorfgemeinschaften schützen Täter aus höheren Kasten. Der statistische Anstieg der Übergriffe liegt Nichtregierungsorganisationen zufolge zum Teil daran, dass sie häufiger gemeldet werden: Auch Dalits fordern

mittlerweile selbstbewusster ihre Rechte ein. Trotzdem bleibt ihre Lage prekär, aber in Kolhapur sind es die Marathen, die sich über ihre Benachteiligung beschweren. »Den Indern ist mehr als je zuvor bewusst geworden, was sie spaltet«, schrieb der Politiker Shashi Tharoor bereits Mitte der 1990er-Jahre in seinem Buch *Eine kleine Geschichte Indiens*«.[18]

»Das ist alles Identitätspolitik«, sagt ein Onkel beiläufig am Mittagstisch bei einem Gespräch über indische Parteien, die mit Quoten-Versprechen bestimmte Wählergruppen für sich gewinnen wollen. Ich höre diesen Satz immer wieder, wenn es um Politik in Indien geht, dem »Land der Minderheiten«, wie es auch genannt wird. Je spezifischer die Interessen einzelner Gruppen, so die Befürchtung, desto weiter rückt das Gemeinwohl in den Hintergrund. Statt um Fortschritt für alle, um den Bau von Straßen, Investitionen in Bildung oder Wirtschaft ginge es um die Befindlichkeiten einzelner Bevölkerungsgruppen. Meistens wird Identitätspolitik weniger diesen Gruppen als den Parteien vorgeworfen, die dadurch ihre Wähler*innen mobilisieren wollen. Vor dem Hintergrund der kulturellen, sprachlichen, regionalen und sozialen Pluralität im Land hat die Frage nach Einheit in der indischen Demokratie außerdem besondere Qualität. Trotzdem: Die Abschätzigkeit, mit der Identitätspolitik verrufen wird, ist kein indisches Phänomen. Der Begriff Identitätspolitik kam erstmals Ende der 170er- Jahre mit dem Combahee River Collective auf, einem Kollektiv schwarzer lesbischer Frauen in den USA, die ihre spezifischen Unterdrückungserfahrungen öffentlich machen und aus diesem Kollektiv heraus bekämpfen wollten. Aber ob Frauen, *Schwarze*, schwarze Frauen oder die Menschen aus der LGBTQI+-Community: In der Geschichte identitätspolitischer Bewegungen mussten diese immer wieder dem Vorwurf standhalten, mit ihren Einzelinteressen die Gesellschaft zu spalten und von sozialer Ungleichheit, im Speziellen der Arbei-

terklasse, abzulenken. Manche werfen sogenannter Identitätspolitik heute sogar vor, für das politische Erstarken der nationalistischen Rechten verantwortlich zu sein[19]. Anders formuliert
hieße das: Würden sich Gruppen wie Migrant*innen, Frauen
oder sexuelle Minderheiten nicht ständig über Rassismus oder
Diskriminierung beschweren, wäre Trump nie US-Präsident geworden, und die AfD säße heute nicht im Bundestag. Sicher
unterscheiden sich die Debatten und Situationen abhängig vom
Kontext. Aber eine Parallele scheint es zu geben: Je lauter die
Erfahrungsdemonstration marginalisierter Gruppen, desto grö
ßer der Widerstand, der ihnen entgegenschlägt. Ein Dilemma,
das der Politikwissenschaftler Francis Fukuyama in seinem
Buch »Identität« zu erklären versucht: Viele zeitgenössische,
liberale Demokratien hätten einen raschen wirtschaftlichen
und sozialen Wandel durchgemacht und seien vielfältiger geworden. »Dadurch ist das Verlangen nach Anerkennung bei
Gruppen geweckt worden, die früher für die Mehrheitsgesellschaft unsichtbar waren. Solche Wünsche bewirken einen subjektiv empfundenen Statusverlust bei den von ihnen verdrängten Gruppierungen und lösen eine Politik des Unmuts und der
Gegenreaktion aus.«[20]

Für die Krieger von Kolhapur, die Marathen, ist der Statusverlust nicht nur empfunden, sondern Tatsache. Zwar gehörten sie ursprünglich zur eher wohlhabenden Gruppe der
Grundbesitzer. Durch das Wachstum der Bevölkerung aber
wurden Ländereien immer weiter zerstückelt. Ein Großteil der
Landwirtschaft besteht heute aus kleinbäuerlichen Betrieben
mit weniger als einem Hektar Land, wenn überhaupt. Wiederkehrende Dürren, die ausstehende Modernisierung der Landwirtschaft und niedrige Erntepreise schaffen weitere Not. Die
Wahrheit ist: Mehr als die Hälfte der indischen Bauern ernten
zu wenig, um damit Gewinn zu machen. Viele sind verschuldet. Die heranwachsenden Generationen zieht es in die Städte,

aber auch dort fehlen Jobs. Die Folge ist ein Wettbewerb der Bedürftigkeit auf Basis von Gruppenidentitäten, um sich in der Masse der »Abgehängten« oder »Benachteiligten« Aufmerksamkeit zu verschaffen.

Ich kann verstehen, wenn Menschen dieser Statuskämpfe müde sind und sich lieber aufs Wesentliche konzentrieren würden: auf Bildung für alle etwa, auf Wohlstand und Gesundheit. Das sollte ohnehin das Ziel einer gerechten Gesellschaft sein. Und sicher wäre es nicht nur schön, sondern auch einfacher, dabei nicht so viele vermeintliche Partikularinteressen berücksichtigen zu müssen. Genauso schön, wie es eben wäre, wenn Hautfarbe, sozialer Status oder Herkunft keine Merkmale wären, nach denen Menschen bewertet würden. Aber um dieser Utopie näher zu kommen, müssen wir doch erst einmal den Status quo offenlegen. Wo steht wer; wer will, darf und kann was? Wie wird die Freiheit der einen durch die Norm und Macht der anderen eingeschränkt? Der Ursprung von Identitätspolitik ist die Forderung nach Sichtbarkeit und Gleichstellung für marginalisierte Gruppen. Erst wenn alle sichtbar sind, ist es möglich, auch wirklich Gemeinwohl für alle herzustellen. Wäre der Weg dahin nur nicht so kompliziert.

Das indische Quotensystem war ursprünglich auf zehn Jahre angelegt. Förderungsbestrebungen einzelner, vermeintlich privilegierter Bevölkerungsgruppen aber haben seit der Einführung immer wieder dazu geführt, dass die Zahl der Berechtigten kontinuierlich steigt. Mittlerweile gesteht es fast der Hälfte der Bevölkerung besondere Ansprüche zu. Zugleich hat der Kampf um Ausbildungs- und Arbeitsplätze zugenommen. Die Zahl der Stellen im öffentlichen Dienst fällt seit einigen Jahren,[21] die Plätze in Universitäten reichen nicht für die Menge der Studierwilligen. Manche fordern Quoten in der freien Wirtschaft, um die Last ausgeglichen zu verteilen. Andere wollen das Quotensystem ausschließlich auf ökonomischen Faktoren basieren.[22]

Mit hoher Wahrscheinlichkeit würde das nicht reichen, um alle Ebenen von Ungleichheit zu bekämpfen. Ein Dalit ist nicht aus den gleichen Gründen arm wie ein Maratha. Des einen Armut ist in erster Linie Folge eines gewachsenen Systems von Unterdrückung, des anderen Armut die Konsequenz einer ungesunden Wirtschaft. Beide Strukturen wirken gleichzeitig, müssen aber unterschiedlich bekämpft werden. Die Bildungsunterschiede zwischen einzelnen Gesellschaftsgruppen sind nach wie vor so erheblich, dass nur ein sehr kleiner Teil von Menschen aus marginalisierten Kasten die Aufnahmeprüfungen für den öffentlichen Dienst überhaupt besteht. Das Fundament dafür wird schon in der Grundschule gelegt, wo diese Gruppen nach wie vor benachteiligt werden.[23] Ergattert jemand trotzdem einen der begehrten Plätze, haftet ihm oder ihr immer wieder das Stigma an, diesen nicht aus eigener Kraft verdient, sondern sich über eine Quote erschlichen zu haben. An den Unis werden diese Menschen ungeachtet ihrer Leistung auf Immatrikulations- und Examenslisten mit einem Sternchen* markiert – wenn ihr Name sie nicht bereits verrät. »My birth is my fatal accident«, meine Geburt ist mein fataler Fehler, schrieb der Student und Dalit-Aktivist Rohith Vermula in seinem Abschiedsbrief, kurz bevor er sich am 17. Januar 2016 in Hyderabad das Leben nahm. Sein Tod wurde zum Symbol für die Stigmatisierung, die Menschen aufgrund von sozialer Identität wie Kaste in Indien immer noch erfahren. Ein Freund erzählte mir von einem Kommilitonen, dessen Vater vier Autos besessen hatte und der trotzdem über seinen Quotenstatus an einen Studienplatz gekommen war. Es schien ihm ungerecht, weil jemand mit materiellem Wohlstand ja nicht so benachteiligt sein könne. Aber der Fall und die Wahrnehmung meines Freundes zeigten mir auch, wie komplex die Matrix von Ungerechtigkeit ist und wie häufig wir dabei in Eindimensionalität abdriften. Dass Dalits überdurchschnittlich häufig von Armut betroffen sind, ist die Folge einer über Jahrhunderte gewachsenen Hierarchie, in der ihnen Bildung und Aufstieg verwehrt wurden. Diese Hierarchie begann in den Köpfen von Menschen und lebt genau da weiter. Eine Person kann also zu Geld gekommen sein und trotzdem aufgrund ihrer Herkunft, ihres Namens, ihres Geschlechts oder ihrer sexuellen Identität von bestimmten Berufen oder politischen Ämtern ausgeschlossen werden. »Es geht hier um eine Frage der Machtverteilung«, hat uns Suhas Palshikar am Telefon gesagt, Professor für Politikwissenschaft an der Savitribai Phule Universität in Pune. »Jede Gemeinschaft fordert ihren Platz im System ein.« Antidiskriminierungspolitik allein werde nicht helfen, diese Verteilungskämpfe zu klären, aber ohne sie bleiben Fortschrittsbemühungen ein Privileg der Mehrheit.

Das Paradoxe an diesen Auseinandersetzungen ist für mich der Fakt, dass alle Beteiligten eigentlich das Gleiche wollen: Anerkennung, Freiheit, die Chance auf ein gutes Leben und sich innerhalb einer Gesellschaft zu entwickeln. Und trotzdem bekämpfen sie einander. Im indischen Epos Mahabharata gibt es einen Vers, in dem der Priestersohn Bharadvaja eine wichtige Frage stellt: »Wir alle scheinen von Sehnsucht, Ärger, Angst, Leid, Sorge, Hunger und Arbeit beeinflusst; wie können wir aus unterschiedlichen Kasten kommen?« Die Menschheit: eine einzelne große Kaste. Ein schöner Traum.

6 Länder und Kulturen:
Die Macht der Außenperspektive

Wir sind seit ein paar Tagen zurück in Mumbai, aber die Krieger von Kolhapur sind mir auf den Fersen. Sie wandern bis in meinen Schlaf. Auf die Uhr schauen will ich nicht, so spät ist es. Oder so früh. Der Tiefe der Gedankengräben in meinem Kopf nach zu urteilen, laufe ich seit einigen Stunden mental im Kreis. Nicht nur der Artikel über verärgerte Marathen hält mich wach und die Ungerechtigkeit, die dem ganzen System zugrunde liegt. Auch die Frage, was ich als Außenstehende überhaupt verstehen kann, beschäftigt mich. Am meisten aber zerbreche ich mir den Kopf über die Frage, worüber ich eigentlich berichten will oder besser *sollte*. Als Medienbotschafterin trage ich schließlich eine Verantwortung, bin hier, um das Land, die Menschen medial zu erzählen, verständlicher zu machen, was sie bewegt, Brücken zu bauen. Ich möchte Vielfalt darstellen, statt Stereotype zu füttern. Und was mache ich? Ich schreibe als Erstes über das Kastenwesen, eines der am häufigsten wiederholten Indienklischees überhaupt. Nicht nur das, ich schreibe auch über Diskriminierung, die Rolle von Hautfarben, will von Konflikten und Kämpfen berichten, kurz: Da kommt die falsche Inderin aus ihrem ach so ordentlichen Deutschland, nur um mit dem Finger auf alles zu zeigen, was in ihren Augen hier schiefläuft. Ich habe beinahe ein schlechtes Gewissen, als würde ich mit jedem dieser Berichte die Welt meiner Familie vorführen, bewerten. In meiner neuen Rolle als Journalistin betrachte ich die Dinge aus einer Distanz, die mir mit einem Mal unangenehm ist – als würde ich die Menschen hier zu meinem Forschungsobjekt machen, das *Andere* sezieren. Gleichzeitig habe ich nicht den Eindruck, diesen Ort wirklich deuten zu können, zu dürfen, kenne ich ihn doch kaum. Um dem Fingerzeigen zu entkommen, suche ich nach unverfänglicheren Geschichten: über die wachsende Start-up-Kultur oder die Nahrungsmittel- und Kosmetikmarke eines Gurus, die internationalen Konzernen wie Unilever Konkurrenz macht. Es fühlt sich wichtig an, zu erzählen, was in diesem Land entsteht, nicht nur darüber zu schreiben, was fehlt. Und trotzdem habe ich bei jeder Geschichte das Gefühl, einen Teil der Wirklichkeit auszulassen, ihr nicht gerecht zu werden. Aber mit der Wirklichkeit ist es ohnehin so eine Sache.

Vor einigen Jahren, ich war noch Studentin, und die Semesterferien standen vor der Tür, hatten mein Bruder, seine Freundin und ich eine Indienreise geplant. Es war Valentinas erste Reise nach Indien und unsere erste Reise gemeinsam mit ihr. Von Hochzeit sprach noch niemand, aber mein Bruder wollte Valentina der Verwandtschaft vorstellen. Ein paar Wochen, bevor es losging, klingelte mein Telefon. »Julia?«, sagte Valentina für ihre Verhältnisse etwas zu zaghaft. »Ich habe eine Frage: Wie ist das denn, als Frau durch Indien zu reisen? Ist das nicht zu gefährlich?« Ich schwieg einen Moment überrascht. Dann noch einen. Als Frau. In Indien. Gefährlich. Ja, nein, naja. Ich wusste natürlich, wie sie darauf kam und was sie meinte. Es war 2013, und der Fall von *Nirbhaya* – übersetzt: die Furchtlose – hatte Indien auf die Medienagenda der Welt befördert. Eine junge Frau war nachts im Bus von sechs Männern brutal vergewaltigt worden. Sie starb an ihren Verletzungen, und ihr Tod löste Proteste im ganzen Land aus. Die Welt blickte auf Indien: das Land der Vergewaltigungen, der unterdrückten Frauen, des Patriarchats. Valentina erzählte mir, dass jemand sie für verrückt erklärt habe, weil sie nach Indien reisen wolle. Jetzt sei sie verunsichert. »Du hast doch Erfahrung damit, wie ist das denn wirklich?« Die Frage nach der Wirklichkeit ist die schwierigste von allen, weil sie so viele Antworten kennt. Man kann nur versuchen, sich wie in einer Spirale von außen einem Kern zu nähern, aber die Spirale hat viele Umdrehungen, und mir war schon ein bisschen schwindelig. Ich entschied mich für die wirkungsvollste und faulste Antwortoption, während meine Gedanken wie Murmeln um das Loch in der Mitte rollten: »So ein Quatsch«, sagte ich zu Valentina. »Ich hatte nie Probleme.« Persönliche Erfahrungen sind die einfachste Variante der Wirklichkeit. Man braucht dafür keine weiteren Informationen, muss nichts einordnen, aber leider kann man damit auch am weitesten danebenliegen, denn wer sagt einem, dass man nicht einfach nur die Ausnahme von der Regel ist? In Erfahrung bringt man das nur mithilfe der Daten anderer, und die zeichnen nun mal ein gegensätzliches Bild, zumindest in den Nachrichten. Also versuchte ich es mit einem neuen Anlauf: »Erstens sind wir doch bei der Familie und ansonsten zu dritt unterwegs. Du bist also nicht allein. Außerdem bist du als Ausländerin nicht besonders gefährdet, sondern vor allem indische Frauen in ihrer unmittelbaren Umgebung.« Hieß das, frau konnte unbedacht durch Indien reisen? Ja und nein! Es herrschten die gleichen Regeln wie in anderen Ländern: Nicht allein durch die Dunkelheit streifen, sich möglichst in Gruppen fortbewegen, über die Regionen informieren. Valentina aber würde all diese Tipps nicht brauchen, wir wären ja gemeinsam unterwegs, trotzdem schienen meine Worte sie zu beruhigen. Wir legten auf, und ich fragte mich bereits damals, wie es kam, dass mein Indien mit dem Indien der Welt so wenig zu tun hatte. Oder sah ich die Verbindung einfach nicht? Die Frage stellte sich mir nicht zum ersten Mal. Ein paar Jahre zuvor hatte ich mit zwei Freundinnen und einem Freund meine Familie in Neu-Delhi besucht. Auf einer großen Gartenparty eines Onkels, der einen hohen Armeeposten bekleidete, ließen wir uns von weiß gekleideten Kellnern Rotwein nachschenken, eine Großtante wunderte sich über die Dreadlocks meiner Freundin (»Julia, warum trägt sie die Haare so?«), und Ahmed zeigte uns als selbst ernannter Reiseführer im Honda City ein paar Sehenswürdigkeiten der Stadt. Zum Abendessen lud Papa uns ins India International Centre, eine Art grüne Oase für Delhis Intellektuellen- und Kulturszene, für Journalisten, Diplomatinnen oder Künstlerinnen, in dem schon der Dalai Lama, Willy Brandt und Henry Kissinger gesprochen hatten. Samstags treffen sich hier ein paar meiner betagten Verwandten gerne zum Chai. Dazu essen sie postkoloniale British-Empire-Sandwiches aus weißem Toast mit Gurken, in kleine Dreiecke geschnitten, ohne Kruste, dafür mit Ketchup und einer Handvoll Chips. Ein Freund kommentierte unseren Delhi-Aufenthalt später süffisant mit den Worten: »Das ist ja nicht das richtige Indien!«, woraufhin ich verwirrt lachte. Hatte mein Vater also doch recht! Er ist kein Inder! Ich keine Halb-Inderin! Aber was denn dann? Natürlich verstand ich, was er damit meinte. Das richtige Indien war: rasselnde Straßen, hypnotisierende Feste, Menschenmassen, schweißdrüsenmelkende Enge, Gerüche zwischen Hähnchencurry und Kloake, die dir die Tränen in die Augen trieben, Dreck, bettelnde Kinder, bettelnde Eltern, Leben in seiner rohesten Form – oder so etwas in der Art. Sicher aber war es nicht das sortierte Leben von Wohlstandsmenschen mit ihren nass gewischten Fußböden, japanischen Autos und Akademiker*innen-Jobs. Wir waren schließlich hier, um das *Andere* kennenzulernen und nicht Menschen wie uns! Da hätten wir gleich zuhause bleiben können.

Papa hätten die Worte meines Freundes sicher verärgert, hätte er sie gehört. Er wirkt ohnehin angespannt, wenn jemand sich über Indien äußert – egal, ob es gut, schlecht oder einfach eine Beobachtung ist. Sagt jemand: »In Indien gibt es die besten Ärzte der Welt«, schüttelt Papa den Kopf, als wollte er das Gehörte schnell vertreiben. Meint jemand: »In einem armen Land wie Indien ist die Gesundheitsversorgung ein Problem«, ruft Papa aus dem Off: »Indien ist nicht arm!« Konfrontierte ihn jemand mit der Annahme, indisches Essen sei scharf, Papa würde wahrscheinlich antworten: »Bei uns zuhause wurde nicht scharf gegessen.« Jeder Aussage, jeder Annahme hat er etwas entgegenzuhalten, hat immer eine Alternative parat. Ich könnte behaupten: »In Indien gibt es Menschen«, wahrscheinlich würde Papa darauf verweisen, dass auf den Gipfeln des Himalayagebirges meilenweit ganz sicher kein Mensch zu sehen ist.

Die nigerianische Schriftstellerin Chimamanda Ngozi Adichie hielt 2009 einen heute berühmten TED-Talk,[1] in dem sie von der »Gefahr einer einzelnen Geschichte« sprach – *The Danger of a Single Story*. Sie erzählt davon, wie sie in einer mittelständischen nigerianischen Familie aufwuchs. Wie die meisten mittelständischen nigerianischen Familien beschäftigte auch ihre Haushaltshilfen. Als sie acht Jahre alt war, begann ein Junge bei ihnen zu arbeiten, er hieß Fide. Fides Familie, erfuhr Adichie von ihrer Mutter, war sehr arm. Sie schickten ihnen Reis, Yamswurzeln und alte Kleidung, und das kleine Mädchen empfand Mitleid mit dem Jungen. Eines Tages besuchten sie seine Familie im nahe gelegenen Dorf. Seine Mutter zeigte ihnen einen wunderschönen Korb aus gefärbtem Bast, den Fides Bruder geflochten hatte. Eigentlich ein schöner Moment: Ein Mensch teilt mit einem anderen das Produkt einer kreativen Schaffensphase. Gemeinsam könnte man Stolz und Bewunderung empfinden. Kunst lebt ja immer auch von der Betrachtung durch andere. Aber die kleine Adichie empfand weniger Bewunderung, als dass sie ehrlich überrascht – um nicht zu sagen: schockiert – war.»Ich wäre nie darauf gekommen, dass irgendjemand in seiner Familie überhaupt irgendetwas produzieren konnte. Weil Armut die einzige Geschichte war, die ich über sie kannte, war es mir unmöglich geworden, sie als etwas anderes wahrzunehmen als arm.« Wenige Jahre später erlebte Adichie selbst, was es bedeutet, von anderen durch den Rahmen einer *single story* wahrgenommen zu werden. Als junge Studentin ging sie in die USA, wo sich ihre amerikanische Mitbewohnerin erfreut über Adichies sehr gutes Englisch zeigte. Sie wusste nicht, dass Englisch die offizielle Sprache Nigerias war. Sie wusste auch nicht, dass Adichie sehr wohl einen Herd bedienen konnte und, genau wie sie, Mariah Carrey hörte statt Tribal Music. Adichie verstand in diesem Moment, dass ihre Mitbewohnerin sie bereits bemitleidet hatte, bevor sie einander das erste Mal trafen. Dieses wohlgemeinte, aber bevormundende Mitleid war es, dass es ihr unmöglich machte, eine ebenbürtige menschliche Verbindung zu Adichie aufzubauen. Das nämlich hätte bedeutet, Gemeinsamkeiten zu suchen, statt Unterschiede bestätigen zu wollen. Die aus Unwissen entstandenen Klischees und Stereotype drohten auch jene Geschichten zu bedrängen, die Adichie selbst erzählen wollte: Ihr Professor kritisierte die Protagonist*innen in ihrem Roman dafür, nicht authentisch afrikanisch zu sein. Weil sie Autos fuhren, weil sie nicht hungerten, weil sie ihm zu ähnlich waren.

Woher nahmen die amerikanische Mitbewohnerin, Adichies Professor, die Freundin meines Bruders oder meine eigenen Freund*innen ihre Annahmen über die Wirklichkeit? Von Geschichten, die sie gehört hatten, von Filmen, Büchern, Zeitungen, allzu häufig verfasst aus der immer gleichen Perspektive. Die ökonomische und politische Vormachtstellung der USA und der westlichen Industrienationen haben nämlich auch eine kulturelle Macht zur Folge: Menschen aus dem sogenannten

Westen erkunden seit Jahrhunderten überproportional – im Vergleich zu anderen Bevölkerungsgruppen der Erde – die Welt. Sie können es sich eher leisten – nicht zuletzt dank der historischen Ausbeutung anderer Erdteile für den eigenen Fortschritt und Wohlstand. Die Beobachtungen der westlichen Entdecker werden zu Geschichten, die bis in jene Länder vordringen, die sie beschreiben. So ist der *western gaze* oder westliche Blick zur Normperspektive geworden, die das Narrativ über alles *Andere* bestimmt.

Die Kommunikationswissenschaftlerin Pia-Yvonne Behme untersuchte für ihre Masterarbeit an der Universität Amsterdam die Indien-Berichterstattung vierer großer deutscher Nachrichtenportale[2] im Jahr 2018. Besonders häufig fand sie dabei Artikel über sexuelle Gewalt gegen Frauen, über als exotisch geltende Tiere (Tiger, Schlangen, Affen) und außergewöhnliche Einzelereignisse wie den im Tod endenden Versuch einer Person, ein Selfie zu knipsen. Zusammengefasst malten die Beiträge das Bild einer frauenverachtenden und absurden Kultur, über die man nur den Kopf schütteln oder lachen konnte. »Verstehen ausländische Journalisten das wahre Indien nicht, oder wollen sie einfach nur Geschichten verkaufen?«, hatte der indische Journalist Shravan Bhat bereits ein Jahr zuvor in einem Blogartikel[3] der indischen Zeitung *The Hindu* gefragt. Mit Anfang 30 hat Bhat mehr Zeit außerhalb Indiens gelebt als im Land selbst – und trotzdem, so schrieb er, verspürte er einen in seinen Worten »heuchlerischen« Nationalismus, wenn ausländische Kolleg*innen negativ über seine Heimat berichteten. Indien werde dabei allzu häufig als dieser schmutzige, dysfunktionale Ort beschrieben, über den es nur Schlechtes zu erzählen gebe. »Aus irgendeinem Grund stelle ich mir vor, wie sie alle mit Clipboard durch Indien laufen und darauf missmutig Notizen kritzeln – wie ein übel gelaunter Immobilienmakler, der einen ungestümen Mieter kontrolliert.« Ich kenne das Gefühl der Betroffenheit, das Besucher*innen überkommt, wenn sie zum ersten Mal durch das Land reisen. Sie sehen bettelnde Menschen auf den Straßen und verachten jene, die in klimatisierten Autos an ihnen vorbeifahren. Die Unterschiede wirken so extrem, dass sie das Kohärenzzentrum im Gehirn überfordern. »Wie könnt ihr das akzeptieren?«, will man rufen, und die Frage ist absolut berechtigt. Ein bisschen Kontext zeigt, wie komplex die Antwort ist. Die sozialistische Wirtschaftspolitik etwa, die Indien über 40 Jahre in einen bürokratischen, staatsträgen Apparat verwandelt hat, war auch eine direkte – und im Grunde verständliche – Reaktion auf die Ausbeutung durch Kolonialmächte, die wir heute zum globalen Norden zählen. Erst Mitte der 90er Jahre hat sich das Land wirtschaftlich langsam geöffnet, aber die Angst vor einer post-kolonialen Marktherrschaft ist geblieben – und sie ist nicht unbegründet. Heute nutzen Weltkonzerne ihren historischen Vorsprung in Knowhow und Kapital, um Steuersysteme zu umgehen und damit Länder wie Indien um Milliarden zu bringen, die in die Entwicklung des Landes investiert werden könnten.

Soziale Ungerechtigkeit und Ungleichheit sind außerdem global und verbinden den reichen globalen Norden mit dem globalen Süden stärker, als es Länder auf den ersten Blick unterscheidet. In Deutschland lassen sie sich nur leichter ausblenden. Weil die unterbezahlten Näher*innen aus Bangladesch mir die Kleidung nicht nach Hause tragen, die ausgebeuteten rumänischen Erntehelfer*innen die Tomaten nicht persönlich vorbeibringen. Weil Armut nicht immer auf die Straße treibt, sondern häufig in Isolation. Aus den Augen, aus dem Sinn. In dieser Struktur hängen wir alle gemeinsam, sind alle aufeinander angewiesen.

Doch was Bhat beobachtete, hat lange Tradition. In seinem Buch *The Argumentative Indian* beschreibt der Wirtschaftswissenschaftler, Philosoph und Nobelpreisträger Amartya Sen,

wie Außenstehende seit jeher versuchen, Indien zu erklären –
und damit auch die Selbstdarstellung und -wahrnehmung des
Landes erheblich prägen. Sen identifiziert drei Wege der An-
näherung, die immer auch ineinandergreifen: die Exotisierung,
Belehrung und Verwissenschaftlichung.[4] Schon antike griechi-
sche Literatur, schreibt Sen, erzählt von Indien als einem Sam-
melsurium aus wunderlichen Dingen. In Deutschland waren es
die deutschen Philosophen der Romantik wie die Gebrüder
August Wilhelm und Friedrich Schlegel, die durch ihre Arbeit
an indischen Schriften die romantische Idee einer spirituellen
Urnation entwarfen.[5] Als erster Übersetzter der *Rigvedas* und
Begründer der Sankskritforschung wird außerdem die Arbeit
des Religions- und Sprachwissenschaftlers Friedrich Max Mül-
ler auch in Indien besonders wertgeschätzt. Interessant ist, dass
keine der drei großen Indologen Indien je betreten hat. All ihr
Wissen über oder ihre Ideen von Indien schöpften sie aus dem
Studium alter Texte, die in einer Sprache verfasst waren, die
selbst in Indien nur wenige beherrschen.

Die britischen Kolonialherren schließlich kultivierten die
Idee des *Anderen,* das im Vergleich zum Eigenen unzivilisiert
und rückständig schien, oder versuchten es bis ins Detail zu
analysieren und zu kategorisieren. Eines der zur Kolonialzeit
bekanntesten Bücher über Indien schrieb der britische Historiker und Philosoph James Mill im Jahr 1817. *The History of
British India* wurde britischen Statthaltern zur Einweisung in
das fremde Herrschaftsgebiet vorgelegt. Darin porträtiert Mill
die indische Gesellschaft als primitiv und korrupt, verspottet
und verwirft jede intellektuelle indische Errungenschaft und
führt Gründe für die Notwendigkeit an, die indischen Völker
zu bekriegen und zu unterwerfen – wohlgemerkt ebenfalls,
ohne das Land auch nur einmal betreten zu haben. Sein kom-
plettes Werk basiert auf Dokumenten und Archivmaterial seiner britischen Landsleute vor Ort. Mill tat, was der Literatur-

wissenschaftler Edward Said im Kontext arabischer Länder Ende der 1970er-Jahre als Orientalismus definierte: die westliche Selbstbezogenheit, mit der östliche Länder und Kulturen als im Wesen *verschieden* konstruiert wurden, um ihre Unterlegenheit zu rechtfertigen. In seinem gleichnamigen Werk »*Orientalismus*« kritisiert er die daraus entstandene westliche Überheblichkeit, die aus der Abgrenzung und Bewertung anhand europäischer oder westlicher Normen entstanden ist. Die Betonung von Differenzen zwischen dem Bekannten und dem Fremden habe in gewisser Weise erst die Idee von zwei Welten geschaffen, um sie einander dann vorauszusetzen, so Said.[6] Er prägte damit als Erster den Begriff des Othering, das Prinzip der Andersmachung, das seit jeher als Basisrechtfertigung für Rassismus, Kolonialismus und jede Form von Unterdrückung ganzer Bevölkerungen dient. Der indische Ökonom Amartya Sen beschreibt darüber hinaus, wie die Exotisierung und Herabwürdigung Indiens aus der Perspektive westlicher Imperialisten und Kolonialmächte dazu beigetragen habe, das Mystische und Antirationale, für das viele im Westen solch eine Bewunderung hegten, als indisches Wesensmerkmal zu konstruieren. Ein Großteil des intellektuellen Erbes Indiens wurde also lange ignoriert, zum Teil auch verleugnet. Dabei erfanden die Menschen hier Schach, schenkten der Welt das Dezimalsystem, legten Grundsteine der Algebra, Geometrie und Astronomie und praktizierten mit dem Kamasutra zum ersten Mal etwas wie Sexualerziehung.[7] Das Spirituelle und Mystische, also all das, was im Kontrast zum Selbstbild des Westens als rational, zivilisiert und vernünftig verstanden wurde, wurde zum Kern der indischen Identität verklärt, die noch heute Bestand hat – mit weitreichenden Folgen. Das koloniale Narrativ prägt aktuell nicht nur die Außenwahrnehmung Indiens, sondern auch das indische Selbstverständnis, schreibt Sen. »Show a people as one thing, over and over again – and that is what they become«, sagt Adichie. Stell die Menschen wieder und wieder in einer bestimmten Weise dar – und das ist, wozu sie werden. Vielleicht erklärt das, warum ich mir den Kopf über die richtige Perspektive zerbreche, mich frage, ob ich dazu überhaupt befähigt bin, während Menschen wie Papa und Bhat so sensibel auf Aussagen über Indien reagieren. Weil Pauschalisierungen auch ihnen anhaften. Papa erzählte mir davon, wie ein deutscher Bekannter ihm nach der Hochzeit meiner Eltern auf die Schulter klopfte und ihm sozusagen dazu gratulierte, es nach Deutschland geschafft zu haben. Implizit schwang die Annahme mit, mein Vater hätte sich aus armen Verhältnissen in die Arme einer gutbürgerlichen deutschen Familie gerettet. Weiter entfernt von der Wirklichkeit hätte das nicht sein können, egal von welcher Seite man sie betrachtete.

»Papa, warum wirst du wütend, wenn jemand Indien als arm bezeichnet?«

»Die Leute vergessen, dass es eine gut ausgebildete Mittelschicht von mehr als 300 Millionen Menschen in dem Land gibt. Das sind dreimal so viele Menschen, wie in Deutschland leben.«

»Genauso viele Menschen im Land leben aber auch in Armut.«

»Es irritiert mich, wenn andere mich im Kontext von Armut sehen. Daraus entsteht sofort eine Hierarchie – als wären sie besser.«

»Außerdem warst du nie arm.«

»Erstens das. Zweitens haben viele ein Bild, eine Meinung über Indien, ohne wirklich informiert zu sein.«

Stereotype haben eine durchaus wichtige Funktion: Unser Gehirn nutzt sie, um Energie zu sparen. Wir machen uns die Welt durch sie verständlich. Sie geben uns Sicherheit, schaffen ein Gefühl von Zugehörigkeit. »Religionen und Staaten, Unternehmen und Länder existieren in unseren Köpfen, in den Geschichten, die von unseren Anführern und auch von uns selbst erzählt werden«, schreibt der Historiker Rutger Bregman in seinem Buch über den Menschen *Im Grunde gut*. »Niemand hat je ›Frankreich‹ getroffen. Niemand hat der ›römisch-katholischen Kirche‹ jemals die Hand geschüttelt. Aber das spielt keine Rolle, solange wir uns als Teil solcher Fiktionen fühlen.«[8] Und je weiter ein Land entfernt, geografisch, aber auch kulturell oder politisch, desto einheitlicher müssen Narrative sein, um Aufmerksamkeit zu erzeugen. Das stellten die Medienwissenschaftler Johan Galtung und Mari Holmboe Ruge schon Mitte der 1960er-Jahre fest. Weil wir das Gelernte irgendwie einordnen können müssen. Aber sie werden zum Problem, wenn wir einander davon abhalten, komplexe Individuen oder Gesellschaftsgruppen zu sein. Wenn wir nur noch als Abbild einer Idee existieren, an der wir immer wieder gemessen werden. Weil unser Gehirn darauf ausgerichtet ist, Gefahren zu erkennen, merken sich Menschen negative Pauschalisierungen zudem eher als positive.[9] Und je negativer die Berichterstattung über ein Land ist, desto negativer nimmt die Öffentlichkeit es nachweislich wahr.[10] So kommt es, dass meine Schwägerin-in-spe Angst hat, mit uns nach Indien zu fliegen, ich immer wieder beteuere, mein Vater sei ziemlich europäisch, und dass Papa jeder Aussage über Indien eine Ergänzung beifügen möchte. Chimamanda Ngozi Adichie hatte noch gesagt: »Einzelne Geschichten erzeugen Stereotype. Das Problem ist nicht, dass sie falsch, sondern dass sie unvollständig sind. Sie unterstreichen, wie wir uns voneinander unterscheiden, statt wie wir einander ähneln.«

Papa hat mich nach Reisen gern gefragt: »Und sag mal, hast du dich jetzt gefunden?« Weil die Idee vom *Anderen* immer aus einer Idee von uns selbst entsteht. Jede Differenz, die wir erleben, wird dadurch zur Selbsterfahrung. Das bedeutet auch, dass das *Andere* eine Frage der Perspektive ist. Und daraus resultiert für mich eine umso spannendere Frage: Wer kann denn eigentlich die Wirklichkeit erfassen, wenn sie von allen Seiten anders aussieht? Vielleicht liegt die Antwort näher als gedacht. Der Journalist Shravan Bhat erzählt mir am Telefon, dass er sich keine Gute-Laune-Geschichten über Indien wünscht, sondern einfach weniger Sensation und Fingerzeigen – und vor allem mehr Kontext.»Indien ist gerade mal 75 Jahre alt. Das Wachstum und die Armutsbekämpfung, die wir hier erleben, haben nirgendwo sonst in dieser Geschwindigkeit stattgefunden, außer in China.« In seinem Artikel hat er von dem Wandel geschrieben, der allzu oft außer Acht gelassen wird: Jeden Tag kaufen in Indien Menschen das erste Mal einen Fernseher, nutzen Waschmaschinen oder Klimaanlagen, werden ans Stromnetz angeschlossen oder kaufen ihr erstes internetfähiges Handy. Junge Frauen ziehen vom Land in die Städte, studieren oder arbeiten, bringen ihr eigenes Gehalt nach Hause. 1,3 Milliarden Menschen leben in einer kulturellen Vielfalt halbwegs friedlich miteinander, die global in dieser Dimension keinen Vergleich kennt. Das Geheimnis ausgewogener Berichterstattung liegt für ihn also in der Berücksichtigung der lokalen Norm statt der eigenen. Ein Von-innen-umher- statt Von-außen-(Herab-)Schauen.»Meine Großmutter, die unter kolonialer Herrschaft geboren wurde, whatsappt mir jede Woche«, schreibt er.»Vielleicht macht wachsende Ungleichheit bessere Schlagzeilen als wachsende Einkommen. Aber meine Großmutter ist super. Schreibt über meine Großmutter.« Die lokale Norm schließt natürlich nicht aus, über Konflikte zu berichten, im Gegenteil. Journalismus ist dazu da, Gesellschaftsstrukturen kritisch zu betrachten, Machtmissbrauch und Missstände zu benennen. Die Frage ist, wie diese Konflikte erzählt werden: als Einzelfallkritik und/oder im Kontext der Geschichte anderer Länder, und aus Sicht der Beteiligten in ihrer eigenen Wirklichkeit. Für jemanden, der ein Land kaum kennt, ist das natürlich schwierig. Abgesehen von

Sprachkenntnissen oder sehr guten Übersetzer*innen braucht es den Zugang zu Menschen, Kontext, Selbstreflexion und Distanz zur eigenen Norm. Sich nicht von alten Narrativen lenken zu lassen, indem man sie ständig wiederholt oder widerlegt. Die Wirklichkeit liegt irgendwo dazwischen. Und genau da hänge ich fest.

/

Für die letzten Wochen meines Indienaufenthalts als Medienbotschafterin bin ich nach Delhi geflogen. Mit meinen Nina und Fiona wohne ich bei einer Tante im Hinterhaus. Ein bisschen unter neuen Freundinnen sein, ein bisschen Familie, gemeinsam reflektieren. Aber dann liege ich nachts wach und kämpfe mit diesem Gefühl der Unzulänglichkeit, als deutsche Journalistin und falsche Inderin. Wie kann ich über Kastenunruhen schreiben, ohne die Schublade *Indien* weiter zu füllen, in die dann auch Menschen wie Papa gesteckt würden? Meine Familie. Wie könnte ich es lassen, ohne meine journalistische Aufgabe zu korrumpieren? Wie viel Komplexität kann ein Beitrag vermitteln, und wenn es die mediale Öffentlichkeit im Gesamten ist, die darüber entscheidet, was kann ich daran ändern? Oder liegt das Bewusstsein darüber nicht auch in der Verantwortung der Lesenden? Weil eine Geschichte eben nie die ganze Geschichte ist, nie sein kann.

Meine zwei Kolleginnen und ich verlassen Indien mit einem großen Abschiedsessen. Zum *Mattar Paneer* – indischer Weichkäse und Erbsen in Tomatensoße – gibt es Hähnchencurry, Reis und *Alu Gobi* – Kartoffeln mit Blumenkohl. All meine Lieblingsgerichte. Tante Sabina reicht dazu dampfende *Chapatis*. Papa ist vorbeigekommen, Cousin Sharad und meine Cousine Devika essen mit. Sie fragen uns aus über die vergangenen Wochen, unsere Reisen und Erlebnisse, über die Geschichten, die wir erzählt haben und erzählen werden. Fiona ist einer Kuhschutztruppe durch die Nacht gefolgt und konnte dabei viel über den aufblühenden Hindunationalismus im Land lernen, Nina hat mit jungen Indienreisenden aus dem Westen gesprochen, die Geld dafür zahlen, Freiwilligenarbeit zu leisten, und damit eine fragwürdige Industrie nähren. Beide erzählen mit Begeisterung von der Vielfalt, die sie auf ihren Reisen gesehen haben. Von lustigen Begegnungen. Aber alles, was ich fühle, ist Verunsicherung. Wirtschaftsgeschichten, Kastenunruhen, Hautfarbe – die Journalistin will ihre Arbeit darlegen, während die falsche Inderin am liebsten so tun würde, als hätte sie mit all dem nichts zu tun. Ich sage ehrlich, dass ich es etwas schwierig fand, mich für Themen zu entscheiden. Zu ergründen, was wirklich wichtig ist und aus welcher Perspektive.»Ja, das habe ich auch beobachtet«, wirft Papa vom Tischende aus ein.»Die Leute sehen dich vielleicht als Inderin und erwarten, dass du das Land kennst. Und du kennst es auch ein bisschen besser, du hast Familie hier, aber du bist keine Inderin. Du bist Deutsche, aber die Leute erwarten etwas anderes, und das erwartest du dann auch von dir. Das setzt dich unter Druck.« Seine Analyse trifft mich wie eine Ohrfeige und fühlt sich gleichzeitig an wie eine Umarmung. Ich fühle mich ertappt und verstanden in diesem Dazwischen, vor allem aber besiegt. Die anderen schweigen überrascht, als ich am Esstisch in Tränen ausbreche. Ich kann nichts sagen, mich nicht erklären. Ich hasse es, dass Papa recht hat, und es tut mir so wahnsinnig gut, dass er erkennt, was vielleicht sonst niemand sehen kann – nicht mal ich.

7 Von Frau zu Mann:
Tee trinken im Patriarchat

An einer Kreuzung im Norden Neu-Delhis leuchten die Gesichter der Menschen gelb im Licht der Straßenlaternen. Es ist kurz nach acht am Abend, in meiner einen Hand dampft ein kleiner Becher klebriger Milchtee, mit der anderen halte ich mein Aufnahmegerät in einen Halbkreis aus fünf jungen Frauen. Fahrradrikschas klingeln an uns vorbei, Menschen auf Rollern und in Autos kurven um den kleinen Teestand mitten auf der Straße. Ein paar Männer schauen neugierig zu uns herüber. Eine der Frauen, Anusha, spricht mir ins Mikro, beschreibt die Situation: »Wir werden angestarrt, weil wir eine Gruppe junger Frauen sind, ohne einen einzigen Mann. Wir trinken Tee, rauchen. Und reden sehr laut.« Es klingt nicht danach, aber ich wohne hier wieder einem Protest bei. Anusha und die anderen studieren an der Delhi University und sind Teil einer Bewegung. Ihre Protestform heißt *Loitering*, Englisch für: Abhängen. Das klingt erst mal nicht besonders ernst gemeint, hat aber revolutionäres Potenzial – nicht nur in Indien.

Es ist ein paar Monate her, dass ich am Esstisch meiner Tante ins *Matar Paneer* getränt habe. Zwei Tage später flog ich zurück nach Hamburg. Von allen Phasen einer Reise ist die Rückkehr für mich zur schönsten geworden: Satt, das Fernweh gestillt, kann ich die Erinnerungen an Orte, Menschen und Eindrücke in aller Ruhe nachklingen lassen. Auspacken, Ausatmen, Ausruhen. Mal nichts verstehen müssen, kein Erleben, einfach Sein. Pizza essen beim Lieblingsitaliener, liebe Menschen umarmen. Und dann lag ich auf dem Sofa, mein Blick tastete sich durchs Fenster bis zur gegenüberliegenden Häuserwand, den gelben Putz hinauf zu dem ausgewaschenen Streifen Himmel, der noch in den Fensterrahmen passte. Weiter kam ich nicht. Beziehungsweise: weiter kam ich nicht *an*. Mit meinen Gedanken landete ich immer wieder in Indien. Die Ruhe des Ankommens blieb aus. In mir wühlte es, als hätte ich etwas Wichtiges vergessen oder nicht abschließend verstanden. Und deswegen stehe ich, nur ein paar Monate später, im Frühling 2017, in Neu-Delhi an dieser Kreuzung.

Eine der Studentinnen, Ishani, habe ich am Tag zuvor in einem Café getroffen, eine Politikwissenschaftlerin mit neugierigem Blick und fester Stimme. Angefangen, erzählte sie mir, hatte alles im Sommer 2015 an der Jamia Millia Islamia Universität im Südwesten der Stadt. Dort auf dem Campus stehen zwei Frauenwohnheime. Die getrennte Unterbringung von Männern und Frauen ist hier so üblich. Üblich ist auch, dass Frauen nach 20 Uhr ihre Wohnheime nicht verlassen dürfen. Zweimal im Monat war es ihnen erlaubt, später unterwegs zu sein, allerdings mussten die Ausgänge beantragt, begründet und von einem Vormund unterschrieben werden. Nach den Semesterferien im August 2015 strich die Wohnheimleitung diese Ausgänge ohne Erklärung – und machte viele Bewohnerinnen sehr wütend. Wie die Bewegung ihren Namen bekam, konnte mir Ishani nicht mehr sagen. Bekannt ist er heute in Städten über Neu-Delhi hinaus: *Pinjra Tod*. Zwei Wörter, Hindi, sie bedeuten: Sprengt die Käfige.»Es bezieht sich auf die vielen Käfige, in denen Frauen gefangen gehalten werden«, hat Ishani gesagt.

Über das Leid der indischen Frauen wurde seit *Nirbhaya* umfangreich berichtet. Meistens ging es dabei um sexuelle Gewalt, aber die Ungerechtigkeit hat viele Ebenen. Im Global Gender Gap Report 2020[1] des Weltwirtschaftsforums, der die Gleichstellung von Männern und Frauen in 153 Ländern misst, liegt Indien auf Rang 140. Vor allem in Sachen wirtschaftliche Beteiligung steht das Land beinahe am Ende der Liste, was unter anderem daran liegt, dass ein Großteil der Menschen aus dem Radar der Erhebungen fällt, weil sie informellen Tätigkeiten nachgehen, als Reinigungskräfte, Näher*innen oder auf Baustellen arbeiten. Auch um die Bildung und Gesundheitsversorgung indischer Mädchen und Frauen steht es vergleichsweise schlecht. Eine Expertenbefragung der Thomson Reuters Foundation ging so weit, Indien 2018 als frauenfeindlichstes Land der Welt einzustufen. Obwohl verboten, werden weibliche Föten immer noch abgetrieben, weil sie weiblich sind, Frauen schon als Kinder verheiratet, wegen (eigentlich verbotener) Mitgift ermordet. Vor diesem Hintergrund klangen Studentinnen, die gegen Ausgangssperren demonstrieren, für mich erst mal wie eine nette Randnotiz. Von Deutschland aus hatte ich nach Geschichten Ausschau gehalten, die von Lösungen erzählten, statt nur Probleme aufzuzeigen. *Konstruktiv*, das ist seit einigen Jahren so ein Schlagwort im Journalismus. Konstruktive Geschichten erzählen von Menschen, die versuchen, etwas zu ändern, von ihrem Antrieb, den Hürden und der Struktur, in der sie agieren. Im besten Fall machen diese Geschichten Probleme sichtbar und zeigen zugleich, was sich bewegt, *dass* sich etwas bewegen kann. Das hilft nicht nur dabei, der Negativspirale von Krisenjournalismus zu entkommen und dem Gefühl von Hilflosigkeit, das negative Berichterstattung zunehmend hinterlässt – sondern ermöglicht auch eine neue Perspektive, in der Betroffene nicht nur Opfer sind, sondern auch Menschen, die für etwas einstehen und damit die Gesellschaft verändern können.

Bevor wir zum Teestand gefahren sind, halb gestapelt in zwei Rikschas, bin ich Ishani ein paar Kilometer weiter, unweit der Delhi University, in eine Gasse gefolgt. An den schmutzigen Häuserfassaden stapelten sich kleine Balkonvorrichtungen über den Außenventilatoren der Klimaanlagen, dazwischen ein Netz aus Strom- und Telefonkabeln. Neben einem Brillenladen mit dem Namen *Look Book* hing ein großes Schild: *Accomodation for Girls*. Unterbringung für Mädchen. Ishani hat hier bis vor kurzem gewohnt, im obersten Stock, wo sich die Zimmer zu einer großen Dachterrasse hin öffnen. Wir besuchten ihre ehemaligen Mitbewohnerinnen: Manjari und Shreya, beide Anfang 20, die eine mit silbernem Nasenring, die andere mit asymmetrischem Kurzhaarschnitt. Sie zeigten mir ihr Reich, das sie zu dritt bewohnten: geschätzte zwölf Quadratmeter, maximal effizient genutzt. Ein Bett rechts, eines in der Mitte, eines links. Dazwischen klemmten drei schmale Tische voller Bücher, Schreibblöcke und leerer Wasserflaschen. Auf eine von drei Schranktüren hatte Manjari Polaroidfotos von Freundinnen geklebt, daneben stand in Filzstift ein Songzitat von Coldplay geschrieben: *Lights will guide you home*. Dieses Zuhause ist für die Studentinnen ein Wohnheimgebäude, an dessen Fenster manche einen Flaschenzug befestigt haben, um das Hähnchencurry vom Lieferdienst hochzuziehen – weil sie nicht einfach spontan essen gehen können. Es ist ein Zuhause, in dem jeden Abend eine Liste ausliegt, in die sie sich eintragen müssen. Und eine Erlaubnis brauchen, wenn sie nach halb acht Uhr vor die Tür wollen. »Feiern und Shoppen akzeptiere ich nicht als Grund«, sagte der Wohnheimbetreiber, als wir ihm bei einem Gang durchs Gebäude begegneten. Um keine Probleme zu verursachen, gaben wir mich als ausländische Kommilitonin aus, die eine Unterkunft suchte. Lernen sei erlaubt, erfuhr ich, aber auch das müsse bewiesen werden. »Warum so streng?«, wollte ich wissen. »Die Straßen«, sagte er, »sind nicht sicher.«

Es ist das Mantra einer ganzen Gesellschaft: Indiens Straßen sind nichts für Frauen. Besonders nicht abends, ganz bestimmt nicht nachts. Vor allem Neu-Delhi gilt seit dem Mord an der jungen Studentin als gefährlich. Zwar bündelte der Fall die angestaute Wut indischer Frauen in ungesehener Kraft und fand dadurch eine öffentliche Bühne, auf den Straßen und in Debatten über Gewalt, Sexismus und patriarchale Strukturen. Aber er verstärkte auch die Angst vor Übergriffen. *Nirbhaya* wurde zum Symbol für eine neue Frauenrechtsbewegung – und zur Rechtfertigung für ihre Unterdrückung. Wer seine Töchter und Frauen schützen will, behält sie im Haus. »Im Namen der Sicherheit«, sagt Manjari, »sperrt man uns ein.« Auf der Website von *Pinjra Tod* steht, die Universitäten seien zur Zwischeninstanz der patriarchalen Kontrolle einer Frau geworden: »Vom Vater zum Bruder zu den Wohnheimen der Universitäten zu den Ehemännern«, fasst Ishani zusammen. Es ist nur einer der Gründe, warum sie vor kurzem ausgezogen ist, in ein anderes Wohnheim, in einem anderen Viertel. Auch dort muss sie sich in eine Liste eintragen, aber der Stuhl des Sicherheitsmannes am Eingang stehe meistens leer, und die Liste interessiere niemanden. Später als halb neun komme sie ohnehin nicht nach Hause. *Die Straßen sind nicht sicher* – auch die Studentinnen haben dieses Mantra verinnerlicht. Wenn Ishani bei Dunkelheit unterwegs ist, trägt sie ein grünes Teppichmesser in ihrer Handtasche. Allein würde sie abends nie in eine Riksha oder ein Taxi steigen. Ihre ehemalige Mitbewohnerin Manjari kommt aus Lacknau, einer Viermillionenstadt 530 Kilometer von Neu-Delhi entfernt. Als sie in die Hauptstadt zog, schienen ihr die Sperrstunden vollkommen logisch: »Ich durfte auch zu Hause abends nur in Begleitung eines männlichen Verwandten raus.« Ihre Mitbewohnerin Shreya gesteht mir, dass sie sich bei Dunkelheit überwinden muss, vor die Tür zu gehen: »Ich muss mir immer wieder sagen: Es ist sicher, los jetzt!«

Ihre Angst erinnert mich an eine Geschichte, die mir meine Großtante Vini erzählt hat. Vini ist über 80, die jüngste Schwester meiner Großmutter und lebt seit über 40 Jahren in England. Als sie noch rüstig genug war, reiste sie mit ihrer britischen Freundin durch Europa. Einmal kamen sie uns in Deutschland besuchen: zwei betagte Frauen, die in kleinen Schritten durch eine hessische Altstadt wackelten. Ihr Geist war so wach, ihre Neugierde groß, ich erinnere mich an das Gefühl tiefster Bewunderung. Wenn ich mir etwas fürs Alter wünsche, dann dieselbe Faszination für die Welt. Vielleicht spürte ich in dem Moment auch die unfassbare Reise, die meine Großtante in ihrem langen Leben zurückgelegt hatte. Bis sie mit 17 Jahren heiratete, erzählte sie mir bei einer Tasse Tee, hatte sie kein einziges Mal allein einen Fuß vor die Tür gesetzt. Wenn sie ausging, dann in Begleitung der Eltern, ihres Bruders oder anderer Verwandter. Meistens fuhren sie mit dem Auto. Ihr Ehemann war es schließlich, der sie allein hinausschickte. Sie sollte für ihn Papiere für ihn bei der Bank abzugeben.»Als ich das erste Mal allein vor die Tür ging«, sagte sie,»wusste ich nicht, wohin mit meinen Händen.« Ein paar Jahre später zog das Paar nach England, Vini suchte sich noch am zweiten Tag aus eigener Motivation einen Job, ihr Arbeitgeber finanzierte ihr schließlich eine Ausbildung zur Versicherungskauffrau, beförderte sie zur Teamleiterin. Das Ehepaar adoptierte eine taubstumme Tochter aus einem indischen Waisenheim, lernte Gebärdensprache, später gebar Vini unverhofft noch einen Sohn. Dann starb ihr Mann in jungem Alter, Vini zog die Kinder allein groß, versorgte sich und ihre Familie. Ein Leben wie eine Reise größter Eigenermächtigung, die damit begann, dass jemand ihr zugetraut hatte, allein vor die Tür zu treten.

Die Frauenrechtsaktivistin Rajana Kumari erklärt mir, dass Kontrollsysteme immer mit Angst arbeiten. Patriarchale Strukturen sind nichts anderes als das: ein System der Kontrolle, das einer besonders dichotomen Rollenverteilung folgt. Kumari ist eine der bekanntesten Frauenrechtsaktivist*innen Indiens und leitet das Centre for Social Research in Neu-Delhi. Frauen in Indien, erklärt sie mir, lernten nicht, für sich einzustehen. »Sie haben nicht die mentale Stärke, um auf die Straßen zu gehen, weil wir ihnen nicht beibringen, Gefahren zu erkennen und ihnen zu begegnen.« Trauen sie sich doch und geraten dabei tatsächlich in eine Notlage, werden sie am Ende auch noch dafür verantwortlich gemacht. Als wir bei unserem Journalist*innenaustausch in Neu-Delhi die obligatorische Stadtrundfahrt machten, erzählte uns der Stadtführer allen Ernstes, das *Nirbhaya*-Opfer sei betrunken gewesen und habe den Busfahrer geschlagen – im Grunde sei die Frau also selbst schuld an ihrem Tod. Dieses Narrativ kursierte auch in der öffentlichen Debatte und führte uns die Selbstgefälligkeit einer patriarchalen Gesellschaft vor Augen, in der Frauen wenig dürfen, aber für alles verantwortlich sind. In der meine Cousine, Mitte 20, in Delhi keine öffentlichen Verkehrsmittel nutzt. In der zu langer Augenkontakt, ein freundliches Lächeln schon als Aufforderung missverstanden werden können. Die ständige Angst um die eigene Unversehrtheit kann Kraft rauben, vor allem aber raubt sie Frauen Zeit und Möglichkeiten. Auf dem Bett ihres Wohnheimzimmers erzählt mir Manjari, dass sie ohne Sperrstunden abends öfter Zeit bei ihrer Professorin verbringen würde, die bei sich zu Hause Diskussions- und Arbeitsrunden veranstaltet. Sie würde sich in Cafés mit anderen Studierenden treffen und diskutieren: über Politik, Philosophie, Gesellschaft. Manjari hatte mal einen Freund, vier Jahre lang, in ihrer Heimatstadt, heimlich. Sex, kommentiert sie trocken, kann man auch tagsüber haben. Den Studentinnen geht es nicht um lange Partynächte oder Dates, sondern um Selbstbestimmung und den Umsturz eines ganzen Systems, das in absurde Vermeidungsstrategien abdriftet, statt das eigentliche Problem zu beheben: eine Kultur der Gewalt gegen und Unterdrückung von Frauen. »Es ist heuchlerisch, zu sagen: Wenn Frauen vergewaltigt werden, sollten sie einfach nicht mehr rausgehen«, sagt Ishani. »Das ist, als würde man sagen: Um Armut zu bekämpfen, bringen wir alle Armen um.« Es ist leicht, bei ihren Erzählungen in Verachtung für eine ganze Gesellschaft zu verfallen, besonders als vermeintlich emanzipierte Frau aus dem liberalen Westen. Ich habe meine eigenen Erfahrungen als Frau in Indien gemacht, auch wenn ich als Ausländerin eine Sonderstellung genieße. Es fing schon beim Registrieren einer SIM-Karte an. Beim Freischalten der Nummer kam es vor, dass ich nach dem Namen meines Ehemannes oder Vaters gefragt wurde. Ohne einen Mann war eine Frau offenbar keine eigenständige Person. Die indischen Männer machten mich dabei lange ebenso wütend wie die Frauen, die in diesem Machtgefälle verharren. Aber während ich mit Ishani, Manjari und ihren Freundinnen spreche, wird mir klar, dass ich gerade als Frau einiges von ihnen lernen kann. Ich bin ehrlich: Feminismus hatte für mich lange keine Bedeutung, weil ich nicht das Gefühl hatte, ihn zu brauchen (und, zugegeben, keine Ahnung davon hatte). Im Gegensatz zu den Studentinnen hatte ich stets den Luxus, meine Empörung in Indien zu lassen und einfach nach Hause zu fliegen. In Deutschland war meine Identität als Frau außerhalb romantischer Beziehung lange kaum Thema, zumindest nicht bewusst. Ich war in dem Glauben aufgewachsen, dass mein soziales oder biologisches Geschlecht keinem Beruf, keiner Möglichkeit und auch nicht meiner Freiheit im Wege stand. Aber auch wenn ich weniger Angst spürte, nachts durch die Straße meiner Studienstadt nach Hause zu laufen: Angst, das wird mir klar, hatte ich trotzdem. Ich hatte sie so sehr verinnerlicht, dass sie mir nicht mal auffiel. Weil es normal war, dass sich Sorgenfalten in die Stirn meiner Mutter gruben, wenn ich allein verreisen wollte. Ihre Angst griff auf mich über, ich hatte sie verinnerlicht wie die Studentinnen ihr Mantra, und bei jedem Wunsch, in die Welt aufzubrechen, musste ich mich ein bisschen überwinden. Es war auch normal, beim Ausgehen auf mein Getränk und betrunkene Freundinnen zu achten, Belästigungen abzuwehren. Es war normal, als Frau immer ein bisschen vorsichtig zu sein, die Gefahr sexueller Übergriffe stets irgendwo in unserem Bewusstsein verankert, und das seit der Kindheit. Es war so normal, dass ich nicht darüber nachdachte, wie ungerecht und unfrei diese Angst machen kann. Woher sie eigentlich kommt. Dass die Verantwortung für meine Sicherheit nicht nur bei mir liegt – sondern in der Gesellschaft. Ishani und die anderen erinnern mich daran, dass ihre Unfreiheit in meiner Welt zwar schwächer zutage tritt, aber Ausdruck desselben Machtgefälles.»Häufig werden das Ausmaß, die Auswirkungen und die Reichweite von patriarchaler Unterdrückung in westlichen christlichen Ländern relativiert, weil sowohl Zeiten und Regionen zum Vergleich herangezogen werden, in denen die Unterdrückung der Frauen gewalttätiger war bzw. offensichtlicher ist«, schreibt die Politikwissenschaftlerin Emilia Roig in »Why We Matter«. »Dennoch versucht in Deutschland jeden Tag ein Mann seine Partnerin zu töten, und an jedem dritten Tag gelingt es.«[2] Männer sind zwar überproportional häufig Opfer von Gewaltverbrechen (in acht von zehn Fällen), in Partnerschaften allerdings dreht sich das Verhältnis: Hier sind statistisch acht von zehn Opfern Frauen.

Ich frage mich, was verloren geht, wenn Freiheit selbstverständlich ist, so wie ich es lange angenommen habe. Wie wir es schaffen, achtsam zu bleiben, ohne alarmierend zu sein, unbekümmert sein zu dürfen, ohne naiv zu werden.

Loitering, haben mir die Studentinnen gesagt, sei vor dem Hintergrund einer für Frauen gefährlichen Gesellschaft weit

mehr als nur eine Protestform. In ihrem Buch »*Why Loiter?*«
schreiben die Sozialwissenschaftlerinnen Shilpa Phadke, Shilpa
Ranade und Sameera Khan, das gemeinsame »Abhängen« habe
das Potenzial, »eine radikal andere Stadt zu erschaffen, nicht
nur für Frauen, sondern für jedermann«. Die Idee: Wenn mehr
Frauen auf den Straßen sind, auch abends, dann werden diese
automatisch sicherer. Die Autorinnen verstehen Abhängen als
ein fundamentales Recht, das stadtplanerisch umgesetzt werden müsse: durch guten öffentlichen Nahverkehr, den Zugang
zu sauberen Toiletten zu jeder Tageszeit, durch Straßenbeleuch-
tung. Mithilfe einer Polizei, die Opfer von sexueller Gewalt
nicht beschuldigt, sondern ihnen beisteht. Aus einem Ort der
Gefahren würde ein Ort voller Möglichkeiten, an dem niemand
Angst haben muss. Dieses Prinzip lässt sich schließlich auf jede
Form von Öffentlichkeit übertragen, auch in Deutschland. Politik und Internet sind öffentliche Räume, in denen heute besonders Frauen und soziale Minderheiten Hetze und Übergriffen
ausgesetzt sind. Auch diese Räume müssen beleuchtet werden,
brauchen Sicherheitsmechanismen, in denen verbale Gewalt
nicht relativiert wird. Damit jede und jeder teilhaben kann,
ohne um die eigene Unversehrtheit zu fürchten.

Dafür aber, braucht es Menschen, die sich trauen, diese Orte
zu betreten, bevor es so weit ist. Menschen wie Ishani und ihre
Kommilitoninnen. Sie zeigen mir nicht nur, dass wir in denselben
Strukturen agieren, auch wenn sich die Umstände unterscheiden. Sie bestätigen auch, was ich immer wieder zu begreifen versucht habe: dass das Narrativ der unterdrückten indischen Frau
einerseits Realität ist und ihr gleichzeitig widerspricht. Auf meinen Reisen begegne ich ständig inspirierenden, selbstbestimmten
Frauen: der Gründerin, die sich mit ihrem eigenen Start-up in
einer Männerwelt behauptet, der Journalistin, die allein durch
Indiens Dörfer reist, während andere nicht mal allein vor die
Tür gehen. Meine eigene Familie hat ausschließlich meinungs-

starke, selbstbestimmte Frauen hervorgebracht. Die Unterschiede hängen mit einem kulturellen Stadt-Land-Gefälle zusammen, mit Klassen- und Bildungsunterschieden. Aber sie zeigen auch sehr deutlich, dass eine Gesellschaft alles gleichzeitig sein kann: hier frei, dort unfrei, hier rückständig, dort modern. Wenn wir ihr das erlauben, kann sie uns ziemlich überraschen, vielleicht sogar inspirieren. Es gibt auch in Indien reichlich Stoff dafür. Immerhin wählte das Land mit Indira Gandhi als erste Demokratie der Welt eine Frau an die Macht, da kam Angela Merkel gerade in die Pubertät. Das Parlament verabschiedete bereits 1993 einen Verfassungszusatz, der eine Frauenquote von 33 Prozent in Dorf- und Gemeindevorständen vorsieht. Solche Quoten sind umstritten, in Deutschland gelten sie bislang nur innerhalb von Parteien. In Indien, das zeigen Studien[3], zogen sie einen Vorbildeffekt nach sich: Mehr Eltern schicken ihre Mädchen zur Schule, deren Berufswünsche werden anspruchsvoller, und auch ihr Engagement in den Gemeinden nimmt erkennbar zu. In sogenannten Selbsthilfegruppen im ganzen Land wirtschaften Frauen gemeinsam, werden dadurch finanziell unabhängiger und beeinflussen zunehmend die lokale Politik. Bei den letzten Parlamentswahlen 2019 war die Wahlbeteiligung von Frauen so hoch wie nie, in mehr als einem Dutzend Bundesstaaten sogar höher als die von Männern.[4] Die neue Wählerin ist jung, gebildeter als ihre Mutter und will mehr: mehr verdienen, mehr mitbestimmen, mehr sein dürfen. Sie ist das Ergebnis jahrzehntelanger Bemühungen um Gleichberechtigung, durch Politik und Bildung, aber auch durch Medien, Aktivistinnen und ganz normale Menschen wie Ishani und ihre Freundinnen.

Pinjras Tod und die *Loitering*-Bewegung haben viele junge Frauen in Indiens Metropolen aus ihren Häusern geholt. Über Hashtags wie #WhyLoiter, #AintNoCindarella oder #IWillGoOut vernetzten sie sich, während sie die Straßen ihrer Städte abliefen oder an Teeständen abhingen. So wie wir an diesem

Abend. »Es muss normal werden, dass Frauen auf den Straßen sind«, sagt Anusha noch in mein Aufnahmegerät, dann nimmt sie einen Zug von ihrer Zigarette, und ich fühle mich ihr und den anderen auf eine Weise verbunden, die sich groß und wichtig anfühlt. Als Frau und Mensch in einer gesellschaftlichen Struktur, die weiter reicht als ein Land. Am Teestand dampft der Chai noch in einem Topf auf dem Gasherd, da schaut Manjari zum dritten Mal auf ihre Uhr. Es ist kurz vor neun. »Wir sollten jetzt wirklich gehen.« Veränderung braucht Zeit, und manchmal bedeutet das, Regeln langsam zu dehnen, auch für sich selbst. Shreya und Manjari steigen in eine Rikscha und verschwinden im Verkehr. Die anderen schlendern noch zu einem Imbiss, kaufen gedämpfte Teigtaschen gefüllt mit Gemüse und Hühnchen. Gegen zehn Uhr laufen alle nach Hause. Durch die Straßen, die jetzt auch ihnen gehören, zumindest ein bisschen.

/

Die Frage, wer zu welcher Zeit an welchem Ort Tee trinken kann oder darf, ist in Indien mindestens so wichtig wie die Frage, wer ihn eigentlich kocht. Kurz nach unserem Mini-Protest am Teestand bin ich nach Agra gefahren, 220 Kilometer oder etwa 3,5 Stunden Fahrt von Neu-Delhi entfernt. Ich bin hergekommen, weil ich mich unwohl gefühlt habe. Im Gespräch mit den Studentinnen ist mir eines sehr deutlich geworden: Der gesellschaftliche Wandel scheint vor allem in der Verantwortung von Frauen zu liegen. Sie tragen nicht nur die Bürde der Unfreiheit, müssen nicht nur die eigene Angst überwinden, sondern sich auch der der anderen widersetzen und treffen dabei immerzu auf Widerstände. Viele indische Politiker vertreten eine offenkundig frauenfeindliche Politik, Sexismus ist in allen Institutionen des indischen Staates tief verwurzelt. Ein Großteil der Polizisten, hatte mir die Frauenrechtlerin Ranjana Kumari erklärt, glaubten noch immer, eine Frau müsse mit Gewalt kontrolliert werden. Ein Wohnheimbetreiber, hatte Ishani mir erzählt, hatte sie in der Dunkelheit vor der Tür stehen lassen, als sie zu spät vom Kino kam, bis ihre Eltern bei ihm anriefen und sich entschuldigten. Es sollte ihr eine Lehre sein. Studentinnen beschweren sich selten, aus Angst, ihre Familie würde sie aus Sicherheitsgründen wieder nach Hause holen. Was also nützt Befreiung auf der einen Seite der Gesellschaft, wenn die andere an ihrer Macht festhält? Was nützen Gesetze, die Frauen schützen, wenn niemand sie einhält? Oder ganz anders gefragt: Wer kümmert sich eigentlich um die Männer?

Mit dieser Frage im Kopf stehe ich an einem Donnerstagnachmittag in der kleinen Küche eines Schuhmachers Anfang 30 und beobachte, wie er mit dem Nudelholz auf eine Ingwerwurzel einschlägt, bis sich die Sehnen durch die Haut der Knolle pressen. Ingwer, das vorweg, ist die wichtigste Zutat für indischen Masala-Chai. Am besten kommt das Aroma heraus, wenn der Saft der Wurzel ausgepresst wird. Deswegen schlägt Raj Kumar mit dem Nudelholz darauf ein. Dann wirft er sie in einen Topf köchelnden Milchtee. Es ist nicht ungewöhnlich, dass Männer Tee kochen, um ihn in Zügen oder in Straßenrestaurants zu verkaufen. Man nennt diese Verkäufer *Chai Wallas*. Im privaten Raum aber, zuhause, ist Teekochen Frauensache. So war das auch beim Schuhmacher, aber das hat sich offenbar geändert – und das könnte mindestens so revolutionär sein, wie nächtliche Tee-Proteste junger Studentinnen.

Seine Ehefrau Archana, Ende 20, nervöses Lächeln und grüner Sari über dem schwarzen Haar, sitzt im Schneidersitz auf dem Steinboden ihres Schlafzimmers und erzählt uns, wie es einmal war, mit ihrem Mann. Die beiden sind seit acht Jahren verheiratet, haben eine Tochter und einen Sohn im Grundschulalter. Nach der Hochzeit, erzählt sie mir und meiner

Übersetzerin, betrank er sich öfter und schlug ihr ins Gesicht. Dann kam die NGO World Vision India in ihre Nachbarschaft und machte den Männern das Angebot, an einem Gendertraining teilzunehmen, dem sogenannten »Mencare«-Modell: Workshops, in denen Männer einen neuen Umgang mit Frauen lernen, in denen sie ihre eigenen Rollen sicher und konstruktiv hinterfragen können. Damit fing der Wandel an. Archanas Mann war einer der ersten Teilnehmer, das war 2014.

Drei Jahre später nimmt er mich gegen Mittag mit in ein weiß getünchtes Ziegelhaus auf einem sandigen Platz in der Nachbarschaft. Nach und nach kommen rund zwei Dutzend Männer, die sich barfuß auf den kratzigen Teppichboden setzen. Über ihnen steht in Hindi an die Wände geschrieben: »Wenn wir Frauen respektieren, bringt das auch unserem Land Respekt«, »Mädchen und Jungs sind gleich« und »Ein gebildetes Mädchen bringt Licht in die Familie«. Die Männergruppe und ein paar lokale NGO-Mitarbeiter*innen sind gekommen, um der deutschen Journalistin zu zeigen, wie Männer zu besseren Männern werden können. Wieso Raj Kumar seiner Frau Tee kocht – und was er sonst noch lernte.

Workshop-Leiter Raj Kumar Paras, ein Anfang-40-Jähriger mit betont aufrechter Haltung, führt die Gruppe. Alle stellen sich vor. Junge, ältere, die meisten Familienväter, fast alle verdienen ihr Geld mit der Herstellung von Schuhen. Für die erste Übung liest der Lehrer Sätze aus einem Buch vor. Die Teilnehmer sollen sie entweder dem Begriff *sex* – für das biologische Geschlecht – auf der linken Wand oder dem Begriff *Gender* – für die soziale Geschlechterrolle – auf der rechten Wand zuordnen, indem sie sich dort aufstellen. Paras liest: »Nur Frauen können Kinder gebären«, »Nur Frauen können langes Haar tragen«, »Männer sollen nicht weinen«. Die Männer laufen erst nach rechts, dann nach links, schließlich stehen einige hier und einige dort. »Was hat Weinen mit deinem biologischen Geschlecht zu tun?«, will der Lehrer von einem wissen, der bei *Sex* stehen geblieben ist, also offenbar der Meinung ist, Männer wären biologisch nicht imstande, Tränen zu produzieren.

»Ich habe in meiner Kindheit gelernt, dass Jungs nicht weinen«, sagt er.

»Von deinen Eltern?«

»Ja.«

»Aber Gott hat jedem Menschen die Fähigkeit und das Recht gegeben, zu weinen. Ist das nicht so? Kann es wirklich von deinem biologischen Geschlecht abhängig sein?«

Eine gute Einführung in Genderkonstruktionen, aber ein bisschen banal kommt sie mir schon vor. Natürlich *können* Männer weinen, denkt die westliche Frau, ertappt sich dann aber selbst bei der Frage, wie oft sie das schon mitbekommen hat. Ist es möglich, Menschen natürliche, körperliche Fähigkeiten so lange auszureden, bis sie glauben, sie existierten nicht? Dass Männern nicht nur aberzogen wurde, wie Weinen geht, sondern auch, *dass* sie es überhaupt *können?*

Für die nächste Übung teilt Lehrer Paras die Männer in vier Gruppen. Jede bekommt einen DIN-A3-großen Papierbogen. Die Schüler sollen aufschreiben, womit sie an einem normalen Tag von 24 Stunden ihre Zeit verbringen – und ihre Ergebnisse mit dem Tag ihrer Frau vergleichen. Jeder Stunde ordnen sie eine von vier Aktivitäten zu: Hausarbeit, bezahlte Arbeit, Nachbarschaftsengagement und Freizeit. Bevor sie Tabellen zeichnen, fragen sie noch einmal gewissenhaft nach: Was bedeutet Freizeit? Überlegen dann: Was macht meine Frau eigentlich den ganzen Tag? »Was fällt euch auf?«, will der Lehrer schließlich wissen, schwenkt seinen Blick über die Klasse, als sich einer meldet: »Meine Frau arbeitet mehr als ich, wird aber nicht dafür bezahlt.« Warum, denke ich, haben wir solche Workshops nicht in Deutschland? Ist ja nicht so, als wäre das ein indisches Problem. Laut Zweitem Gleichstellungsbericht der Bundesregierung, 2018 veröffentlicht, wendeten Frauen in Deutschland durchschnittlich 52,4 Prozent mehr Zeit für unbezahlte Sorgearbeit, also für Kinderbetreuung und Hausarbeit, auf als Männer. Umgerechnet sind das 87 Minuten Unterschied am Tag. *Care-Arbeit* wird das heute genannt. Die verinnerlichte, ungleiche Verantwortungsverteilung im Haushalt wird als *Gender-Care-Gap* bezeichnet und sorgt dafür, dass Frauen im Schnitt häufiger in Teilzeit arbeiten, insgesamt weniger verdienen und schließlich weniger Rente bekommen.[5] Ich bin noch nicht Mutter geworden, aber Angst vor Altersarmut habe ich schon jetzt. Weil mir bewusst ist, wie schnell auch Paare mit gleichberechtigten Vorstellungen in tradierte Rollen zurückfallen – weil das Ehegattensplitting dazu einlädt, weil Elternzeit bei Müttern erwartet, bei Vätern immer noch häufig missbilligt wird, weil wir doch zu sehr daran gewöhnt sind. Umso wichtiger ist es, dass eine Gesellschaft nicht nur die Selbstbestimmung der Frau fördert, sondern auch die Rolle des Mannes reflektiert. Das tut am Ende allen gut.

Für Raj Kumar, den Teekocher, bedeutete Männlichkeit früher: »Ich bringe das Geld nach Hause und habe das letzte Wort.« Mit Freunden sprach er nur schlecht über seine Frau: was ihn nervte, was sie wieder falsch gemacht hatte, weil Männer das so taten. In den Trainings lernen die Teilnehmer, dass Respekt nicht über Gewalt erzwungen, sondern mit Fürsorglichkeit verdient werden kann. Dass ihre Frauen Gefühle haben, die sie häufig nicht berücksichtigen. Lehrer Paras fordert dazu einen der Männer auf, beide Arme gerade vor sich auszustrecken, als wären sie eine Tür. Ein anderer läuft mehrmals ruckartig dagegen, schiebt sie zur Seite, die Tür also auf und zu. Die Übung heißt »Person oder Ding«. Einige der Männer lachen, es wirkt wie schlechte Pantomime, aber der Vergleich ist natürlich mehr als sinnbildlich: die Frau, der Gegenstand. Kann es wirklich sein, dass man einem Menschen erst beibringen muss, dass andere Menschen auch fühlen? Dann denke ich an den *Racial Empathy Gap*: Je ausgeprägter das *Andere* als fremd wahrgenommen wird, desto schwerer fällt es uns, sich in einen Menschen hineinzuversetzen, ihn *zu fühlen*. Über Jahrhunderte wurden Gesellschaften aufgrund biologischer Merkmale – in diesem Fall des Geschlechts – gespalten, statt sie über ihre Menschlichkeit zu einen. Wir haben sozusagen Geschlechterrassen konstruiert und in eine Hierarchie gezwungen. Männer wie Frauen wurden dabei im Namen des Fortbestands einer Gesellschaft zu Objekten: Die einen zu Werkzeugen zur Fortpflanzung und Versorgung, die anderen zu Ordnungshütern. Machtgefühle aber stören im menschlichen Gehirn einen Vorgang, den Wissenschaftler*innen als »Spiegelung« bezeichnen – einen Prozess, der eine wichtige Rolle bei der Empathie spielt. Menschen sind sehr soziale Wesen, wir spiegeln einander die ganze Zeit, stecken andere mit guter oder schlechter Laune an, lachen, wenn unser Gegenüber lacht, gähnen oder imitieren unbewusst Körperhaltungen. Wissenschaftliche Untersuchungen aber zeigen, dass mächtige Menschen seltener und weniger spiegelnd auf ihre Mitmenschen reagieren. Das, schreibt der Historiker Bregman in »*Im Grunde gut*«, könnte möglicherweise erklären, warum Männer bei Empathietests im Allgemeinen weniger Punkte erzielten als Frauen. Eine groß angelegte Studie der Universität Cambridge habe gezeigt, dass es dafür keine genetische Erklärung gibt. Männern scheint die fehlende Empathie anerzogen zu sein. »Wir leben in einer Gesellschaft, in der die Macht so verteilt ist, dass Frauen ständig ihr Bestes geben müssen, um Männer (die oft höhere Positionen innehaben) zu verstehen. Daher die ewigen Geschichten über die ungeheure ›weibliche Intuition‹. Von Frauen wird erwartet, dass sie sich in die männliche Perspektive versetzen, aber das Gegenteil geschieht viel seltener.«[6] Beim Mittagessen erklärt mir NGO-Mitarbeiter John Samuel, dass der Schlüssel zu mehr Empathie darin liege, erst einmal die eigenen Gefühle zuzulassen. »Viele Männer denken, dass Gefühle zu zeigen unmännlich ist.« Sich selbst spüren und dann die andere. Eine Zeit lang legte Raj Kumar seiner Frau Archana beim Kochen den Arm um die Schultern. Die Kinder erzählten dem Großvater davon. Kumar hörte auf, es war ihm unangenehm. Jede Form von Zärtlichkeit wird sexualisiert, gleichzeitig ist Sex ein Tabu, in Schulen wird so gut wie gar nicht aufgeklärt. Menschen werden also aufgrund ihres Geschlechts in Rollen gezwungen, dürfen aber nichts über Sexualität lernen – außer, dass sie zur Fortpflanzung dient. Das ist natürlich nicht nur in Indien so. Die konservative Meinung, schulische Aufklärung sexualisiere Kinder, teilen Eltern auch in als liberal oder entwickelt bezeichneten Gesellschaften wie Deutschland oder den USA bis heute. Diese Tabuisierung ist auch Folge einer (rechts-)konservativen Ordnungsvorstellung, in der die heteronormative Kernfamilie den Fortbestand einer Gesellschaft sichert und jede Abweichung ihn gefährdet. Die Befreiung aus Geschlechterrollen impliziert also auch eine Befreiung von vorgegebenen sexuellen Identitäten und letztlich die Befreiung einer ganzen Gesellschaft von der Angst vor dem eigenen Ende, die ihnen eingeredet wird. Mir kommen die Worte der Frauenrechtsaktivistin Kumari in den Sinn: *Kontrollsysteme arbeiten immer mit Angst.* Dabei wird meistens übersehen, dass nicht nur Frauen diese Angst überwinden müssen, um sich zu befreien. Die Angst der Männer ist nur anders beschaffen.

Am dritten Tag des Workshops, erzählt mir der NGO-Mitarbeiter John Samuel, fordert er die Teilnehmer auf, Gewalt zu malen. Erst solche, die sie beobachtet haben, später jene, die sie selbst ausübten. Die Männer zögerten dann oft, schielten auf die Blätter der anderen. »Niemand will sich bloßstellen.« Sich selbst betrachten bedeutet auch: dort hinschauen, wo es wehtut. Manchmal sind das die Schmerzen, die man anderen zugefügt hat. John Samuel erinnert sich an einen Teilnehmer, der geweint habe, weil er nicht wusste, welche seiner Taten er zuerst malen sollte. Das Haarziehen, die Ohrfeigen? Dass er die Tochter von der Schule genommen hatte? Dem Mann sei plötzlich klar geworden, dass er nichts davon wiedergutmachen konnte. Statt die Vergangenheit zu bereuen, sollen die Teilnehmer darüber nachdenken, wie sie die Zukunft gestalten wollen. Es gibt dazu auch eine Übung, sie heißt »Mein Vermächtnis« und stellt den Männern die Frage, wie sich ihre Kinder an sie erinnern sollen, wenn sie tot sind. Worauf sie stolz sein wollen.

An diesem Donnerstagnachmittag findet die Übung noch nicht statt, aber in der Pause kommen zwei ehemalige Teilnehmer zu mir und schlagen eine Mappe mit Dokumenten auf. Auf einer Liste stehen die Namen aller Mädchen im Viertel, die sie für das Stipendium an einer privaten Schule angemeldet haben. Den älteren, erzählen sie beinahe begeistert, gaben sie ihre Handynummern, damit sie anrufen können, wenn sie Hilfe brauchen. Jungs, die Mädchen belästigen, würden sie mit der Polizei drohen. Ihre Selbstdarstellung als Beschützer ist mir etwas zu demonstrativ, aber ich merke auch, wie stolz sie ihre Aufgabe macht. Sicher ist gut gemeinter Paternalismus nicht das Ende des Patriarchats, aber besser als Gewalt – und immerhin ein Anfang. Es zeigt auch, was wir allzu häufig vergessen, wenn es um Ungerechtigkeit geht: dass Menschen tief im Innern gut sein wollen, Anerkennung brauchen. »Ich werde für mein Engagement von den Menschen respektiert, auch von meiner Familie«, sagt Schuhmacher Raj Kumar und erinnert mich damit an eine Szene im Bollywoodfilm »Pink«. Darin geht es um einen Gerichtsprozess wegen sexueller Belästigung und Notwehr und die Frage, welche Schuld Täter oder Opfer tragen. Der Anwalt im Film sagt am Ende: »Wir sollten unsere

Männer retten, nicht unsere Frauen. Denn wenn wir die Männer retten, sind auch unsere Frauen sicher.«

Am Ende der Workshopvorführung frage ich mich natürlich, ob es so einfach sein kann, Menschen eine neue Weltsicht und Selbstwahrnehmung zu vermitteln: in drei Tagen und ein paar Rollenspielen. Die NGO zumindest wirbt mit Erfolgen: Seit 2014 hat sie mehrere hundert Männer in unterschiedlichen Städten zu Multiplikatoren ausgebildet. Durch das Programm, heißt es, sei die Zahl von Kinderehen gesunken, Männer würden weniger trinken, Familien hätten mehr Geld, mehr Mädchen gingen zur Schule. Eine Mitarbeiterin räumt ein, dass für die Teilnahme ein gewisser Leidensdruck vonnöten ist.»Die ersten Männer kommen meistens schon mit dem Bedürfnis, etwas zu verändern. Sie fragen sich, warum in ihrer Familie kein Frieden herrscht.« Dann aber überzeugen sie in der Regel auch andere – und finden, im besten Fall, Gefallen an einer neuen Idee von Männlichkeit.

Schuhmacher Raj Kumar zumindest sagt, er fühle sich heute besser. Seine Frau Archana erzählt, er trinke nur noch selten, schlage sie nicht mehr. Manchmal gehe er Wasser holen, helfe den Kindern mit den Hausaufgaben. Oder koche eben Tee. Sie selbst verlässt das Haus nur zum Einkaufen oder um die Kinder von der Schule abzuholen. Kriegt ihr Mann Besuch, zieht sie ein Stück ihres Saris über das Gesicht und wartet im Hausflur. Als Raj sie wegen der Schläge um Verzeihung bat, habe sie sich unwohl gefühlt:»Männer sollen sich nicht entschuldigen«, sagt sie leise.

Das Gefühl von Machtlosigkeit, schreibt Bregman, kann zu tiefer Verunsicherung führen. Das erkläre, warum sich Machtgefälle so schwer aufbrechen lassen, denn Menschen, die an sich zweifeln, rebellierten nicht. Ich denke an meine Großtante Vini und ihre Unsicherheit, als sie das erste Mal allein aus dem Haus ging, an ihren Mann, der sie rausschickte, um mutig zu sein. An Ishani und ihre Freundinnen. An die Männer in Archanas Nachbarschaft, die etwas ändern wollen, aber dafür den Mut brauchen, sich selbst und ihr eigenes Verhalten zu hinterfragen. Weil Wandel immer Zweifeln bedeutet, auch an sich selbst. Weil er bedeutet, herauszufinden, wer wir sind und sein wollen. Während Archana den Stoff ihres grünen Saris zwischen Zeigefinger und Daumen reibt, sagt sie noch, leise, fast unhörbar: »Er könnte trotzdem ein besserer Ehemann sein.« Wie genau, das kann sie nicht erklären. Aber der Tee ist schon mal fertig.

EIN KURZER ANRUF ZWISCHENDURCH

Bist du Hindu, Papa?

Wenn ein Hindu fragt, ja. Wenn jemand anders
fragt, sage ich: Ich habe meine eigene Religion.

Und was sagst du, wenn ich frage?

Zu dir sage ich ... Auch.

Auch? Du meinst, du bist *auch* Hindu?

Ja. Ich bin auch Christ, auch Moslem, auch Hindu.
Ich habe sehr lange über Religion nachgedacht
und gelesen und meine eigene Vorstellung davon,
was das alles bedeutet. Ich habe einen Glauben,
aber der ist individuell und nicht mit dem Glauben
anderer zu vergleichen. Er umfasst alle Glaubensrichtungen, die mir irgendwo einmal begegnet
sind. Das hat nichts mit Religion zu tun. Meine
Religion ist die Verfassung von dem Land, in dem
ich lebe, solange sie menschenwürdig ist.

8 Religion: Sind wir alle ein bisschen Hindu?

Ahmed hat Teelichter auf die Mauer am Rande der Einfahrt gestellt, die dort stumm auf ihren Auftritt warten. Wir sind alle nach draußen gegangen. Papa drückt meine Kolleginnen Fiona und Nina, meiner Mutter und mir je eine brennende Kerze in die Hand, bevor er uns einweist. »Was wir jetzt machen, ist Folgendes: Diese sechs, sieben, acht Kerzen zündet Nina an. Ahmed macht diese Reihe, und die auf der anderen Seite machen Fiona und Julia. Gaby, du kannst die Kerzen drinnen anzünden.«
»Muss das gleichzeitig sein?«, will Nina wissen.
»Nein, es gibt keine Regeln.«
Es ist Ende Oktober und Abend in Neu-Delhi. Im Herbst hängt der Smog hier besonders schwer im Licht der Straßenlaternen. Das liegt daran, dass die Bauern im Panjab zu dieser Jahreszeit ihre Felder abbrennen. Der Wind trägt die verqualmte Luft in den Westen und bis in die Hauptstadt, wo sie sich mit den Abgasen des Straßenverkehrs mischt. Und es liegt an dem wohl bedeutsamsten hinduistischen Lichterfest, *Diwali*. Ich beschreibe es gern als eine Mischung aus Weihnachten und Silvester. Wie in der Adventszeit hängen Menschen Lichterketten in die Tore ihrer Einfahrt und die Bäume vor ihren Häusern, Familien kommen zu großen Festessen zusammen, bringen einander Süßigkeiten mit. Am Abend entzünden sie Kerzen und Öllampen, die sie in Fenster und neben Türen stellen. Feuer-

werksraketen steigen in den Himmel, so zahlreich, dass ihre feine Asche mit dem Smog der Felder und dem Feiertagsverkehr dicht in der Stadtluft hängt. Als wir draußen stehen, knallt es immer wieder in der Ferne.

»Papa, kannst du uns noch einmal erklären, warum wir diese Lichter anzünden?«

»Ja, der Grund ist Lakshmi, die Göttin des Wohlstandes. Die Lichter zeigen ihr den Weg nach Hause. Wenn wir gleich zu Tante Bhawna gehen, lassen wir alle Zimmer im Haus beleuchtet. So findet sie zu uns und bleibt dann dort. Eigentlich ist heute so etwas wie der Beginn eines neuen Geschäftsjahres.«

Ich stutze ein bisschen, denn ich kenne die Geschichte anders. Über Diwali habe ich gelernt, dass Gott Ram an diesem Tag nach 14-jährigem Exil in seine Stadt Ayodhya zurückkehrte, an der Seite seiner Frau Sita, die er zuvor aus den Fängen eines Dämons befreit hatte. Weil es schon dunkel war, zündeten die Menschen am Wegrand Öllampen an, damit das Paar nach Hause fand. So jedenfalls erzählt es der *Ramayana*, ein großes Nationalepos, dessen an Diwali gedacht wird. Gott Ram hat sowieso eine sehr prominente Bedeutung im Norden Indiens, an seiner Geburtsstätte im Bundesstaat Uttar Pradesh soll unter anderem ein Hindu-Tempel für ihn gebaut werden. Zu Papa will ich sagen: »Aber was du sagst, das stimmt doch nicht ganz. Es geht an Diwali doch um die Heimkehr Rams, um den Sieg des Guten über das Böse, Licht über Dunkelheit, warum erzählst du uns nicht die ganze Geschichte?« Wie so häufig habe ich den Eindruck, Papa filtert seine Informationen, will nichts weitergeben, das er nicht für sinnvoll befunden hat, und das sind ganz sicher auch Mythen, Ideologien oder religiöse Ordnungstheorien. Papa ist Pragmatiker. Die Einladung an Göttin Lakshmi ist zwar auch Aberglaube, aber wenigstens von praktischer Relevanz: Wohlstand, wer will den nicht?

Wer mich zum ersten Mal fragte, ob mein Vater Hindu sei, weiß ich nicht mehr. Meine Freund*innen hat das glaube ich nie interessiert, es muss eine fremde Person gewesen sein. Ich erinnere mich aber an das Gefühl latenten Erschrockenseins, denn ich hatte, um ehrlich zu sein, keine Ahnung. Ich war nicht einmal auf die Idee gekommen, darüber nachzudenken, geschweige denn, ihn zu fragen. Ich wurde katholisch getauft, sagt Papa, weil wir in Deutschland leben, die Familie meiner Mutter katholisch ist und mein Bruder und ich das Gefühl erfahren sollten, Teil einer Gemeinde zu sein. Aber Religion war für mich lange Zeit nicht mehr als eine Art Spiel vor barocker Kulisse, deren Regeln irgendwer irgendwann festgelegt hat. Bis zur Firmung trug mich die Drei-Einfältigkeit meines Glaubens nicht. Aber zu Weihnachten stellen wir einen Weihnachtsbaum auf, und egal, was im Leben gerade passiert, in welcher Ecke der Welt wir uns befinden – an Heiligabend kommen wir zusammen. Vor dem Essen sprechen wir manchmal ein Tischgebet, das Vaterunser zum Beispiel, erst auf Deutsch, um zu prüfen, wer es noch auswendig kann, dann kramt Papa die englische Version aus seinen Gedanken, den genauen Wortlaut googeln wir nochmal, es ist mehr ein Wer-weiß-das-noch als Wer-glaubt-daran.

Das erste Mal bewusst von Diwali gehört habe ich an einem Herbstnachmittag, während meines ersten Studiensemesters. Meine Eltern riefen auf meinem Handy an. *Happy Diwali!* Ich solle mir etwas zum Anziehen kaufen und am Abend mit meinem Freund essen gehen. Geld würden sie überweisen. Die spontane Festlichkeit fühlte sich schön an, beinahe zärtlich, als würde Papa etwas mit uns teilen, was lange nur ihm gehört hatte. Ich wollte sein Geschenk annehmen, alles richtig machen, aber weil ich nicht wusste, wie das geht, überkam mich latenter Trotz. Woher konnte ich wissen, was Menschen an Diwali feierten, was sie aßen, welche Musik sie hörten oder Gebete sie sprachen? Papa wollte, dass ich an einem Spiel teil-

nahm, aber als falsche Inderin kannte ich die Regeln nicht.
Also las ich darüber im Internet, lernte die Geschichte von
Ram und Sita, musste sie aber in den folgenden Jahren immer
wieder nachlesen, weil ich sie schnell vergaß.

Unsere Familie in Indien, hat Papa immer wieder gesagt, ist
nicht religiös. Mich erleichterte das einerseits, denn wären sie
es gewesen, hätte ich mich ihnen wahrscheinlich fremder gefühlt, als ich es als Kind ohnehin häufig tat. Andererseits wollte
ich ihm nicht ganz glauben, weil, Religion und Indien, das gehörte doch zusammen. Wie indisch ist Papa, ist unsere Familie,
wie indisch bin ich, wenn wir nicht mal hier mitmachten?
Manchmal dachte ich auch, Papa enthielte uns einfach etwas
vor, so wie seine Sprache. Weil ihm persönlich Religion unwichtig war, weil er sich des Indischseins ohnehin entledigt hatte wie
eines Paars alter Schuhe – wieso sollte er die an seine Kinder
weitergeben? Oder er wollte sein Umfeld nicht mit fremden
Ritualen verwirren, weil, wie gesagt, wir sind eine ganz normale deutsche Familie. Ich spürte also beinahe Triumph, als
ich ihm an einem Sommernachmittag in seinem Arbeitszimmer gegenübersaß und einen roten Ordner durchblätterte, in
dem er alle Papiere abgeheftet hat, die er für die Einbürgerung
gebraucht hatte, auch die Heiratsurkunde meiner Eltern. Sie
haben in Neu-Delhi geheiratet, meine Mutter in einem pinken
Seiden-Salwar Kamiz, mit rotem Bindhi auf der Stirn, mein
Vater im weißen Kurta Pyjama. Es war Mamas erste Reise
nach Indien. Auf der Urkunde standen ihre Namen und die
ihrer Eltern, darüber in großen Lettern: *Arya Samaj (Vedic
Church)*. Mir klopfte das Herz schneller, als wäre ich auf
ein Geheimnis gestoßen. Aber Papa blieb ganz ruhig. »Arya
Samaj ist eine Reformbewegung im Hinduismus – wie im
Christentum der Protestantismus«, erklärte er geduldig, und
plötzlich war mir, als wusste ich das bereits. Sicher hatte er
mir das schon früher erklärt, aber ich hatte die Information

nicht einordnen können, und sie war verloren gegangen. Erst jetzt, als ich selbst Fragen hatte, konnte ich auch die Antworten hören. *Arya Samaj*, erfuhr ich, ist eine monotheistische Religion ohne Tempel und Götterbilder, der ein Großteil meiner Familie angehört. Die einzige Form des Gebets ist das *Havan*, eine Feuerzeremonie, die an Hochzeiten, manchmal auch an Geburtstagen oder Diwali gehalten wird.[1] Dass Papa keine indischen Gebete sprach, hatte also auch damit zu tun, dass er keine gelernt hatte. Der Glaube der Arya Samaj basiert auf den *Veden*, die als Urschriften hinduistischer Lehren gelten: Vier Sammlungen aus Versen, Hymnen oder Mantras, die Hunderten von Geistlichen über mehr als tausend Jahre ›offenbart‹ wurden. *Veda* bedeutet »Wissen«. Beim Wort *Arya* aber horcht die Bürgerin der Bundesrepublik Deutschland in mir auf. Das kann ja nichts Gutes bedeuten, eine Gemeinschaft, die sich selbst als arisch bezeichnet! Aber dieser Begriff hat eine Geschichte, die weiter zurückreicht als der Zweite Weltkrieg. Mit *Arya* bezeichneten europäische Gelehrte zunächst eine Gruppe von Völkern in Indien, Persien (heute Iran) und Europa, deren Sprachen sich ähnelten. Dazu gehörten die meisten europäischen Sprachen sowie die altindische Sprache Sanskrit und Persisch (Farsi). Im Altpersichen bedeutet Iran »Das Land der Arier«. Ende des 19. und Anfang des 20. Jahrhunderts entstand daraus – erneut von westlichen Wissenschaftlern konstruiert – die Idee eines Herrschervolkes, einer »Rasse«, die anderen »Rassen« kulturell und biologisch überlegen sei. Das deutsche NS-Regime übernahm dieses Konstrukt später als Reinheitskategorie für ihre rassistische Ideologie[2], zudem die umgedrehte *Swastika* – eigentlich ein Tausende Jahre altes religiöses Glückssymbol – als Parteisymbol und nannte es Hakenkreuz. In Indien vermischte sich die NS-Ideologie später mit dem Konstrukt des Kastenwesens, und es gibt bis heute, vor allem im Norden Indiens, wo sich die Nachfahren dieser

Sprachgruppe einst niederließen, Menschen, die diesen Über-legenheitsfantasien nachhängen. Das selektive Wissen um die NS-Zeit hat auch dazu geführt, dass das Dritte Reich und Hitler mit Durchsetzungskraft und Disziplin in Verbindung gebracht und glorifiziert werden.»Mein Kampf« gibt es im Buchladen um die Ecke.[3]

Bevor das alles passierte aber, bedeutete das Wort *Arya* im Sanskrit so viel wie »ehrenwert«; *Samaj* ist eine »Gemein-schaft«. Arya Samaj also: die ehrenwerte Gemeinschaft. Diese Gemeinschaft wollte Kastenhierarchien abschaffen; Nicht-Hindus konnten hier zum Hinduismus konvertieren. Das ist, was ich lese. Was mir Freund*innen und Familie erzählen, ist: Im Alltag spiele die Gemeinschaft keine Rolle (mehr), außer dann, wenn im Schutz ihrer heiligen Autorität Hochzeiten ge-schlossen werden. Ein weiteres Merkmal der Arya Samaj: Bil-dung genieße einen hohen Stellenwert. Ist meine Familie also so unreligiös, wie Papa sagt? Ich denke an Cousin Sharad, der mir vor kurzem auf eine WhatsApp-Nachricht mit den Worten antwortete: *Ich meditiere gerade.* Mich brachte das zum Lachen, und es passte zu dem Eindruck, den ich in meinem in-dischen Umfeld generell von religiöser Zuwendung gewonnen hatte: macht man manchmal so, macht auch Spaß, muss man aber alles nicht so ernst nehmen. Sharad jedenfalls gehört seit einigen Jahren einer buddhistischen Lerngruppe an. Buddhismus findet er ziemlich praktisch für den Alltag.»Warum?«, fragte ich.»Ich muss nirgends hingehen, keinen Tempel oder Ashram aufsuchen.« Das klang mir nach Bequemlichkeit, nicht nach tie-fer Überzeugung. Andererseits: Verlieh die Ortsunabhängigkeit einer Religion nicht auch eine gewisse Universalität, die sich durchaus als guter Grund eignete, sich ihr anzuschließen? In Sharads Lerngruppe lesen, meditieren, reflektieren sie gemein-sam, singen Mantren.»Ich mag es, dass wir auch für andere sin-gen«, sagte er mir im Gespräch, und ich hörte ein Achselzucken in seiner Stimme, eine Art Beiläufigkeit, die ich einfach nicht mit religiöser Hingabe in Verbindung bringen konnte.

Oder Großcousine Neha: Sie ist die Älteste in der Generation nach meinen Eltern, also meiner, eine Rechtsanwältin mit galoppierender Redegeschwindigkeit, die religiöse Rituale lange komplett ablehnte. Mit 27 Jahren fand sie über einen Familienfreund zu den Büchern von Sadhguru. Sadhguru hat eine Tochter, ist Unternehmer, führte mal eine Geflügelfarm, studierte englische Literatur, schrieb mehrere Bücher. Irgendwann fand er zur Erleuchtung, beziehungsweise zum *Yoga*. Heute ist er, wie sein Name schon sagt, ein Gelehrter, ein Lehrender, ein *Guru*. Seit 2012 fährt Neha jedes Jahr für ein paar Tage in sein Ashram nach Coimbatore. Dort, in der Stille der Meditationshallen und in Verbindung mit den körperlichen Übungen, fand Neha plötzlich einen Zugang zu bestimmten Ritualen. Seitdem zündet sie jeden Morgen eine Kerze an und sitzt einige Minuten ruhig davor. Unter der Dusche singt sie ein Mantra, dessen Vibration ihren Körper in eine Art friedliche Schwingung bringt. »Aber ich bete nie«, das zu betonen war ihr wichtig. »Ich habe keine Bitten, und ich glaube nicht daran, dass da irgendjemand ist, der mir etwas geben wird. Aber ich trage eine Menge Dankbarkeit in mir.« An wen sich die richtet, wollte ich von ihr wissen. »Sie ist an niemanden gerichtet. Es ist mehr eine Haltung.«

Wenn es jemanden in meiner Familie gibt, die ich als halbwegs religiös wahrnehme, dann am ehesten Tante Papu. In ihrem Schlafzimmer steht ein kleiner Schrein mit Bildern und Figuren verschiedener Gottheiten: Ganesh, Saraswati, Lakshmi, Krishna, Hanuman. In den vergangenen 30 Jahren hat sie mit ihrer Familie drei Schulen aufgebaut, sie feiern dort auch die Geburt Krishnas, Ganeshs Geburtstag, Diwali. An Weihnachten stellt die Schule einen Weihnachtsbaum auf, gemeinsam singen sie Weihnachtslieder. »Wir übernehmen den Spaßfaktor von Religion«, sagt Papu. Die Musik, die Tänze, *die Geschichten*. Es gehört zur Kultur des Landes, einander diese Geschichten immer wieder neu zu erzählen. In TV-Serien, Comics, in Theaterstücken und Tänzen. *Ramayana* zum Beispiel, der Gang Rams, und *Mahabharata*,[4] die zwei großen Epen des Hinduismus, haben Kultstatus. In den 80er Jahren flimmerten sie zum ersten Mal über den Fernseher. Allein für *Ramayana* schalteten jeden Sonntagmorgen bis zu 100 Millionen Menschen ein – damals ein Achtel der Bevölkerung. Oder die Geschichten der vielen Gottheiten, eigentlich Avatare der drei Urgötter Shiva, Vishnu und Shakti. Einer der beliebtesten Avatare ist *Ganesh*, den viele auch unter den Namen *Ganapati* (Gebieter der Scharen) oder *Vinayaka* (Zerstörer von Hindernissen) kennen. Eine geläufige Geschichte erzählt, dass seine Mutter Parvati ein Bad nehmen wollte und Ganesh bat, die Tür zu bewachen. Vorbei kam Shiva, Ganeshs Vater und Parvatis Ehemann, aber wie von Mutter befohlen, ließ Sohn Ganesh seinen Vater nicht ins Bad. Über die Widerrede außer sich, schlug Shiva dem Kleinen den Kopf ab. Parvati war über diesen Ausbruch verständlicherweise erbost und befahl ihrem Mann, den Kopf zu ersetzen. Shiva kam ihrem Wunsch nach, indem er das erste Geschöpf zur Hilfe nahm, das vorbeikam: einen Elefanten. Es gibt, neben dieser einen, unzählige Versionen darüber, wie Ganesh die Hälfte seines Stoßzahnes verlor oder weshalb stets eine Ratte zu seinen Füßen sitzt. Viel wichtiger aber ist, wofür der Gott mit den großen Ohren steht: Wann immer ein Paar heiratet, ein neues Haus bezogen, einen Job angetreten oder ein Projekt in Angriff genommen, kurz: eine Form von Neuanfang in Angriff genommen wird, ersuchen Millionen von Menschen um seinen Segen. Ganesh räumt Hürden beiseite und ebnet den Weg zum erhofften Glück. Ist das nicht toll? Ein Talisman nur für Neuanfänge, also im Grunde für jeden Tag, eine Erinnerung an Hoffnung und Vorfreude. Dieses Gefühl ist es, das ich weitergeben will, wenn ich lange Türketten mit Stoffelefanten verschenke oder kleine Goldfiguren eines mit überkreuzten Beinen sitzenden Elefanten.

Bin ich deswegen religiös? Ist Tante Papu deswegen Hindu? »Lass uns nicht von Hinduismus sprechen«, sagt sie, »sondern lieber von den spirituellen Aspekten Indiens.« »Spiritualität wird im Westen gern belächelt«, antworte ich, und Papu entgegnet in dieser nachdenklichen Sanftheit, die so typisch für sie ist: »Es wird missverstanden von jenen, die sich nie mit Spiritualität auseinandergesetzt haben. Sie kennen nur Religion.« Religion: Regeln, Ordnung, Gesetze wie starre Formeln, die die eigene Erlösung von einem Außen abhängig machen, statt inneren Frieden zu suchen. Genau da aber müsste die Reise hingehen: nach innen. Die Gottheiten in ihrem Schlafzimmer, erklärt Tante Papu mir, stehen für Glück, Wohlstand, für Wissen und Neuanfänge. Für Liebe. Alles Ebenen von Hoffnung, die sich aus einem selbst heraus bilden. Jeden Morgen entzündet ihr Mann eine Kerze, Licht, das er diesen Hoffnungen, den Göttern darbietet. Er spricht oder singt ein Mantra, bevor er ein paar Mandeln oder eine andere Kleinigkeit segnen lässt, sie an alle Anwesenden verteilt und sich den Rest in den Mund wirft. Manchmal macht Papu mit oder springt für ihn ein. Es ist zur Tradition des Hauses geworden, eine Art Übung im positiven Denken. Kein Bitten, kein Beten, mehr eine Haltung. »Am Ende geht es darum, zu verstehen, wer wir sind«, sagt Papu noch, und:

»The soul wants to come home.« Die Seele will nach Hause finden.

Jeder Mensch muss dafür seinen eigenen Weg finden. Manchen hilft vielleicht die Andacht christlicher Gottesdienste und die Besinnung auf Nächstenliebe, um sich selbst und anderen nahezukommen. Andere schöpfen möglich aus der körperlichen Hingabe muslimischer Fastenmonate, die einen erst auf sich selbst zurückwerfen, bis man schließlich, beim Fastenbrechen, auch mit anderen in Verbindung tritt. Oder: Elefantengottheiten, Meditationsgruppen, der dynamische Yoga-Flow. Westliche Philosophien oder Psychotherapie sind doch auch nichts anderes als die Erkundung der Seele. Papu ist also spirituell, aber das wird ja gern dem Hinduismus und Indien im Allgemeinen zugeschrieben. Was wiederum bedeuten würde, nicht nur sie, auch Sharad und Neha sind religiös. Bin ich am Ende vielleicht auch mehr Hindu, als ich dachte?

Das Wort *Hindu*, habe ich gelesen, bedeutete lange nicht mehr als: das Volk jenseits des Flusses Sindhu oder Indus.[5] Mit *Hinduismus* fassten Fremde also zusammen, was von außen einheitlich schien, nach innen aber so divers war, dass ein Wort es kaum fassen konnte. Eine Form des *Othering* also, wieder einmal, um das zu verstehen, was einem fremd erschien, und es in Kategorien zu pressen, zu verallgemeinern. Indologinnen, Religionswissenschaftler und Anthropologinnen verstehen unter Hinduismus heute eine komplexe Sammlung religiöser Strömungen und Traditionen, die Gesamtheit spiritueller Entwicklungen, Rituale und Kulturen auf dem indischen Subkontinent. Hier fand Buddha zur Erleuchtung, hier entstand die Gemeinschaft der Jains, der Sikhs, der Shivaisten oder Shaktiisten. Hier blühte der Sufismus, eine Form des mystischen Islams. Agnostische und atheistische Philosophien gehören ebenso zur hinduistischen Tradition wie die als vier Hauptströmungen geltenden Lehren des Brahma, Vishnuismus, Shivaismus oder Shaktismus. Menschen der jüdischen Gemeinschaft fanden jenseits des Indus schon vor Jahrtausenden eine Heimat, ebenso wie jene, die sich zum Christentum, Islam oder einer der vielen anderen Glaubensrichtungen zählten, die sich kontinuierlich in ihren Traditionen gegenseitig beeinflussten. Die Essenz des Hinduismus scheint gerade darin zu bestehen, alle Glaubensrichtungen als legitim zu akzeptieren oder auch zu absorbieren. »Jesus war auch nur einer von vielen Göttern«, hat ein Cousin einmal gesagt, und Buddha ist die neunte Inkarnation Vishnus. Der hinduistische Mönch und vielfach bewunderte Swami Vivekananda, der Ende des 19. Jahrhunderts die Weltgemeinschaft mit einer Rede vor dem Parlament der Weltregionen verblüffte, erklärte es so: »Einheit in der Vielfalt ist der Plan der Natur, den der Hindu erkannt hat. Jede andere Religion legt bestimmte unverrückbare Dogmen fest und versucht die Gesellschaft zu zwingen, diese zu übernehmen. (…) Die Hindus haben entdeckt, dass das Absolute nur durch Relative erkannt, gedacht oder formuliert werden kann.«[6] In der *Rigveda,* dem ältesten Teil der vier *Veden,* steht der Satz: *Ekam sat vipra bahudha vadanti.* Die Wahrheit ist eins, aber Heilige geben ihr unterschiedliche Namen. Oder, wie Papu sagt: Die Seele will nach Hause finden.

Diesem Prinzip spiritueller Pluralität haben auch die Gründerväter des unabhängigen Indiens Rechnung zu tragen versucht. So basiert die größte Demokratie der Welt auf einer Idee von Säkularismus, in dem der Staat den Erhalt der religiösen Vielfalt neutral, aber aktiv zu fördern versucht. Religiöse Ausbildungs- und Kulturinstitutionen erhalten finanzielle Zuwendungen. Muslime, Christen oder Parsen können nach ihren eigenen Gesetzen heiraten, ihre Angehörigen beerdigen, Besitz vererben oder sich scheiden lassen.[7] Das muslimische Eid ist ein nationaler Feiertag, genau wie Jesu Geburt, der indische Unabhängigkeitstag oder der Geburtstag des Sikh Guru Nanak. Kurz: In Indien finden alle Götter und Gött*innen Platz, und jeder kann sich eine*n – oder mehrere – aussuchen.

Mata Vaishno Devi zum Beispiel. Der Legende nach wurde sie von den drei weiblichen Gottheiten Kali, Lakshmi und Saraswati geschaffen, um das Böse auf der Welt in Schach zu halten. Sie meditierte in einer Höhle, in der sie die Form dreier Felsen annahm, für jede ihrer Gottesenergien einer. Die Höhle liegt im Berg Trikuta im nördlichen Unionsterritorium Jammu und Kashmir. Millionen von Menschen pilgern jedes Jahr die rund 14 Kilometer lange Serpentine hinauf. Der Weg ist sehr steil, weshalb der Fußmarsch alles zwischen drei und acht Stunden dauern kann. Ich bin einmal mit Tante Papu und ihrer Familie dort gewesen. Wegen des Andrangs dauerte die heilige Begegnung nur ein paar Sekunden, dann drückte mich die Menschenschlange aus der Höhle hinaus. Ich wünschte mir zwar etwas, hatte aber nicht mal Zeit, den Satz in meinem Kopf zu Ende zu sprechen. Für die Frau meines Cousins war es schon der zweite Besuch bei *Mata Ji*, der ehrenvollen Mutter. Beim ersten Mal hatte sie sich ein gesundes Kind gewünscht. Nun wollte sie ihr danken, ihre Tochter war gerade zwei Jahre alt. Nachdem wir durch die Höhle gedrückt worden waren, standen wir gemeinsam an einer Reling, von der wir in das Tal blicken und den Pilgern zuschauen konnten, ein endloser, sich gleichzeitig nach oben und unten schiebender Wurm. Der Wind blies uns ins Gesicht, und ich versuchte mir vorzustellen, wie sich das anfühlt: so fest an etwas glauben, dass man für ein paar Sekunden in einer tropfenden Höhle zwölf Stunden Fußmarsch auf sich nimmt. Vielleicht war es nicht mehr als ein Tauschgeschäft: Ich will etwas, also muss ich auch etwas dafür tun. Vielleicht machte der Ausflug den Leuten auch einfach Spaß. In den Sommerferien waren meine Eltern mit mir und meinem Bruder häufig in den Alpen wandern gegangen. Zur Belohnung gab es auf der Hütte ein Eis. Die einen wandern mit der Familie zu einer Alm, die anderen zu einer Höhle mit drei heiligen Felsen. Unterwegs scherzt man miteinander, trinkt klebrigen Saft aus Trinkpäckchen und stöhnt über die schmerzenden Waden. Ein Gefühl von Gemeinschaft, eine Herausforderung, und am Ende wartet ein Becher Eis oder eben der Segen einer indischen Gottheit.

Es gehört zu den Tragödien der Menschheit, dass ausgerechnet das Gefühl von Gemeinschaft und Hoffnung tödlich sein kann. Am Morgen des 27. Februar 2002 hält ein Zug gefüllt mit hinduistischen Pilgern in Godhra, einer Kleinstadt im westindischen Gujarat. Godhra ist einer der wenigen Orte im Land, in dem beinahe so viele Moslems leben wie Hindus, und war in der Vergangenheit immer wieder Schauplatz religiöser Auseinandersetzungen. In der Woche des 27. Februar waren täglich Züge voller Hindu-Pilger in den Bahnhof eingefahren, genau wie an jenem Morgen. Die Passagiere des Sabarmarti Express kamen aus Ayodhya – jenem Ort, in den Gott Ram und seine Frau Sita nach 14-jährigem Exil zurückkehrten und damit die mythologische Grundlage für das Hindu-Fest Diwali schufen. Ayodhya liegt im zentralindischen Uttar Pradesh. Einst soll hier ein Hindutempel gestanden haben, wo Gott Ram geboren wurde. Der Begründer des Mogulreichs, Babur Schah, errichtete an derselben Stelle im 16. Jahrhundert die Babri-Moschee. Rechtsgerichtete Hindus fordern seit den Achtzigern, die Moschee abzureißen und wieder einen Hindutempel zu bauen. Von politischen Organisationen und hindunationalistischen Politikern aufgehetzt, stürmten und zertrümmerten Zehntausende Hindus am 6. Dezember 1992 die Moschee. Im ganzen Land brachen daraufhin Kämpfe zwischen Muslimen und Hindus aus, bei denen mehr als 2000 Menschen – vor allem Muslime – ums Leben kamen. Die Ruinen dieser zerstörten Moschee in Ayodhya wurden zu einem Pilgerort für Hindus. Aus ebenjenem Ort kamen Ende Februar 2002 die Pilger*innen, deren Zug in Godhra einrollte.

Zeugen sagten später aus, ein Streit zwischen einem der Pilger und einem muslimischen *Chai-* und *Pakora*-Verkäufer hätte die Gewalt losgetreten. In Bahnhöfen reichen Händler ihre Waren meistens von außen durch die Fenster, um sich nicht durch die überfüllten Abteile drücken zu müssen. Einer der Zuggäste soll einen der muslimischen Teeverkäufer gedrängt haben, die

Worte »Es siege Ram« zu sprechen, sonst würde er seinen *Chai* nicht bezahlen. Keine 20 Minuten später hatte sich eine wütende Traube aus muslimischen Händler*innen und Anwohner*innen gebildet, Schätzungen sprechen von 500 bis 2000 Menschen, die mit Steinen und Worten warfen. Dann ging ein ganzer Zugwagon in Flammen auf. Wie das Feuer ausbrach, ist bis heute unklar. 59 Menschen starben. Ihr Tod setzte eine Kaskade von Gewalt im Bundesstaat Gujarat in Gang, bei der in den folgenden Wochen mehr als 1000 Menschen, vor allem Moslems, starben. 150 000 Menschen flohen. Wohnungen, Geschäfte und islamische Gebetsstätten wurden zerstört. Die »Pogrome von Gujarat« zogen eine zähe Aufarbeitung nach sich. Der im Bundesstaat amtierenden BJP unter Ministerpräsident Narendra Modi wurde vorgeworfen, nichts gegen den wütenden Mob getan zu haben. Parteimitglieder nutzten die religiöse Spaltung stattdessen aktiv für ihren Wahlkampf aus, indem sie den pakistanischen Geheimdienst ISI für die Unruhen verantwortlich machten und das Feindbild Islam weiter aufbauschten. In Gujarat wurde die BJP noch im selben Jahr wiedergewählt. Die USA und Großbritannien allerdings verhängten ein Einreiseverbot für Modi, das sie erst wieder aufhoben, als er mehr als zehn Jahre später Premierminister von Indien wurde.

/

Als ich das erste Mal von dem Konflikt zwischen Hindus und Moslems hörte, war ich ehrlicherweise überrascht. Konnte hier nicht jeder Mensch glauben, was er wollte? Und dann ausgerechnet dieser Hass auf Moslems, die zur Geschichte des Landes gehören wie Buddha unter seinen Baum. Es ist unmöglich, Indien ohne den Islam zu erzählen. Schätzungsweise 201 Millionen Menschen im Land gelten als Muslime. Das sind 14,3 Prozent der Bevölkerung, eine der größten Minderheiten Indiens und die die drittgrößte muslimische Bevölkerung der Welt. Zum Vergleich: 80 Prozent zählen offiziell als Hindus, an dritter Stelle kommen Christen mit zwei bis drei Prozent. Das bekannteste Wahrzeichen des Landes ist nicht etwa ein Hindu-Tempel, sondern eine muslimische Grabstätte: Das *Taj Mahal* war die Liebeserklärung des Großmoguls Shah Jahan an seine 1631 verstorbene Frau Mumtaz. Noch heute fahren frisch vermählte Paare, egal welcher Religion, zum Zeichen ihrer Liebe nach Agra. Das palastähnliche Monument aus weißem Marmor wurde zu einer Zeit erbaut, die auf dem indischen Subkontinent als der Höhepunkt der islamischen Kultur gilt und vom 16. bis ins 19. Jahrhundert reichte. Die ersten Moscheen standen lange davor. Auf dem indischen Subkontinent lebte damals eine Vielzahl unterschiedlicher Völker, eine Mischung aus Ureinwohnern, Bauern aus Persien oder Südasien und Hirtenvölkern aus Zentralasien. Vor allem im Norden entwickelten sich über Jahrhunderte hinweg Indo-Islamische Hybridkulturen mit eigenen Sprachen, Mischungen aus einer vom Sanksrit abgeleiteten Umgangssprache mit türkischen, persischen und arabischen Wörtern, zu denen auch *Urdu* und *Hindi* gehören. Region und Klima, Essen, Sprache oder ökonomische Realität hatten lange einen weitaus größeren Einfluss auf den Alltag der Menschen als der Name des Gottes, zu dem sie beteten.

Die zunehmende Rivalität zwischen Muslimen und Hindus wird einerseits auf die Kolonialzeit zurückgeführt. Wie die Kastenordnung sei auch Religion politisiert worden, um besser herrschen zu können. *Divide et impera*. Andererseits sollen die Spannungen lange vorher existiert haben, immerhin hatten die muslimischen Moghulherren weite Teile der hinduistischen oder nicht-muslimischen Bevölkerung unterworfen. Zum politischen Bruch zwischen den Religionsgemeinschaften kam es, als die Briten Indien verließen. Den Unabhängigkeitskampf führten drei Männer an: Mohandas Karamchand oder *Mahatma* Gandhi, sein Zögling Jawarhalal Nehru sowie der muslimische Rechtsanwalt Muhammad Ali Jinnah. Sie alle waren Mitglieder der Kongresspartei, der ersten modernen Nationalpartei Indiens. Hindus, Moslems, Menschen anderer Glaubensgemeinschaften, oder auch: Inderinnen und Inder, verbündeten sich darin im Kampf gegen die britische Fremdherrschaft. In ihrer Vorstellung davon, wie das Zusammenleben nach der Unabhängigkeit gestaltet werden sollte, aber unterschieden sie sich. Um die Zeit der Unabhängigkeit herum gründeten sich politische Bewegungen, die Indien als Land der Hindus betrachteten. Nehru und Gandhi wollten eine säkulare Ordnung unter der Direktive der Kongresspartei, aber auch in ihren Reihen herrschte eine, nicht immer ausgesprochene, Überzeugung, Hinduismus und Indischsein, das gehöre zusammen. Jinnah fürchtete, dadurch zwangsläufig einer politischen Hindu-Dominanz zum Opfer zu fallen, unter der die muslimische Minderheit im befreiten Indien weiterhin zu den Beherrschten gehört hätte[8]. Immerhin kamen auf einen Moslem im Land vier Hindus. Der Rechtsanwalt wechselte zur Partei der Muslimischen Liga, sprach sich erst für muslimische Territorien innerhalb des unabhängigen Indiens aus, dann für die *Zwei-Nationen-Theorie*, nach der sowohl Hindus als auch Moslems ihren eigenen Staat bekommen sollten. Bereits zu dieser Zeit brachen immer wieder Konflikte zwischen beiden Religionsgruppen aus. Dann ging der Zweite Weltkrieg zu Ende. Großbritanniens Wirtschaft zerbrach, das Empire hatte kein Geld mehr, um seine Kolonien zu halten, und gab den Unabhängigkeitsbestrebungen in Indien nach. London wollte die Kolonie möglichst schnell verlassen, beratschlagte sich dazu mit den Freiheitskämpfern und ließ sich schließlich von Jinnah überzeugen. Ganze 40 Tage hatte der britische Richter Cyril Radcliffe Zeit, um eine neue Karte Südasiens anzulegen und eines der größten Territorien der Welt in eine vermeintlich sinnvolle territoriale Ordnung zu pressen. Das Ergebnis war eine hastig gezeichnete Linie, die das Land in drei Teile spaltete: West-Pakistan, Indien und Ost-Pakistan, das heutige Bangladesch. Am 14. August 1947 wurde der Staat Pakistan ausgerufen, am 15. August 1947 die indische Republik. Am Abend des 14. August hielt Nehru eine Rede in Raisina Hill, dem heutigen Parlamentssitz. Dort sprach er die berühmten Worte der Hoffnung und des Aufbruchs, die bis heute Motiv vieler Bücher und gesellschaftspolitischer Analysen sind: »Um Mitternacht, wenn die Welt schläft, wird Indien zu Leben und Freiheit erwachen.«

Statt zu Freiheit und Leben aber erwachten Millionen von Menschen im falschen Land – Hindus in Pakistan, einer islamischen Nation. Moslems in Indien, das zwar keine Nation von Hindus sein sollte, in dem aber trotzdem einige der Meinung waren, wenn Moslems schon ihren eigenen Staat bekamen, sollten sie auch dorthin. Angestachelt von Fundamentalisten in beiden Lagern, wurden Nachbarinnen, Schulfreunde, Bekannte über Nacht zum *Anderen,* zur Bedrohung der eigenen Gemeinschaft, in der die Menschen gleichsam Schutz suchten. Indien ist da kein Einzelschicksal, auf die gleiche Weise haben Grenzziehungen auf der ganzen Welt Gemeinschaften gebrochen, Gräben geschaffen, wo vorher etwas wie kultureller Frieden herrschte, häufig um Flächen in Kolonialgebiete aufzuteilen. Die indisch-pakistanische Zweistaatenlösung löste nicht nur die größte Massenwanderung in der Geschichte aus, sie wurde auch begleitet von einem Massaker, das Zeitzeug*innen und Historiker*innen bis heute zu erklären versuchen. Im Panjab, durch das die neue Grenze im Norden verlief, lagen Leichen auf den Straßen, aus einfahrenden Zügen tropfte das Blut. In einer Dokumentation des Fernsehsenders Al Jazeera habe ich einen alten Mann von dieser Zeit sprechen hören. Der

86-jährige Überlebende erzählte von einer jungen Witwe, Angehörige der Sikh-Gemeinschaft, die sich selbst anzündete, um Männern zu entgehen, die sie verfolgten. Sein Bart ist weiß, die Unabhängigkeit mehr als 70 Jahre her. Während er spricht, kommen ihm die Tränen.»Ich habe viel geweint. Wenn ich jetzt daran zurückdenke, fühlt es sich an, als wäre uns allen etwas Schlimmes passiert. Es ist, als wäre die Menschlichkeit gestorben. Jeder wurde zum Teufel.« Hunderttausende kamen infolge der Teilung ums Leben. Ein Trauma, das sich bis in die Gegenwart beider Länder zieht. Die»Partition« ist in Indien im Geschichtsunterricht so bedeutsam wie in Deutschland der Holocaust. Pakistan und Indien sind Erzfeinde geworden, in Kashmir stehen sich die Armeen beider Länder direkt gegenüber. Der nordindische Staat wurde einst von einem Hindu-Maharaja regiert, der sich trotz mehrheitlich muslimischer Bevölkerung entschied, Teil Indiens zu bleiben. Bis heute ist die Region zwischen Indien, Pakistan und China geteilt. Befeuert von der atomaren Aufrüstung und religiösem Extremismus vor allem in Pakistan, hat Kashmir bisher vier Kriege erlebt. Der Historiker William Dalrymple, der für die Al-Jazeera-Dokumentation interviewt wurde, nennt es die»offene Wunde zwischen Indien und Pakistan. Der Knochen, den keiner der beiden Hunde loslassen will«.

/

Ich kenne Kashmir kaum, aber während unseres Austauschs lerne ich Basit kennen, einen Kollegen und echten Kashmiri, der seit ein paar Jahren in Neu-Delhi lebte. Basit ist jünger als ich, ein Kumpeltyp mit vollem Bart, der männlichen Interviewpartnern im Gespräch die Hand auf die Schulter legt und mich und meine Kolleg*innen ausnahmslos mit *Bro* anspricht. Basit ist außerdem Moslem und Kashmiri. An einem Ort wie

Kashmir, eingeklemmt zwischen der real gewordenen Zwei-Nationen-Theorie, könnten diese beiden Identitäten in politischer Hinsicht nicht aufgeladener sein. Seit jeher wurde er nicht nur darüber definiert, er verstand sich auch selbst vor allem als Moslem und Kashmiri. Als er zum Studieren nach Neu-Delhi kam, rückte beides in den Hintergrund. An der Uni machte es keinen Unterschied, wer aus welcher Region kam oder welcher religiösen Gemeinschaft man angehörte. Basit hatte Freunde aus allen Teilen des Landes, gemeinsam fieberten sie für das indische Cricketteam. Vor den Parlamentswahlen 2014 änderte sich etwas. Narendra Modi und die BJP kämpften mit bis dahin ungesehenem Einsatz um die Mehrheit. In einem Café saß Basit mit einigen Kommiliton*innen zusammen, als einer von ihnen sagte: »Ich finde, Modi sollte an die Macht kommen. Er hat den Moslems eine Lektion erteilt.« Basit stutzte zwar, der Kommentar bereitete ihm Unbehagen, aber er konnte ihn auch nicht ganz einordnen, saßen sie doch alle zusammen, diskutierten, scherzten miteinander, Studenten, Inderinnen, Menschen. Meinte der Kommilitone auch ihn? Zählte Basit sich selbst zu den Menschen, die damit gemeint waren? Die BJP basiert im Geiste auf einer Ideologie mit dem Namen *Hindutva*. Dahinter steckt die Vision eines Hindu-Staates, also so etwas wie der religionspolitische Gegenentwurf zu Pakistan.[9] *Hindutva*-Anhänger beschwören die Ursprünglichkeit ihrer Kultur und Religion. Mit ursprünglich meinen sie: vor dem Einmarsch muslimischer oder christlicher Völker. Sie verkaufen ihre Reinheitsvorstellungen als post-imperialistische, post-koloniale Befreiung, als kulturelle Selbstbestimmung nach Jahrhunderten der Unterdrückung. Minderheiten im Land sollten sich an die Kultur der Mehrheit anpassen, hatte der BJP-Politiker gesagt, den wir als Journalist*innengruppe trafen. *Hindutva*-Anhänger haben so aus dem demokratischen Prinzip der Mehrheit eine verquere Logik gemacht: Weil sie statistisch in der Überzahl sind, stünden ihnen Privilegien oder Macht zu. Es ist dieselbe Logik, die Rechtsgerichtete in Deutschland oder anderen Ländern anwenden, wenn sie Minderheitenpolitik vorwerfen, die Öffentlichkeit mit Befindlichkeiten einzelner kleiner Gruppen zu dominieren, statt sich mit relevanten Belangen – also Belangen, die *viele* betreffen – zu beschäftigen. Die Einfachheit dieser Argumentationslinie holt leider immer wieder Leute ab, obwohl sie dem demokratischen Grundgedanken im Kern widerspricht, in dem es ja gerade darum geht, dass jede*r eine gleichwertige Stimme hat. Und das misst sich vor allem daran, inwiefern Minderheiten in der Öffentlichkeit gehört werden.

Tatsächlich war es einer der Begründer, Vinayak Damodar Savarkar, der die Zwei-Nationen-Theorie formulierte, lange bevor Jinnah sie im Unabhängigkeitskampf vertrat.[10] Savarkar beschrieb einen Hindu als jemanden, der Indien als sein Vaterland, das Land seiner Vorfahren und als sein Heiliges Land betrachtete – als einen Menschen also, der in Indien geboren wurde, deren Vorfahren aus Indien kamen und der an die Ursprünge hinduistischer Lehren glaubt.[11] Ich bin natürlich verwirrt, als ich das erste Mal davon höre. Hinduismus ist doch alles! *Ekam sat vipra bahudha vadanti* – Die Wahrheit ist eins, aber Heilige geben ihr unterschiedliche Namen. Was genau kann Ursprünglichkeit in diesem Sinne überhaupt bedeuten? Was genau meint Savarkar mit *glauben*? Was muss jemand beten, essen, tun, um als Hindu zu gelten? Und wie weit muss die Linie der indischen Vorfahren zurückreichen?

Auf einer Recherche bin ich einem Nachfahren Savarkars begegnet. Es ging eigentlich um die Digitalisierung von Indiens Dörfern, aber im Laufe unserer gemeinsamen Zeit kamen wir doch auf die Ideologie seiner Vorfahren zu sprechen. Ganz vorsichtig wollte ich von ihm wissen, welche Logik hinter dieser Hindu-Nation steckte, und er fragte mich selbstsicher:

Würdest du nicht dein Land und deine Mitmenschen vor Eindringlingen beschützen wollen?»Ihr habt doch auch Probleme mit Moslems«, schob er nach. Die Feindbildkonstruktion des Islam langweilte und überforderte mich, also ging ich darauf gar nicht erst ein. Ich fragte ihn stattdessen, was das denn in Bezug auf Hindutva für mich bedeutete: Welches Land dürfte ich überhaupt verteidigen? War ich berechtigt, Indien als *mein* Land zu betrachten, dessen Schutz mir zukam? War ich im Sinne der Definition noch Hindu, ich, die Tochter eines nichtindischen Weltbürgers, mit dem Segen einer indischen Höhlengöttin und katholischen Weihwassers auf der Stirn? Er zögerte. »Nein.«

Etwa zur gleichen Zeit, Ende 2017, zog die AFD in den Bundestag ein und eine ehemalige Kommilitonin von mir schrieb auf Facebook einen Post, in dem sie die Verfolgung von Christen in anderen Ländern anprangerte und ein paar Sätze weiter vor einem drohenden »Bevölkerungsaustausch« mahnte, der Deutschland bedrohen würde. Ohne zu wissen, was sie damit genau meinte, bereitete mir allein der Begriff Unbehagen, das sich verstärkte, als ich darüber las. Der Begriff »Bevölkerungsaustausch« wird von Rechtsextremen genutzt, die meinen, Massenmigration nach Deutschland sei von langer Hand geplant und habe zum Ziel, die »Deutschen« zu ersetzen. Ich versuchte mir vorzustellen, wie sich in meinem Café um die Ecke plötzlich alle Anwesenden in Luft auflösten und durch andere Menschen ersetzt wurden. Dann versuchte ich zu verstehen, wo die verschwunden Menschen hingetauscht wurden und wie das in einer kollektiven Einheit funktionieren sollte. In meinem Kopf wanderten die Völker um den Globus wie in einem Staffellauf, der niemals endete. Aber Bevölkerungsaustausch meinte auch eine subtilere Form der Unterwanderung, eine sukzessive kulturelle Einnahme, die außerdem auf biologischem, also rassistischem Fundament konstruiert wurde. Dass es da die *Einen* gab, die unbeeinflusst und völlig abgeschirmt von den *Anderen* existierten; mehrere komplett verschiedene Einheiten, die sich gegenseitig ausschlossen. Ich fragte mich, wer die Einen, also die »Deutschen« waren, also konkret: Zählte ich auch dazu, oder war ich schon ein Produkt dieses »Austauschs«, weil, so richtig war ich weder noch? Und wenn ich als Beispiel dafür diente, wie die deutsche Kultur langsam »ersetzt wurde«, dann womit genau? War es doch die deutsche Kultur, mit der ich aufgewachsen war. Ich konnte das alles nicht greifen, es ergab keinen Sinn. Dass Rassismus keinen Sinn ergibt, egal ob in kultureller oder biologischer Ausprägung, und genau deswegen funktioniert, war mir zu diesem Zeitpunkt noch nicht klar. Weil er Menschen eine Ordnung verspricht, die es nicht gibt. Je weiter man die Idee spinnen will, desto konfuser wird sie. Wir werden dabei von unseren Sinneseindrücken getäuscht, von den Farben, die wir sehen, den Sprachen, die wir hören, den Aromen, die wir riechen. Dabei hat die Wissenschaft längst festgestellt, dass sich Menschen innerhalb von Europa genetisch stärker voneinander unterscheiden als Menschen verschiedener Kontinente und dass Kulturen miteinander wachsen, sich auch unter dem gegenseitigen Einfluss weiterentwickeln. Mich irritierte das alles genug, um mit meiner ehemaligen Kommilitonin in eine Diskussion einzusteigen. Sie zu fragen, woran sie diese Gefahren ausmachte, was denn die Lösung sei, auf die sie hoffte. Ihr zu sagen, dass ich nicht verstand, was das in Bezug auf meine eigene Rolle bedeuten würde. Meine Kommilitonin empörte sich darüber, dass sie in der Frankfurter Fußgängerzone kaum mehr das Gefühl hatte, in Deutschland zu sein, und sie antwortete mit einem weiteren Begriff Rechtsextremer, der intellektuell genug klang, um bestimmte Menschen davon zu überzeugen, dass er auch intelligent war: »Ethnopluralismus«. Es braucht nicht viele Worte, um zu beschreiben, worum es dabei geht. Ethnopluralismus ist die euphemistische Bezeichnung für Nationalismus, klingt aber irgendwie bunter und vielfältiger, wegen *Ethno* und *Pluralismus*, und soll Leute abholen, die sich selbst als weltoffen verstehen wollen, aber eigentlich rassistisch denken. Anders formuliert: Alle bleiben, wo sie sind, und existieren friedlich *nebeneinander*, aber nicht *miteinander*. Also in ihren eigenen Ländern. Wie sollte das gehen (und wozu?!) in einer globalisierten Welt? Woher kämen die Pflegekräfte in Deutschland, die Restaurantbetreiber*innen, die IT-Spezialist*innen, sowieso, woher bekämen wir unsere Lebensmittel und Computer, wie langweilig wäre das alles? Und wieder: Wo wäre dann *mein* Platz? Wenn ich noch als Deutsche durchkäme, also bleiben dürfte, wo verliefe die Grenze? Begännen wir dann wieder, Hochzeiten zwischen Menschen, die vermeintlich verschieden waren, zu verbieten, wie während der Rassentrennung in den USA oder der Nürnberger Gesetze in Deutschland? Mir krampfte bei der Diskussion wirklich der Bauch, mein Herz klopfte jedes Mal, wenn ich meinen Computer aufklappte und eine Antwort von ihr erwartete. Es war keine Wut oder Verachtung, die ich abwinken konnte, weil sie meinen Ärger nicht wert war. Ich spürte Angst. Da schrieb diese junge, doch eigentlich so reflektierte und intelligente Frau, mit der ich gemeinsam in der Unibibliothek das Grundgesetz gepaukt und in der Mittagspause Erbseneintopf mit Bockwurst gegessen hatte, diesen Post auf Facebook. Und wenn sie allen Ernstes glaubte, was sie da geschrieben hatte, und es auch noch öffentlich vertrat – wie viele dachten dann im Stillen genauso? Die Kommilitonin kündigte mir nach der dritten Frage-Antwort-Runde die Facebookfreundschaft, was mich gewissermaßen erleichterte. Aber sie hatte eine diffuse Unsicherheit hinterlassen, die sich im Alltag Bahn brach, je mehr in der Öffentlichkeit über diese Themen gesprochen wurde. An der Kasse im Supermarkt, auf der Arbeit, beim Urlaub im Harz: Ich konnte mich noch so eins fühlen mit meiner Umwelt, irgendwann fiel mein Blick auf meine braunen Hände, und ich fragte mich, was die anderen in mir sahen.

/

2014, als Indien ein neues Parlament wählte, kannte ich Basit zwar noch nicht, war aber selbst in Indien. Ich weiß noch, wie mich der Wahlkampf faszinierte: 1,3 Milliarden Menschen, davon 834 Millionen Wahlberechtigte oder registrierte Wähler*innen – das ist die deutsche Bevölkerung mal zehn. Als Demokratie will Indien es jeder wahlberechtigten Person möglich machen, ihre Stimme abzugeben, egal wie abgelegen sie auch leben mag. Seien es die nicht mal 50 Wahlberechtigten in einem einsamen Tal im Himalaya-Gebirge oder der alleinige Wächter eines Hindu-Tempels tief im Dschungel eines Naturreservats. Die Wahlkommission setzt Züge, Boote, Flugzeuge, Hubschrauber, Kamele und Elefanten ein, ihre Mitarbeiter*innen nehmen mehrtätige Tagesmärsche auf sich, um auch die letzte Stimme im Land ihrem Recht zuzuführen. Mich faszinierte darüber hinaus, wie die Parteien zum ersten Mal in großem Stil neue Technologien für ihren Wahlkampf nutzten. Rund 200 Millionen Menschen hatten 2014 Zugang zum Internet. In Relation zur Bevölkerung waren das gerade mal 15 Prozent. Aber sie standen auch für eine neue Wähler*innengruppe, für die junge, häufig urban lebende, aufstrebende Generation. Vor allem Modis BJP nutzte die sozialen Medien für sich. Zum Farbenfest *Holi* schickte der Spitzenkandidat seinen drei Millionen Twitter-Followern eine personalisierte Grußnachricht. Als er schließlich zum Premierminister ernannt wurde, hatte er bereits 16 Millionen Facebook-Follower, was weltweit nur Barack Obama überbot. Ich konnte die Genugtuung, die viele Inder*innen bei solchen Vergleichen spürten, gut nachempfinden. Von wegen, armes, rückständiges Indien. Die BJP erarbeitete sich in der Bevölkerung nicht nur dadurch den Ruf einer modernen, zukunftsgewandten Partei, die der bis dahin über Jahrzehnte immer wieder regierenden, in Klüngeleien und Korruption verstrickten Kongresspartei die Bühne stahl. Modi versprach auch Fortschritt, die Modernisierung der Verwaltung, der Dörfer und sowieso des ganzen Landes, Arbeitsplätze, Elektrizität, Straßen und fließendes Wasser. Seine Partei beschwor einen neuen Nationalstolz, nach der die geschundene post-koloniale Seele Indiens zu lechzen schien. Bereits in seinem Heimatstaat Gujarat, einem der wohlhabendsten Bundesstaaten Indiens, hatte er sich als Ministerpräsident den Ruf eines Reformers im Kampf gegen Korruption, Terrorismus und Rückständigkeit erarbeitet. Sein Wahlversprechen: der Traum nationaler Selbstständigkeit und Selbstverwirklichung. Die BJP gewann schließlich mehr als die Hälfte der Parlamentssitze, mehr als jede andere Partei seit 40 Jahren. Während der ersten Amtszeit startete sie Dutzende politische Programme, die Modi so überzeugend bewarb, dass es unmöglich schien, nicht mitgerissen zu werden: *Make in India, Skill India, Digital India, Startup India, Smart Cities Mission, Clean India.* Basit sagte später, er konnte seinen Mitmenschen die Sehnsucht nach Aufbruch nicht verdenken. Als Moslem aber wusste er, dass die BJP an der Regierung für Menschen wie ihn zum Problem werden könnte. Ich selbst las zur Zeit des Wahlkampfes nur in den Nachrichten über die Sorgen, die Menschen wie er teilten. Die organisatorische Mutter der BJP ist die *Rashtriya Swayamsevak Sangh*, kurz RSS, oder: die Nationale Freiwilligenorganisation. Es handelt sich dabei um eine Art kulturpolitische Bewegung, die an ihren eigenen Schulen Kinder zu kleinen Soldaten ausbildet, ihnen Yoga beibringt und *Hindutva* eintrichtert. Gleich mehrere hochrangige Politiker*innen haben eine RSS-Vergangenheit – auch der amtierende Premierminister von Indien, Narendra Modi. Als ich bei Bekannten und Verwandten am Mittagstisch vorsichtige Fragen über Modis Vergangenheit und die BJP stellte, die von ausländischen Medien durchaus kritisch betrachtet wurde, hörte ich vor allem Optimismus. Modi verkörpere Besonnenheit und Entschiedenheit. Manchmal schwang die Auffassung mit, die Kritik basiere auf Unwissenheit. Man müsste Indien kennen, um sich ein Urteil bilden zu können. Eine Cousine verurteilte Modi zutiefst, ein Onkel winkte ab, als ich nach Hindunationalismus und Moslemfeindlichkeit fragte. Indien ließe sich schon viel zu lange mit solchen Identitätskämpfen von den wahren Problemen ablenken. »Das größte Problem in diesem Land ist die Korruption. Modi hat bewiesen, dass er aufräumen kann.« Und wenn die Wirtschaft erst einmal liefe, wenn Fortschritt flächendeckend möglich würde, würden sich Verteilungskämpfe auch langsam legen. Die bis dahin amtierende Kongresspartei hatte das Land derart lahmgelegt, dass die Hoffnung auf Entwicklung größer schien als die Angst vor Spaltung. Ich hatte nicht das Gefühl, argumentieren zu können, aber schon dort, in meiner Unwissenheit, fragte ich mich, ob solche Worte, so wohlgemeint sie auch waren, nur sprechen konnte, wer zu einer Gruppe gehörte, die sich um ihre eigene Unversehrtheit nie Sorgen machen musste. Deren religiöse Identität nie eine Rolle gespielt hatte. Ich verstand sie auch, die Menschen, die ihre Hoffnung in Modi setzten, seiner Partei aber eine Art selektive Wahrnehmung entgegenbrachten. Ich konnte Angela Merkel auch einiges abgewinnen, ohne die CDU oder CSU, ihre Repräsentant*innen und politischen Programme zu befürworten. Sie machte einen besonnenen, der Sache verschriebenen Eindruck auf mich, und ich spürte eine Art Grundvertrauen, dass sie zwar die Gesellschaft nicht radikal verändern würde, aber mit ihrer bodenständigen, reflektierten und offenen Art ihr Bestes tun würde, dem Zeitgeist entsprechend realistische Kompromisse zu finden, die demokratische Werte und Menschlichkeit in den Mittelpunkt stellten. Und wenn es ums Eingemachte ging, dann hatte sie den Schneid, zwar nicht emotional überschwänglich, aber doch selbstbewusst Entscheidungen zu treffen, die ihre eigene Position bei aller Kritik an ihrer Standfestigkeit doch deutlich machten: »Wir schaffen das.«

/

»Wir wussten, dass es ein Problem würde, wenn die BJP an die Macht kommt«, hatte Basit gesagt. »Aber wir wussten auch, dass wir nichts dagegen tun können.« Als wir uns kennenlernten, war er besorgt, aber zuversichtlich. Mit meiner Kollegin reiste er nach Dadri, wo im September 2015 ein hindu-nationalistischer Mob den 52-jährigen Mohammed Akhlaq, einen Moslem, gelyncht hatte, weil sie ihn verdächtigten, eine Kuh geschlachtet zu haben. Basit half der Kollegin bei den Recherchen, sprach mit allen Seiten. Als Journalist blieb sein muslimischer Hintergrund irrelevant, für ihn, aber auch für die anderen. Das änderte sich im Juni 2017, als er für ein indisches Magazin die Hintergründe eines Online-Videos recherchieren wollte. Darauf zu sehen sind mehr als ein Dutzend Menschen, die in einem Viertel im Nord-Osten Neu-Delhis mit bloßen Händen die Außenwände eines nach oben hin offenen Backsteinhauses niederreißen. Von außen sind es nur ein paar Wände ohne Dach. Für die Moslems der Nachbarschaft aber war es der Ort, an dem sie ungestört in Gemeinschaft ihre Gebete sprechen konnten. Einige ihrer Hindu-Nachbarn vermuteten darin allerdings eine islamistische Verschwörung, finanziert durch Pakistan. Basit landete bei seinen Recherchen auf einer Versammlung, auf der die Streitparteien zusammenkommen sollten, um sich auszusprechen. Das dachte er zumindest, merkte dann aber schnell, dass er der einzige Moslem in der Gruppe war. Weil er sich in dem gegebenen Zusammenhang vor allem als Journalist identifizierte, stellte er gut eine Stunde lang Fragen, erfuhr, dass auf dem Grundstück der Moschee mal ein Hindu-Tempel gestanden haben soll (die Geschichte gab es doch schon mal?). Irgendwann wurde die Stimmung unruhiger, ein Mann nahm Basits Handy vom Tisch. »Wer bist du?«, wollte er wissen. Basit antwortete überrascht, er sei Journalist. »Was, wenn du aus Pakistan kommst?« Eine Gruppe junger Männer umstellte ihn, sie wollten seinen Ausweis sehen, lasen seinen vollständigen muslimischen Namen: Malik Abdul Basit. Dann schlug ihm jemand mit flacher Hand ins Gesicht. Sie zwangen ihn, »Nieder mit Pakistan!« und »Lang lebe Indien!« zu rufen, durchsuchten seine Tasche, Laptop, Notizbücher und Handy, die er später kaputt zurückbekam. »Er ist aus Kashmir gekommen, um uns zu diffamieren«, sagte einer und nannte ihn einen »verfluchten Agenten des ISI« – des pakistanischen Geheimdiensts. Irgendwann riefen sie die Polizei. Die Beamten befragten die Gruppe kurz, von Basit wollten sie wissen, wie weit sein Elternhaus in Kashmir von Pakistan entfernt stehe. Dann nahmen sie ihn mit. Auf der Polizeistation konnte er keinen Ausweis vorzeigen, weil er ihm abgenommen worden war. Weil er seine Erlebnisse aufschreiben wollte, kehrte er einige Tage später gemeinsam mit einem Kollegen wieder, um den Polizeibericht einzusehen. Der zuständige Beamte hatte zwei knappe Zeilen verfasst: »Ein Mann wurde festgenommen, der keine Dokumente hat. Er ist Pakistani.«[12]

Einer Studie des indischen Fernsehsenders NDTV[13] zufolge äußerten sich indische Politiker*innen zwischen 2014 und 2018 im Vergleich zu den fünf Jahren zuvor sehr viel stärker hetzerisch gegenüber Minderheiten, vor allem gegen den Islam und Moslems. Insgesamt sei die Hassrethorik um das Fünffache gestiegen, sexistische Aussagen nicht mitgezählt. 90 Prozent kamen von der BJP. »Mir wurde klar, dass sich Indien verändert hat«, erzählte mir Basit einige Zeit später. Ich war in Hamburg, er mittlerweile zurück in Kashmir, wo er sich um die Apfelfarm seiner Familie kümmerte. Dem Journalismus hatte er den Rücken gekehrt. Während wir über Videocall sprachen, zündete er sich im dunklen Zimmer lässig wie immer eine Zigarette an. Der Bart war ab, Basit trug jetzt eine Brille, ansonsten war er der Gleiche. »Hey Bro«, hatte er gesagt, als wir uns begrüßten, und dann von den Äpfeln gesprochen. Er verbrachte jetzt viel Zeit mit seinen Großeltern, sprach mit ihnen über ihr Leben, kochte Marmelade und indisches Pickle – in Gewürzen und Salz eingelegtes Gemüse. Er hatte sich der Friedlichkeit ergeben, der Vorfall habe ihn verändert. Ihm sei bewusst geworden, dass *sein* Indien in der Realität anders aussieht, als sein jugendlicher Idealismus angenommen hatte. »Das waren normale Hindus, keine RSS-Anhänger oder so. Einfach normale Hindus, deren Herzen sich verändert hatten«, sagte Basit über seine Gewalterfahrung, während er den Zigarettenstummel vor die Tür warf. »Sie haben mir eine Identität aufgezwungen«, fügte er hinzu. Er wurde als Moslem geboren, und plötzlich war das alles, was zählte. Seine schriftliche Aussage auf der Polizeistation war wegen der Schmerzen durch die Schläge der Männer knapp ausgefallen, ein einseitig beschriebenes Blatt. Ganz am Ende hatte er geschrieben: »Ich hoffe, niemand muss wegen seines Namens und seiner Herkunft durchmachen, was ich gerade erlebt habe.«

/

Dass Religion, die Menschen eigentlich zusammenführen soll, sie häufig eher spaltet, fand ich immer schwer zu begreifen. Wir suchen darin doch alle das Gleiche: Hoffnung, Zuversicht, Gemeinschaft. Eine Anleitung, wie dieses Leben zu nehmen wäre. Als ich Tante Papu gefragt habe, ob sie Hindu sei, hat sie geantwortet: »*I don't want to attach myself to anything anymore. I just want to be human.*« Ich will nur menschlich sein. Manchmal scheint es mir trotzdem, als sei das einzig Richtige, Religion und jede damit verbundene Tradition abzuschaffen, die Menschen in Kategorien sperrt und voneinander abgrenzt. Aber wenn ich ehrlich bin, mag ich manche dieser Traditionen sehr gerne. Nicht so sehr wegen ihres Ursprungs, sondern wegen der Funktion, die ich ihr selbst gebe. Weihnachten zum Beispiel feiere ich natürlich nicht wirklich die Geburt Jesu, auch wenn die Geschichte und die weltumspannende Gleichzeitigkeit durchaus geholfen haben, diese Tradition auch in mir zu verankern. Was ich feiere, ist, dass wir als Familie zusammenkommen und es uns wichtig ist, das zu tun. Papa kauft den Baum, mein Bruder stellt ihn auf und befestigt die Lichter, ich schmücke, Mama kauft ein, Onkel Andi kocht, und dann fragen wir meine jüngste Cousine aus, wie Snapchat geht. Im Hintergrund läuft seit einem Jahrzehnt oder länger in Dauerschleife Mariah Careys Weihnachtsalbum. Beim Essen sind wir mutiger geworden, es gibt jetzt auch mal Fisch oder vegane Frikadellen, aber unter die Teller legt Mama manchmal noch ein Geldstück, wie Opa Paul und Oma Annemarie das taten. Man könnte das als Rituale bezeichnen, unsere eigene Tradition, die uns daran erinnert, wie sich alles, wie wir uns verändern und wie schön es ist, dass das *Wir* trotzdem bleibt.

Vielleicht war es dieses Gefühl, das Papa dazu bewog, an einem Herbstnachmittag vor mehr als fünfzehn Jahren zu Ikea zu fahren und ein Dutzend Sturmlampen zu kaufen, die er fortan jedes Diwali im Haus verteilte. Meine indischen Großeltern waren beide verstorben und wenn Teile eines *Wir* gehen, dann suchen wir Halt in den Erinnerungen, die sie hinterlassen. Irgendwann feierten wir Diwali gemeinsam in Neu-Delhi, ich war mit einigen Freunden zu Besuch, und wir weihten das Haus neu ein, das meine Eltern zum Teil renoviert hatten. Papa bestellte sogar einen Priester, der eine Zeremonie, eine *Puja*, abhielt. Viele Gäste kamen, wir warfen Gewürze in ein Feuer, zündeten Wunderkerzen an, aßen *Samosas* mit Mangochutney. Die Älteren saßen eingeklemmt nebeneinander auf dem Sofa, die Tanten in Baumwoll-Salwar Kamiz, die Onkel in kurzärmligen Hemden. Sie riefen mich abwechselnd zu sich, nahmen meine Hand wie die eines Kindes, sagten mir, wie sehr sie sich freuten, mich dazuhaben. Wie sehr meine Großeltern meinen Bruder und mich geliebt hätten, wie ähnlich ich Oma Rup doch sähe. Niemand sprach von Göttern oder Mythen, und es war nicht wichtig, weil ich an diesem Tag etwas ganz anderes spürte, und das war Gemeinschaft, Liebe. *Wir.*

/

Als wir schließlich, Jahre später, erneut in unserer Einfahrt Kerzen anzünden und den Feuerwerksraketen in Neu-Delhis Nachthimmel lauschen, will ich Papas und meine Diwali-Geschichten noch einmal miteinander abgleichen. Im Internet lese ich, dass das Lichterfest über fünf Tage hinweg gefeiert wird und jeder Tag einer bestimmten Gottheit oder bestimmten Ritualen gewidmet ist. Im Süden des Landes wird das Fest auch *Dipavali* genannt. Das Epos des *Ramayana* bildet den Rahmen der Feierlichkeiten, aber die Festtraditionen unterscheiden sich innerhalb des Landes. In Nordindien ist der dritte Festtag besonders wichtig: *Lakshmi Puja.* An ihm wird also Lakshmi gedacht, der Göttin des Wohlstandes. Wohnungen werden aufgeräumt und sauber gemacht, Ladenbesitzer*innen legen neue Geschäftsbücher an und bitten die Göttin um ihren Segen für das nächste Jahr. Traditionell treffen sich die Menschen an diesem Tag auch zum Glücksspiel, gehen ins Kasino oder nehmen an Verlosungen teil. Papa hat uns also nicht etwas Falsches erzählt oder etwas vorenthalten, im Gegenteil. Aber als falsche Inderin habe ich ständig Angst, das *richtige* Indien nicht zu kennen, nur wenn Papa es erklärt, will ich irgendwie nichts davon wissen. Weil, er ist ja kein Inder, er ist sehr europäisch, nein, Weltbürger, und wir sind eine ganz normale, deutsche Familie.

»Diwali, das ist wie Weihnachten und Silvester zusammen«, erkläre ich Nina und Fiona dann trotzdem, bevor ich die Kerzen vor unserem Haus anzünde, als hätte ich das immer schon getan. »So«, sagt Papa. »Wir beten nicht, aber man kann ein bisschen meditieren oder ein bisschen stillsitzen, das ist zu empfehlen.«

ANSICHTEN EINES WELTBÜRGERS III

Wenn man in Indien ist, fühlt man sich zuhause.
Wenn man in Deutschland ist, fühlt man sich auch
zuhause. Aber man mischt das nicht.

9 Fernbeziehung mit Indien

Bevor mein Vater das erste Mal nach Deutschland flog, ging Großvater Rajinder mit ihm einkaufen. Große Reisen waren in der Familie noch nicht üblich, und Papa sollte im anderen Land einen guten Eindruck machen, am besten schon bei der Ankunft. Der neue braune Anzug wurde also nicht in eine Schutzhülle gehängt, sondern schon für die Reise angezogen; dazu glänzende, braune Lederschuhe und ein Filzhut. Für den deutschen Winter hatten sie ihm auch einen wadenlangen Mantel aus dicker Wolle besorgt, der so schwer war, dass der damals 21-Jährige in ihm zusammengestaucht wurde wie eine Teleskopstange. Den Mantel über seinen Arm gehängt, lief Papa, in Anzug und mit Hut auf dem dichten schwarzen Haar, im Jahr 1974 in den Flughafen von Neu-Delhi. Sein Abschied wurde sehr ernst genommen. Mehr als ein Dutzend Verwandte waren gekommen. Sie hängten ihm Ringelblumen-Girlanden um den Hals und fütterten ihn mit Süßigkeiten, eine dieser kleinen, liebevollen Gesten, mit der Reisende auf ihrem Weg geschützt werden sollen und die auch wir übernommen haben. Mama drückt mir vor der Indienflügen beispielsweise einen Merci-Riegel in die Hand oder einen Zuckerwürfel, je nachdem, was sie gerade griffbereit hat.

In der folgenden ersten Nacht in einem kleinen Zimmer in der Nähe von Düsseldorf lag Papa dann allein in seinem Bett.

Den Anzug hatte er abgelegt, der Mantel hing an der Garderobe. Es war stiller als in Neu-Delhi, kein Mensch auf der Straße. Papa sah in die Dunkelheit und dachte: »Ich bin sehr weit weg von zuhause.« Warum? Gab es einen Grund dafür? Die Fragen wanderten durch seinen Kopf, aber Heimweh hatte er nicht. »Ich habe mich nur gefragt, warum mache ich so was? Da war kein Grund. Außer Abenteuer. Außer das Gefühl, dass es abenteuerlich sein wird.«

Am 20. April 1993, zehn Jahre, nachdem meine Eltern geheiratet hatten und mein Bruder geboren worden war, sechs Jahre, nachdem ich auf die Welt gekommen war, wurde Papa deutscher Staatsbürger. Aus dem Abenteuer war ein Zuhause geworden. Ob er ins Rathaus eingeladen wurde, ob es eine Feier gab, wollte ich von ihm wissen. Papa blies die Backen auf, als müsste er sich von meiner Frage erholen. Die Tochter mit ihren emotionalen Fragen. »Nein, nein. Ich bin da hingelaufen und habe ein Stück Papier bekommen. Das war's.« Eine Formalie, nichts weiter. Mit deutschem Pass war Vieles in Deutschland für ihn einfacher, und er konnte wählen. Ein bisschen Idealismus aber konnte er sich dann doch nicht verkneifen. »Es war eine bewusste Entscheidung. Weil ich wusste, meine Kinder haben dann eine Identität.«

Papa war kein Inder und wir eine ganz normale, deutsche Familie, deren Vater häufig unterwegs war. Für die Arbeit musste er immer wieder nach Indien reisen. Je älter wir wurden, desto öfter war er dort, ein paar Mal im Jahr, manchmal drei Monate am Stück. Wir Kinder zogen bald aus, aber wenn Papa von einer Reise wiederkehrte, kamen wir alle zusammen. Vor seiner Ankunft räumte Mama das Haus auf. Für ein paar Tage schlief Papa dann aus, wegen des Jetlags oder allgemeiner Reisemüdigkeit, und lauschte am Vormittag im Garten den Vögeln. Natürlich fragten wir, wie seine Reise war, aber wie soll man drei Monate zusammenfassen? Die Antwort schien auch nicht wichtig, denn Papa saß wieder an seinem Platz, bestellte beim Italiener die Pizza mit Brokkoli, Zwiebeln und scharf, war wieder Ehemann, Nachbar, Vater. Sein Kommen und Gehen, Hiersein und Dortsein, wurden zu zwei Zuständen, zwischen denen wir scheinbar mühelos wechselten. »Wann kommst du nach Hause?« zur Floskel bei jedem Gespräch und ein bisschen auch zum Trost, denn es nicht zu wissen, bedeutete auch, dass es jederzeit so weit sein konnte.

Und immer wieder, immer häufiger kam es vor, dass er und ich uns in Indien trafen.

Es war gegen Ende meiner Schulzeit, als ich ein großes Verlangen spürte, mir diesen Ort anzueignen, den ich viele Jahre nur in Begleitung meiner Eltern besucht hatte. Erst wollte ich die Familie allein besuchen, damit ich ganz eintauchen konnte, nicht ständig das Gefühl haben musste, zwei Seiten verbinden zu müssen. Dann setzte ich den Rucksack auf und erkundete das Land mit den Augen einer Touristin, mit Freund*innen. Seit dem Austausch kehrte ich zweimal im Jahr als Journalistin zurück. Ich nahm die Metro, die Papa nie betreten hatte, fuhr mit dem Bus in die Berge, machte eine Yogaausbildung. Ich wollte einen Alltag finden, meine eigenen Regeln aufstellen. Wollte mir auch beweisen, dass ich das konnte: an diesem Ort allein zurechtkommen. Damit ich irgendwann, wenn meine Eltern nicht mehr hierherkämen, nicht zur Fremden würde, immer auf Hilfe angewiesen wäre. Auch deswegen hatte ich mich bei einem Besuch vor vielen Jahren mit Cousin Sharad hingesetzt und die Namen aller meiner engeren Verwandten aufgeschrieben, auf eine Serviette in einem Restaurant. Damit ich sie mir endlich merken konnte. Deswegen nahm ich immer neue Anläufe, Hindi zu lernen. Nach Indien ziehen aber, das hatte ich nie vor. Mein Zuhause, das waren Freund*innen, meine Eltern, die Familie meines Bruders, und ich konnte mir nicht vorstellen, einen Langstreckenflug nehmen zu müssen, um sie zu sehen. Mein Zuhause, das war vor allem *ein* Mensch, und der wartete auf mich in Deutschland, egal wie weit ich reiste. Einmal, nach meiner Rückkehr vom Journalist*innen-austausch, hatte ich meinen Partner gefragt, ob er sich vorstellen könne, eine Zeitlang mit mir in Indien zu leben. Unmöglich fanden wir die Vorstellung nicht, nur realistisch fühlte sie sich zu diesem Zeitpunkt auch nicht an.

Aber Indien und ich führten eine Fernbeziehung, die mit der Zeit intensiver wurde, und wie in jeder Fernbeziehung war ich bei jeder Rückkehr, egal auf welche Seite, zunehmend gefangen zwischen dem Gefühl, anzukommen, und dem, einen Teil von mir zu vermissen. Während ich in Hamburg Freunde zum Essen traf oder in Neu-Delhi mit meinem Cousin durch *Lodhi Garden* joggte, wusste ich manchmal nicht mehr, was sich echter anfühlte, was Alltag war und was Abenteuer: Ich Hier oder Ich Dort. Hatte Papa sich je so gefühlt? In jeder Ankunft immer den Abschied schmeckend, in jedem Zusammenfinden das Verlassen.

Über die Jahre wurden die Abstände zwischen seinen Reisen länger. Manchmal fragte ich mich, ob er sich unterwegs einsam fühlte. Einmal sagte er am Telefon, dass er hoffte, bald zurückzukommen. »Weißt du, ich will nach Hause.« Es klang wie ein Geständnis, etwas, das er normalerweise zwar denken, aber nicht aussprechen würde, um uns nicht mit seinen Gefühlen zu belasten oder einfach, weil sie durch Worte realer, unveränderlicher wurden. Und noch während ich in Hamburg die Gummischlappen in den Koffer legte, für meine nächste Reise nach Indien, schaute ich mich in meiner Wohnung um, in der ich mit diesem, *meinem* einen Menschen lebte, und dachte: Ich auch.

Ich will auch nach Hause. Aber irgendwo unterwegs hatte ich vergessen, wo das ist.

/

Ich kann nicht mehr sagen, ob ich schon davor verloren gegangen war und es noch nicht begriffen hatte, aber auf einer dieser Reisen lernte ich einen Mann kennen, und ab diesem Zeitpunkt setzte meine Orientierung vollständig aus. Ein Inder, aber nicht nur. Er gehörte nach Indien und irgendwie auch nirgends hin. Was sich verloren anhört, fühlte sich bei ihm nach Freiheit an, zumindest auf den ersten Blick. Die erste Frage, die ich ihm stellte, war nicht: *Woher kommst du?* Weil ich wusste, wie wenig ich dadurch über ihn erfahren würde, wie weit diese Frage einen vom anderen auch entfernen kann. Ich fragte ihn: *Wo lebst du gerade?* Und: *Wo ist für dich zuhause?* Die Antwort war kompliziert, und das zog mich an. Er war dunkler als die meisten im Norden Indiens, sein Englisch britischer als indisch gefärbt. Die wenigsten konnten ihn einordnen. Er kannte das Gefühl, immer wieder zur Projektionsfläche anderer zu werden – und sich dadurch selbst ständig fragen zu müssen, wer er eigentlich war. Wie alles zusammengehörte. Es ging ihm gut in diesem Dazwischen, zumindest sah es so aus, und mir tat es gerade in dieser Zeit gut, jemanden zu treffen, dem es so ging. Was ich genau bei ihm suchte, konnte ich nicht sagen. Aber da war eine große Sehnsucht. Er hatte etwas, das ich brauchte und ich musste herausfinden, was das war – und was das mit Liebe zu tun hatte.

MAMA, PAPA, WAS IST LIEBE?

Papa sagt:

Liebe ist ein Wort.
Aber mit so einem Wort kann man nicht
beschreiben, was wir miteinander haben.

Mama sagt:

Liebe ist Handhalten, während man schläft.
Das machen wir. Auch wenn wir uns gezofft
haben. Wir sind Seelenverwandte.

Ich frage:

*Wie stellt man das fest, ob
man seelenverwandt ist?*

Wenn man all diese Kriege
durchgefochten hat! (Lacht)
Indem man, ohne etwas sagen zu müssen,
Kaffee angeboten bekommt und Frühstück.

Nein, das stimmt nicht! (Lacht)
Du sagst: Machst du Frühstück, und ich sage:
Kannst du das nicht mal machen?

In einer Beziehung muss einer
von beiden Humor haben, Julia.

Ja, das ist, was uns zusammenhält.
Der Papa bringt mich immer zum Lachen.

10 Liebe: Arrangiert euch bitte

In Udaipur, im westlichen Bundesstaat Rajasthan, schwimmt ein weißer Palast auf dem Picholasee. König Jagat Singh II. ließ ihn im 18. Jahrhundert bauen, um ungestört seine Sommer in Gesellschaft schöner Frauen zu verbringen. Der *Taj Lake Palace* ist heute ein Fünfsternehotel, international bekannt durch den James-Bond-Film »*Octopussy*«. Gäste können sich dort unter vergoldeten Kronleuchtern betten, beim Tee auf royal gepolsterten Stühlen über das Wasser schauen, sich in einem Spa die Wohlstandssorgen aus der Stirn streichen lassen – oder Hochzeiten feiern. Meine zum Beispiel. Ich war noch nie im *Lake Palace*, aber eine meiner Großtanten wohnte eine Zeit lang in Udaipur und phantasierte über meine Vermählung auf dem See. Es war Spaß und Teil eines Spiels: die Hochzeit der nächsten Generationen erträumen, diese eine, wichtigste Etappe, der Auftakt des eigenen Familienlebens, auf das alle hinarbeiten. Sie sind Indiens wichtigster Gesellschaftskleber, können Brücken schlagen zwischen Kasten, Kultur und Religionen, oder Gemeinschaften nach innen festigen. Dadurch, wie viele Gäste sie sich leisten können, demonstrieren Familien mit Hochzeiten auch ihren sozialen Status. Für Viele bedeutet die Ehe außerdem soziale Sicherheit, ein Netz aus Menschen, die sich füreinander verantwortlich fühlen. Deswegen heißt es auch, man heirate nicht nur seine*n Partner*in, sondern eine Familie. Allem voran aber sind Hochzeiten ein Grund zu feiern. Wenn meine Tanten also von meiner Vermählung träumten, dann war die Frage nach dem Bräutigam, dessen Familie und der Anzahl der Gäste zweitrangig. In Gedanken ließen sie sich Kleider schneidern, die jüngeren Verwandten würden Tänze einstudieren. Heiraten: ein Fest, und das macht Spaß. Darin sind die meisten längst Expert*innen. Nur darüber, wie man überhaupt so weit kommt, verliert kaum jemand ein Wort.

Mit meinem Cousin Sharad sprach ich das erste Mal auf der Bank vor einem Restaurant in Chennai über die Liebe. Wir waren beide Ende 20, und er hatte eine Frau kennengelernt, so viel wusste ich. Sie telefonierten immer wieder, trafen sich ein paar Mal. Sie wollten das Gleiche, wurden sich aber nicht einig, wie genau dieses Gleiche aussehen sollte. Im Sinne einer gedanklichen Ordnung hatte mein Cousin daher eine Liste geschrieben – was ich ein bisschen witzig fand –, die er dort auf der Bank aus seiner Hosentasche fischte. Typisch Sharad halt, oder irgendwie auch typisch Wadhawan. Ich dachte daran, wie ich bereits erledigte Aufgaben in meinem Kalender notiere, nur um sie nachträglich abhaken zu können, und an Papas Schreibtisch, auf dem Papierstapel, Stifte und Büroklammern in sauberen Winkeln zueinander liegen. Wir haben einen kleinen Hang dazu, Dinge in Ordnung bringen zu müssen, und selbstverständlich eine ganz eigene Vorstellung davon, wie diese aussieht. Schon Sharads Ankündigung seines Vorhabens hatte sortiert geklungen, wie das Einräumen eines Supermarktregals. Er wolle eine Freundin finden, also eine Frau; diese eine besondere Person, mit der er sein Leben teilen konnte. *To settle down.* Um sich niederzulassen. Wir hatten noch nie über Frauen gesprochen, ich wusste nicht, ob mein Cousin schon einmal verliebt gewesen war, einem Mädchen auf Facebook hinterhergestalkt oder jemanden gedatet hatte. Ich wusste nur:

Auf einmal wollte er heiraten, und klar, dafür brauchte er eine Frau. A plus B gleich C. Ich war unsicher, ob ich gratulieren, ihm viel Glück wünschen oder nach dem ROI, Return of Investment, fragen sollte, so trocken sprach Sharad über das Projekt *Ehefrau finden*. Aber so kenne ich das aus Indien: Liebesbeziehungen sind erst einmal Formsache, ein logischer nächster Schritt im Entwicklungsplan des Lebens, der bei Frauen früher, bei Männern später gegangen wird. Ich dachte: Liebe plant man doch nicht, sie passiert! Von Liebe sprach Sharad aber gar nicht. Er wollte eine Person fürs Leben finden, und das bedeutete: Heiraten. In Indien ganz normales Business. Die größte indische Datingplattform heißt daher Shaadi. com, Shaadi, wie Hochzeit. Hier muss niemand in sein Profil schreiben: »Nur ernst gemeinte Anfragen« oder »Suche nichts Festes«, hier ist klar, worum es geht. Der unangefochtene Kuppelsieger des Landes aber bleibt das direkte soziale Umfeld. Über Eltern und Tanten, Großonkel oder Kollegen zieht die Nachricht, jemand suche eine*n Ehepartner*in, ihre Kreise, bis sie auf junge, ledige Töchter oder Söhne stößt, die darauf gewartet oder ihre eigene Suchanfrage hinausgeschickt haben. Solche Anfragen können Städte durchqueren und Ländergrenzen, manchmal auch Ozeane. Für sein erstes Date fuhr Sharad 3,5 Stunden mit dem Zug. Eine Tante hatte eine Freundin, die eine Tochter hatte. Mit ihren Eltern saßen sie im Wohnzimmer auf dem Sofa, gingen zu zweit spazieren. Seitdem telefonierten die beiden jeden Abend, um herauszufinden, ob sie ihr Leben miteinander verbringen wollten. Ich witterte minimale Druckgefühle, aber was wusste ich schon? Worüber sie dann so sprachen, fragte ich stattdessen, während wir auf der Bank saßen. »Ach, über alles mögliche. Was wir mögen und nicht mögen, unsere Erwartungen an einander.«

Eure Erwartungen? »Ja, was wir von einer Beziehung erwarten und vom Partner.«

Ich grinste herausfordernd. Was erwartest du denn von deiner Partnerin?

»Zum Beispiel, dass sie mir beisteht, egal, was ist. Und dass sie mir meinen Raum gibt«, sagte Sharad gewissenhaft. Es klang überraschend einleuchtend, aber sein Tonfall kündigte einen Konflikt an. Sah seine potenzielle Frau das anders? »Wir haben unterschiedliche Vorstellungen von ›Raum‹«, seufzte mein Cousin. »Ich finde es schwierig, wenn jemand von mir erwartet, dass wir alles gemeinsam machen. Dass es nicht deine oder meine Freunde gibt, sondern nur unsere. Mir ist wichtig, dass jeder auch als eigenständiges Individuum existiert, mit Interessen unabhängig vom Partner.« Ganz oben auf seiner Beziehungsordnungsliste hatte Sharad daher das Wort *Space* notiert – Freiraum – und wollte nun wissen, was ich darüber dachte. Ich konnte ihm zumindest nicht widersprechen. Sieben Jahre Beziehung hatten mich gelehrt, dass das Verhältnis zwischen *Ich* und *Wir* eine entscheidende Rolle für das Zusammensein spielt. Dass Sharad zu dieser Erkenntnis ganz ohne Ausprobieren gekommen war, imponierte mir ein bisschen. »Aber vielleicht«, sagte ich, »wirkt es etwas komisch, wenn dein potenzieller Lebenspartner als Erstes davon spricht, ihn bitte auch in Ruhe zu lassen.« Wir tauschten Anekdoten und Philosophien, Fragen wurden zu Antworten wurden zu Fragen. Wir spazierten noch am Strand entlang, wo ein Haufen Jungs in Jeans und T-Shirts in die Wellen sprang und Mädchen kichernd die Köpfe zueinanderdrehten. Sharads Herangehensweise wirkte auf mich arg verkopft, ging es doch vor allem darum, ob sich zwei Menschen mochten. Der Rest kam dann. Oder? Gegen Ende unseres Gesprächs wollte ich noch wissen, ob Sharad und diese Frau nun im Stadium des Ob oder des Wie wären. »Die Frage nach dem ›Ob‹ hat sich mir eigentlich nie gestellt.« Weil du sie direkt so toll fandest? Mein Cousin antwortete so sachlich, wie ich es von ihm erwartete. »Eher, weil ich das Ziel habe, eine Lebenspartnerin zu finden, und sie passt da gut rein.«

Den alten vedischen Schriften nach hat der Mensch vier Lebensziele: die Befriedigung sinnlichen Verlangens, Wohlstand, die Erfüllung kosmischer Ordnung (*Dharma*) und Erlösung (*Moksha*). Weil sich diese Vorgaben gegenseitig behindern können, gibt es eine Art Lebensprotokoll, das dabei hilft, sie zu erfüllen. So teilt sich das Leben eines Hindu in vier Stufen, man nennt sie *Ashramas*. Nach der ersten Phase des Lehrlings tritt ein Mensch über in die Stufe des Hausherrn oder der Hausdame. Dafür braucht es eine*n Partner*in, die Begleitung auf dem Weg zu Erfüllung von Verlangen, Wohlstand und Befreiung. Die dritte Phase – *Vanaprastha*, Leben im Wald – beginnt, wenn die Pflichten des Haushalters erledigt sind, und zwar frühestens mit der Geburt des ersten Enkels. Gemeinsam und individuell widmet sich das Ehepaar der spirituellen Entwicklung, pflegt Körper und Geist, meditiert, und bereitet sich so auf die Abnabelung von allen weltlichen Angelegenheiten vor, um schließlich in die Phase des *Sannyasa* einzutreten. Hier gilt es, alle Bindung an die Welt aufzugeben, sich letztlich auf den Tod vorzubereiten.

Papa hat mir von den *Ashramas* erzählt, als wir in Neu-Delhi auf dem Sofa saßen, zwischen uns die Ungewissheit, die sich in mir ausgebreitet hatte. Meine Familie wusste von dem neuen Mann in meinem Leben, und Papa schwieg angespannt, was in meinen Ohren lauter dröhnte als jedes ausgesprochene Wort. Dann begann er über sein Leben zu sprechen, über Mama und ihn, über all die Entscheidungen, die ihn an den Punkt getragen hatten, an dem er heute stand. Über die *Ashramas*. Und mit einem Mal war ich mir nicht mehr sicher, ob sein Planungseifer eine Charaktereigenschaft war oder nicht doch ein bisschen indische Kultur. Die Liebesbeziehung mit meiner

Mutter erzählte er nämlich gern wie den erfolgreichen Abschluss eines Projekts. Sicher, sie hätten gerne miteinander diskutiert und einander gemocht. Aber ihre Ehe sei nicht einfach so passiert. *Nicht so »by the way«!* Dahinter steckte ein Plan! Die Lernphase war vorbei, also wartete die nächste Stufe. Heiraten, Familie, Kinder, die erwachsen wären, bevor er in Rente ginge. Er habe das ausgerechnet und geplant. Manchmal kam auch eine Excel-Tabelle in der Erzählung vor. »Die Leute hier haben mich gefragt, ob wir eine arrangierte Ehe haben«, hatte er mal gescherzt, »und ich sage: Ja. *Ich* habe sie arrangiert.« Das Leben vergleicht er gern mit einer Abfolge von Projekten: eine Fabrik in Indien bauen, eine neue Kaffeemaschine kaufen, heiraten und Kinder großziehen, in Rente gehen. Eine Aneinanderreihung von Zielen, die er ineinanderwebt wie das vorgegebene Muster eines Teppichs. Wer eine Kaffeemaschine kaufen will, braucht Geld, wer Geld will, braucht Arbeit, und wer das Leben vollständig erfahren möchte, eine Familie. Die Liebe hilft dabei vielleicht, aber man sollte sich auch nicht auf sie verlassen. Keiner weiß, woher sie kommt. Das bedeutet doch auch: Niemand kann sicher wissen, ob sie bleibt. Zuneigung, Freundschaft, Anziehung nützen also nichts, wenn der Wille fehlt, sie zu kultivieren, immer wieder in sie zu investieren. Eine Entscheidung, die man nicht nur einmal trifft, sondern jeden Tag neu. Genau das macht es ja so schwierig.

/

Es ist einfach, sich festzulegen, wenn man keine Wahl hat. Als Oma Rup jung war, heiratete eine Frau mit 17, ein Mann mit 25. So war es, so sollte es sein. Oma Rup war das erste von sechs Kindern, die älteste von drei Töchtern. Eine Frau aus der Nachbarschaft mochte Oma, sie hatte einen Sohn. Er wurde Omas Ehemann und später mein Großvater. Oma war schön.

Zart, mit schmaler Nase und sanftem Lächeln. Sie las gern und liebte es, schöne Kleider zu tragen. Ihre Schwestern und Eltern nannten sie *Gudi*, wie Püppi. Jede Schwester trug so einen Spitznamen. Ich lernte sie so kennen: als Baby Aunty und Vini Aunty, Mini Aunty. Nach der Schule studierten die vier Haushaltswissenschaften. Gemüse anpflanzen, kochen, nähen, ein bisschen Ernährungswissenschaften, etwas Kinderpsychologie. Keine von ihnen beendete das Studium. Bildung war zu ihrer Zeit häufig noch eine Übergangslösung auf dem Weg eines Mädchens zur verheirateten Frau. Drei Töchter zu verheiraten aber kostete Geld und Zeit, man erledigte es besser früher als später. Die Frau wurde sozial und finanziell auch abgesichert. Gefragt wurden Rup und ihre Schwestern nicht. Aus 16- und 17-jährigen Mädchen wurden über Nacht Ehefrauen. Eine Rolle, die sie nie wieder ablegen würden. Es war schwierig für Rup, erzählte mir Omas Schwester Vini. »Es war hart.«

Was war hart? »Sie musste über Nacht eine andere werden.«

Wieso? »Du wechselst von einer Familie zur nächsten, passt dich an. So sollte es sein. Das Leben verlangte es. Morgens früh musste sie mit ihrem Mann spazieren gehen. Die Familie aß anders, war strenger. Manchmal kam sie nach Hause und bat Mutter, ihr etwas Leckeres zu kochen. Und ihre Ausbildung, ihr Studium waren vorbei.«

War sie unglücklich darüber?

»Nein, sie war recht glücklich damit, zu heiraten. Wenn die Eltern dir in diesem Alter keinen Mann suchten, war das, als liebten sie dich nicht.«

Und die Liebe zum Mann? Sie kannten sich ja gar nicht. »Zwei Familien kommen zusammen. Die Eltern sagen, du heiratest. Liebe folgt dann.«

Tut sie das? »Manche Paare haben sehr gute Beziehungen, andere haben sich nie gut verstanden.«

Wie war das bei dir, will ich wissen. »Als ich heiratete, hatten sich die Verhältnisse etwas verändert. Ich lernte den Jungen vorher kennen, die Familie kam zum Tee, dann er allein. Wir saßen auf der Veranda und redeten, gingen einmal ins Kino – in Begleitung meines Bruders. Wir trafen uns dreimal, nach sechs Wochen haben wir geheiratet.«

Du hättest ihn auch ablehnen können. »Ich hatte doch keine Ahnung vom Leben. Er war der erste Junge, den ich traf. Es war aufregend. Wir haben uns sehr gut verstanden, weil er mir erlaubt hat, zu tun, was ich wollte. Wir zogen in unser eigenes Zuhause, nicht in das seiner Eltern.«

Für Oma, für Großtante Vini und ihre Schwester war Heirat so unausweichlich wie Hausaufgaben oder die Pubertät. Daran kommen wir nicht vorbei, und es ist auch gut. Pflicht, Anpassung, Abschied – vom Zuhause, der Geborgenheit des Vorgegebenen. Aber auch: von den Regeln des Elternhauses, der kindlichen Rolle. Als ihre Töchter ins heiratsfähige Alter kamen, war die strenge Ordnung elastischer geworden. Tante Papu beendete ihr Studium, bevor sie heiratete. Sie hätte auch weiter studieren, sich einen Job suchen können. Aber alles, wonach meine Tante sich mit Anfang 20 sehnte, war ein bisschen Freiheit und Abenteuer. Die Spätvorstellung im Kino besuchen, das Haus verlassen, wenn ihr danach war, mit Freundinnen in Restaurants essen ohne den Bruder an ihrer Seite, durch Bazare wandern oder um die rauen Steinmauern historischer Minarette, Tempel und Mausoleen. Also suchte die Familie nach einem Mann, aber Papu sollte das letzte Wort haben. Es wurde der zweite Mann, den sie traf. Am Anfang mochte sie ihn nicht, weil er unmodische Schuhe trug und im Kreise ihrer Familie so still dasaß. Dann trafen sie sich zu dritt, gemeinsam mit ihrem Bruder, also meinem Vater. Zwei Tage später waren sie verlobt. Das war vor fast 50 Jahren.

Also mochtest du ihn, habe ich sie gefragt. »Es war keine Frage von Mögen oder nicht Mögen. Ich hatte nichts zu gewinnen oder zu verlieren. Ich habe gedacht: Wenn ich nicht ihn heirate, werden sie mir einen anderen suchen. Und wer weiß schon, ob der besser passt.«

Warst du nicht ein bisschen verliebt in ihn? »Ich kannte Liebe und Romantik aus Filmen. Für Liebe musst du eine Person doch kennen. Und um sie kennenzulernen, musst du bleiben.«

Wenn überhaupt, dachte ich immer, dann sind es Gefühle, die zu einem Versprechen führen. Papu aber sagt: Heirat bringt dir Liebe. Und Liebe hält dich dort.

Wird die arrangierte Ehe etwa maßlos unterschätzt? Natürlich steckt in dem Konzept viel verkrusteter Quatsch, den ein aufgeklärter Geist nicht ernsthaft tolerieren kann. Feministin, Humanistin und Individualistin in mir sträuben sich gegen die Enteignung der intimsten Privatsphäre und die damit einhergehende Rollenverteilung: Die Familie des Mannes sucht eine Frau, die der Mutter im Haushalt hilft, Erben gebiert und im besten Fall schön ist, damit die Familie an Ansehen gewinnt. Die Familie der Frau sucht einen Mann, der finanziell für Tochter und später Kinder sorgen kann. Heirat, ein Tauschgeschäft: Obdach gegen Dienstleistung und Fortpflanzung. Wer keine*n Tauschpartner*in findet, wird im besten Fall bemitleidet, im schlimmsten Fall verstoßen. Erst die Ehe berechtigt zur Existenz, weil sie auch anderen nutzt. Das ist kein indisches, sondern ein globales System. Bis ins 20. Jahrhundert hinein waren arrangierte Hochzeiten auch in Deutschland normal. Heiraten: Pragmatik für Realisten. Liebe: eine kindische Spielerei. Vielleicht werden Hochzeitstage in Indien deswegen nicht nur zwischen Eheleuten gefeiert, sie stehen außerdem in den Kalendern von Freund*innen und Verwandten, die Paaren Jahr um Jahr gratulieren wie sonst nur zum Geburtstag. Ein Teil von mir möchte das ablehnen, um das Prinzip Ehe nicht zu überhöhen, vor allem nicht über das Zwischenmenschliche zu heben, das ja den Kern des Ganzen ausmachen sollte. Ein Teil von mir findet also, dass Hochzeitstage Privatsache sind. Aber etwas an dieser Tradition finde ich auch schön. Vielleicht ist es die Anerkennung, die einer Lebenspartnerschaft gegeben wird. Weil ich weiß: Menschen entwickeln, Bedürfnisse verändern sich, das Leben wirft Pläne um, und die Richtung, in die wir gehen wollen oder müssen, kann sich jederzeit ändern. Trotz alledem eine Entscheidung zu treffen und dabei zu bleiben, ist manchmal gar nicht so einfach. Ein Hochzeits- oder Jahrestag scheint mir vor diesem Hintergrund um einiges gratulierenswürdiger als ein Geburtstag. Am Leben zu bleiben schaffen die meisten aus Reflex. Zusammenbleiben bedeutet, Reflexen auch mal standzuhalten.

»Liebe hilft dir, dich selbst zu finden«, sagt Tante Papu.

Wie meinst du das? »Es ist mehr wie Freundschaft. Du bist für die andere Person da, was auch immer ist. Das ist sehr schwierig, du musst etwas dafür tun. Deine Meinung sagen, aber freundlich. Keine Erwartungen an den anderen haben. Ihr lasst einander Raum und seid trotzdem zusammen. Und du merkst, dass alle deine Gefühle aus dir selbst heraus kommen und nicht der andere sie verursacht. Aber er ist da, wenn du eine Schulter zum Anlehnen brauchst. Das ist wichtig: Zu wissen, der andere lässt dich nicht im Stich.«

Bei euch hat es funktioniert, obwohl ihr einander kaum kanntet. »Es braucht Zeit. Du kannst nicht heiraten und erwarten, automatisch zu lieben. Wir mussten uns auch anpassen, es war am Anfang schwierig. Aber ich habe ihn die Kunst des Vergebens und Vergessens gelehrt, und er hat mich immer ermutigt und ist sehr liebevoll. Es ist ein Geben und Nehmen.«

Die Tradition der arrangierten Ehe ist in den letzten Jahrzehnten vor allem in den urbanen, gebildeten Schichten zunehmend aufgeweicht. Familie und soziales Umfeld sind immer noch Teil des Partnersuchprozesses, wenn nötig. Das unterscheidet Indien nicht von anderen Ländern. Auch die meisten Paare in Deutschland lernen sich über Freund*innen oder Kolleg*innen kennen. Nach dem passenden *Match* suchend wischen Inder*innen ebenso über Dating-Apps wie der Rest der Welt. Nur dass hier schneller eine offizielle Entscheidung getroffen wird.

Der arrangierten und semi-arrangierten Ehe steht die Liebes-Hochzeit gegenüber. *Love-Marriage.* Papus Tochter, meine Cousine Shruti, zum Beispiel heiratete aus Liebe. Das heißt: Sie mochte ihren Mann, bevor sie geplant hatte, zu heiraten. Die beiden waren Schulkamerad*innen, dann Freunde. Mit Mitte zwanzig gaben sie einander das Ja-Wort. Ich war gerade 18 und weinte um das Aus einer Beziehung, die ich selbst beendet hatte. Auf dem Weg zu ihrer Hochzeit in Goa verzweifelte ich fast an der Frage, wo die Liebe so plötzlich hinmusste, wenn sie verschwand. Ein Teil von mir wollte so unbedingt daran festhalten. Gleichzeitig fiel es mir schwer, nachzuvollziehen, wie sich zwei Menschen in jungen Jahren so selbstverständlich ein Versprechen geben konnten, das im besten Fall für immer halten sollte. Von Liebe sprach Shruti übrigens nicht. »Wir wollten einfach zusammen sein.« *Commitment.* So nennen sie das hier, ein Sich-zueinander-Bekennen, ein Einverständnis, wie Licht, das man anknipst. Es gibt nur alles oder nichts, kein Zwischendrin oder Mal-Sehen. »Wir haben dieses Konzept des Ausprobierens hier nicht so«, sagte Shruti damals, und für mich klang das nicht nach liebloser Pragmatik oder Mutlosigkeit aus Angst vor dem Alleinsein, sondern nach einem Geheimnis, das mir verborgen lag.

»Die romantische Liebe wird seit jeher im Kapitalismus absichtlich als ein Mythos konstruiert«, stellt die Autorin und Journalistin Seyda Kurt in ihrem Buch »*Radikale Zärtlichkeit*« fest. Sie beschreibt die Idee der traditionellen, also meist heterosexuellen, Paarbeziehung als ein Instrument, das Patriarchat und den Kapitalismus am Leben zu erhalten. Jeder Person werde dadurch eine bestimmte Funktion zugewiesen, um ein Ordnungssystem aufrechtzuerhalten, das mehr dem Machterhalt und der Ordnung an sich dient als den Menschen darin.

Je unkonkreter aber die Idee der Liebe, desto weniger liegt sie auch in unserer Kontrolle. Desto passiver werde ich in ihrem Konsum, und desto eher entziehe ich mich meiner eigenen Verantwortung – schließlich lassen sich Gefühle nicht erzwingen. »Vielleicht sprechen wir deswegen so gern über *Liebe*«, schreibt Kurt, »weil es uns entlastet, uns eine Vollkommenheit des absolut Wahren und Schönen und der Zugehörigkeit vorgaukelt, an die ich nicht glaube.«[1] Bei dem Begriff Zugehörigkeit musste ich nachdenken. Wie sehr hängt Liebe damit zusammen, wo wir hingehören – und damit auch: wer wir sein – wollen? In jeder Beziehung zu einem Menschen erfahre ich mich doch anders. Ist es nicht auch das, was wir beginnen zu lieben – die Person, die wir dem Partner oder der Partnerin sein können? Verliebtheit, habe ich eine Psychologin irgendwo sagen hören, ist immer Projektion. Wir fühlen uns automatisch angezogen von Menschen, die so sind, wie wir gern wären. Oder: Die etwas haben, das wir brauchen. Ist das, was wir mythisch als Liebe bezeichnen, eigentlich auch ein Trick, mit dem wir versuchen, uns selbst von einem Mangel zu befreien?

Dieser Mann in Papas Heimat passte gut in meinen Mangel. Er gehörte mehr nach Indien als ich, hatte aber auch Jahre seiner Kindheit und später als Erwachsener in anderen Ländern verbracht. Hindi sprach er mit Akzent, weil er aus dem Süden kam, aber gut genug, um mir bei Recherchen mit der Übersetzung zu helfen. Deutsch konnte er auch, mehr als ein bisschen. Er wusste, was ich immer wissen wollte, über das Land, die Menschen. Er war in Indien zuhause, und in dieser Sehnsucht, die mich überkommen hatte, musste das Schicksal sein, denn mit ihm könnte auch ich das. Einer, der mir half, zwei Welten miteinander zu verbinden, die ich mühsam zu trennen versucht hatte, weil sie zwar in mir, aber nicht im Außen zusammengehörten. Sicher, die Gründe für eine besondere Anziehungskraft sind immer vielfältig. Aber ich wurde das Gefühl nicht los, dass sie weniger mit ihm als Mensch als mehr mit mir zu tun hatten.

Tante Papu hatte gesagt: »Liebe hilft dir, dich selbst zu finden«, und ich dachte, dass man diesen Satz gut missverstehen konnte. Sie meinte damit nämlich nicht, dass wir jemanden finden, der uns vervollständigt. Sondern, dass die Beziehung, genau wie ein gesundes Zuhause, ein Ort sein kann, an dem wir genügend Rückhalt, Vertrauen und Verständnis erfahren, um diese Lücke selbst zu füllen, oder, noch besser: um zu verstehen, das wir kein Mangel sind, sondern in der Vielzahl unserer Teile einzigartig und vollständig. Menschen, habe ich einmal gelesen, ringen mit zwei auf den ersten Blick sehr gegenteiligen Bedürfnissen: dem Wunsch nach Verbundenheit und dem nach Autonomie. Wir wollen uns beim anderen sicher fühlen, aber uns aus dieser Sicherheit heraus als freie und autonome Individuen erleben. Die Liebesbeziehung also: ein Ort der Ich-Werdung. Deswegen sprach mein Cousin Sharad auch von *Space*. Meine Mutter sagt: »Das Wichtigste ist deine eigene Persönlichkeit. Du musst tief in dich hineinhören, was du wirklich machen willst im Leben, dich nicht abhängig machen von dem anderen. Wenn die Abhängigkeit zu tief ist, kannst du nicht zufrieden sein.« Papa meint: »Beziehungen funktionieren sehr gut, wenn beide Personen eigene Aufgaben und eigene Interessen haben. Man kommt zusammen, ist aber nicht auf den anderen angewiesen.« Anders formuliert: Wenn ich Antworten im Anderen suche, gebe ich die Verantwortung über mein eigenes Glück ab – und halte schließlich auch mein Gegenüber darin fest. Ich musste daran denken, wie ich mir als Studentin einen Musiker zum Freund gewünscht hatte, damit wir gemeinsam Lieder schreiben konnten. Später sehnte ich mich nach jemandem, der sich genauso in Büchern verlor wie ich, oder verstand, was es bedeutete, die Geschichten anderer aufzuschreiben. Manchmal erhoffte ich mir jemanden, der mir meine Ängste nahm, mich zu gesünderem Essen animierte oder ins Ausland zog, damit ich ihm folgen konnte. Am Ende verliebte ich mich ganz unabhängig von Interessen, Ernährungsverhalten oder beruflichen Perspektiven. Trotzdem kam es in meinen Beziehungen vor, dass mich am anderen genau das störte, was ich mir selbst vorwarf, aber es zu ändern, schaffte ich allein nicht.

Dabei ist der Partner genauso ein Mensch mit individuellen Bedürfnissen, der sich entwickelt. Um das zuzulassen aber, müsste ich ihm wirklich zuhören und ihn er selbst sein lassen – egal, was ich von ihm, aber eigentlich von mir, erwarte. Ein Zu-sich-Finden, einerseits. Und ein Den-anderen-Zulassen, andererseits. Ein Ich-Du-Wir – und zwar immer gleichzeitig. Das macht es doch auch so schwierig.

»Hab keine Erwartungen«, meinte Papu. Liebe also, im Grunde eine Haltung. Der Wille, die andere Person *werden* zu lassen und für sie da zu sein. Raum machen, ohne den Raum zu verlassen. Aushalten, zuhören, Verständnis haben. Eine Art Zärtlichkeit, die im Alltäglichen steckt, wie bei Kindern. *Commitment*, nicht nur auf dem Papier. Die Autorin bell hooks plädiert in ihrem Buch »*All about love*« deswegen für eine Reform der Phrasen, mit denen wir über Liebe sprechen. Statt passiver Liebes-Ausdrücke wie »*falling in love*« (in Liebe verfallen) schlägt sie Formulierungen vor wie: *I will love*.[2]

Ich werde lieben. Ich weiß, am Ende ist alles komplexer. Aber eins wurde mir schon klar: Wenn ich wirklich lieben will, sollte ich nicht nach mir im anderen suchen. Oder darauf hoffen, die Antwort auf meine empfundenen Unzulänglichkeiten in ihm oder ihr zu finden. Das bedeutet auch: Ich muss mich meiner eigenen Unzufriedenheit stellen, meine Sehnsüchte entziffern – damit ich sie nicht dem anderen auferlege.

Ist es also egal, wen wir lieben, wenn wir nur die richtige Haltung zur Liebe haben? Während seiner Suche sprach ich mit meinem Cousin Sharad immer wieder darüber. »Liebe ist Arbeit«, sagte er dann und ich lächelte mütterlich in mich hinein, während ich mich fragte, ob das Hindiwort für Arbeit, *Kam*, dem Wort für Liebe, *Kama*, deswegen so ähnlich ist. In den Veden gibt es einen Vers, der in etwa lautet: Kompatibilität sollte niemals ein Thema zwischen Ehemann und Ehefrau sein, Liebe kommt mit gegenseitigem Verstehen. Cousin Sharad sagte, es ginge um Loyalität. »Dass die Person zu einem steht. »Man lernt, sich zu lieben.« Loyalität, *commitment*, eine aktive Haltung. Das alles klingt wahr, und trotzdem fehlte mir da diese eine Komponente, die erklärte, warum wir für unsere Praxis des Ich-werde-Lieben gerade diese eine Person – oder mehrere – auswählen.

Fast fünf Jahre nach unserem Gespräch auf der Bank vor einem Restaurant rief Sharad mich an. Im Dezember werde er heiraten. Über die Jahre hatte er Dutzende Frauen kennengelernt, manche gedatet. Eine Kuppelagentur half, die Familie, Bekannte. Aber erst vor einigen Monaten hatte er diese eine Frau getroffen. Warum gerade *sie*, wollte ich wissen. Wenn die Frauen, die er kennengelernt hatte, doch alle dasselbe Ziel hatten, wenn das *commitment* doch bei allen vorhanden war? »Ich hatte großes Glück«, sagte er. »Wir fühlen uns wohl miteinander.« Beide seien ehrgeizig in ihren Jobs, verstünden sich gut mit Eltern und Verwandten. Das war Sharad wichtig, die Familie spielt eine große Rolle im Alltag. Sicher aber gab es doch jede Menge Frauen mit diesem Profil? »Ich hatte großes Glück«, sagte Sharad wieder. Seine Zukünftige ging frühmorgens mit ihm im Park spazieren, das würde nicht jede Frau tun. »Es ist einfach. Wir mögen einander.«

Ich las in dieser Zeit von einer Geschichte aus den *Upanishaden*, einem Teil der *Veden*. Ein Heiliger wird von seinen Schülern gebeten, die Natur Gottes zu erklären. Der weise Man, normalerweise ein redseliger Gefährte, verfällt daraufhin in Schweigen. Als seine Schüler ihn erneut zu einer Antwort drängen, sagt er ihnen: Sein Schweigen sei die Antwort. Das Göttliche könne nicht auf Worte reduziert werden. Weder Sprache noch Gedanken würden ausreichen. »Jene, die es verstehen, haben es nicht verstanden«, sagt Kena Upanishad. »Jene, die es nicht verstanden haben, verstehen es.« Die finalen Worte der Upanishads lauten *neti, neti* – not this, not that; weder dies noch das – Ausdruck für die Unbeschreiblichkeit des Absoluten. Es ist, worüber nichts gesagt werden kann. Vielleicht, denke ich, ist es so auch mit der als romantisch bezeichneten Liebe: Der Verstand kann sich zwar ein Ziel suchen, eine Haltung einnehmen, wir können einander liebevoll behandeln, aber am Ende bleibt immer etwas Unbeschreibliches an zwischenmenschlichen Verbindungen, etwas, für das wir keine einfache Erklärung finden. Vielleicht ist es eine besondere Energie des anderen, die mit unserer schwingt, vielleicht die Ähnlichkeit unserer Weltanschauung, oder gerade die Unterschiede, zwischen denen zwei Menschen sich finden. Vielleicht ist es die Frequenz, in der wir Entspannung finden, oder ähnliche Interessen, die uns gemeinsam antreiben. Vielleicht ist es all das kombiniert mit einer körperlichen Kompatibilität, die so rational erklärbar ist wie der Aufbau eines Moleküls. Sicher ist es, wie Sharad sagt, auch Glück. Zuneigung spüren, eine liebevolle Verbindung. Timing. Gleichzeitig bereit dafür sein, eine Entscheidung zu treffen, aber ohne vom anderen mehr zu erwarten als füreinander da zu sein. Zu lieben, zu zweifeln, einander den Raum zu lassen, unterschiedlicher Meinung zu sein, sich nach mehr zu sehnen und im Weniger zu finden, manchmal zu kämpfen. Aber gemeinsam.

/

»Ich habe gerade die Nachricht erhalten, dass Ahmed heute Morgen gestorben ist. Das ist sehr, sehr traurig«, hatte Papa geschrieben, morgens um 2:57 am 17. September 2018. Im Zug auf dem Rückweg von Jaipur in Rajasthan, wo seine Familie herkommt, habe Ahmed Fieber bekommen, erzählen sie mir am Telefon. Er wurde behandelt, aber dann versagte sein Herz. »Er hinterlässt eine Frau, eine Tochter und drei Söhne. Er war ein Mitglied unserer Familie. Möge seine Seele in Frieden ruhen und seine Familie die nötige Kraft finden, diesen Verlust zu überstehen«, stand in einer Nachricht, die meine Eltern an Verwandte geschickt hatten. Ich las alles am Morgen, zwei Tage vor meinem eigenen Flug nach Indien. Eine Trauer überkam mich, die ich nicht greifen konnte. Was wurde jetzt aus seiner Familie, die Tochter, die doch gerade heiraten sollte, die Söhne, der eine noch in der Schule. Und, ich traute es mich kaum zu denken: Was wurde jetzt aus uns? Ich wurde das Gefühl nicht los, dass sich ohne Ahmed alles verändern würde.

Freund*innen, die in den vergangenen Jahren auf ihren Reisen bei uns untergekommen waren, bat ich, mir Fotos von Ahmed und sich zu schicken, von Stadttouren und Familienbesuchen. *Ahmed driver, Ahmed cook, Ahmed security, Ahmed manager. Ahmed touristguide.* Die Bilder druckte ich aus und bastelte eine Karte. Am Nachmittag, zwei Tage nach Papas Nachricht, las ich sie seiner Familie auf Deutsch vor, und Papa übersetzte auf Hindi. Wir waren zu Ahmed nach

Hause gefahren. Kurz vorher hatte uns sein ältester Sohn Jamal besucht. Er war Papa entgegengelaufen, auf die Knie gefallen und hatte dessen Beine wie ein Kind umschlugen, bitterlich weinend. Dieser sonst so stille, manchmal schüchterne, schmächtige Zwirbelbartträger war jetzt der älteste Mann in der Familie. Unter dem Gewicht aus Trauer und Verantwortung, das ihn zu Boden zwang, schien der gesamte Raum für einen Moment abzusacken, wie ein Fahrstuhl. Gemeinsam fuhren wir zu seiner Familie.

Und da saßen wir nun alle gemeinsam, in einem kleinen fensterlosen Zimmer mit Kingsize-Bett, Kühlschrank und Fernseher. Sonnenlicht fiel durch die Tür, von der Decke spendete eine Glühbirne zusätzlich Licht. Es war das typische Wohnschlafzimmer einer indischen Familie aus durchschnittlichen Verhältnissen, wie ich sie sonst nur von Recherchen kenne.

Natürlich habe ich die sozioökonomischen Gräben, die uns trennten, immer sehr deutlich gespürt. Wenn Ahmed in der Küche Omelett briet und ich im Wohnzimmer auf meinem Macbook tippte, fragte ich mich jedes Mal, wie es sein konnte, dass er dort stand und ich hier saß. Dass wir derart aufeinander angewiesen waren und so viele Welten uns trennten. In sein WhatsApp-Profil lud er manchmal Statusbilder hoch, auf denen er vor unserem Auto oder mit seinem Sohn in unserem Wohnzimmer posierte. Ich fand das witzig, und gleichzeitig schämte ich mich dafür, dass sich für mich selbstverständlich anfühlte, womit sie protzten. Ahmed fand die richtigen Leute für Reparaturen jeder Art, konnte sich hervorragend durch den Großstadt-Verkehr schnauzen. Was er fühlte, über die Welt dachte, das wusste ich nicht und konnte es nicht erfragen. Was ich dachte, war: wie willkürlich einem das Leben zugeteilt wurde. In welche Verhältnisse jemand geboren wird, ist Zufall. Die Verhältnisse an sich aber, sie folgen Strukturen, die den gesamten Globus umfassen. In Indien sieht man sie besonders gut.

Ahmeds Frau, seine Mutter, Tochter und ein paar andere Frauen saßen im Halbkreis auf dem Boden, die bunten Tücher ihrer Saris über die Köpfe und zum Teil auch über die Gesichter gezogen. Jemand holte *Sahib*, Papa einen Plastikstuhl, ich setze mich auf die Bettkante und las die Karte vor. Danach hockte ich mich auf den Boden, umarmte die trauernden Frauen reihum, und jede Einzelne heulte dabei laut auf. Papa plauderte noch eine Weile mit den Anwesenden, dann fuhren wir zurück in unser Haus, das sich mit einem Mal verlassen anfühlte.

Nach dem Besuch bei Ahmeds Familie bin ich zu meiner Recherche aufgebrochen, die mich weg von Neu-Delhi führte. Eine Journalistin auf Reisen, aber auch: eine Verlorene auf der Suche nach zuhause. Als ich drei Monate später in das Haus meiner Familie zurückkehrte, kurz vor meinem Rückflug nach Deutschland, verschwinden mein Goldring und die Armreifen meiner Großmutter. Ich will nicht glauben, dass Ahmeds Sohn Jamal dahintersteckt, befürchte es aber. Papa wird Teil des Investigativteams, und eine Woche später taucht der Ring wieder auf, Ahmeds Familie hat ihn beim Sohn gefunden und bringt ihn zurück. Im Grunde ist also alles gutgegangen, aber so fühlt es sich nicht an. Ich schäme mich: Weil ich Jamal in meiner unbekümmerten Naivität überhaupt die Möglichkeit gegeben habe, sich und die Familie in Schwierigkeiten zu bringen. Weil ich mich dadurch, wie Papa treffend anmerkt, »voll doof« verhalten habe. Gleichzeitig fühle ich mich ihm seltsam verbunden. Wir beide haben die Orientierung verloren, wissen offensichtlich nicht, wohin. Papa hatte geschrieben: »Ich werde Indien hundertprozentig verlassen.« Sag mir, was dein Plan ist. Aber alles, was ich wusste, war, dass ich keinen hatte.

11 Abschied

Ich erinnere mich nicht an den letzten Besuch bei meinen Großeltern in Indien oder die letzten Worte, die wir wechselten.
Aber ich erinnere mich an diesen Moment im Auto, ich war
noch ein Kind. Am Ende der Ferien stiegen meine Eltern, mein
Bruder und ich ins Taxi. Bestimmt konnte ich es kaum erwarten, meine Freundinnen wiederzusehen, im eigenen Bett zu
schlafen. Aber dann drehte ich mich um. Aus dem Heckfenster
winkte ich Oma und Opa zu. Sie standen in der Ausfahrt wie
zurückgelassen, und ich musste plötzlich weinen, weil sie für
mein Verständnis so furchtbar alt waren und ich mich zum ersten Mal, ich weiß nicht wieso, fragte, ob wir uns wiedersehen
würden.

Ich hatte mich auch diesmal umgedreht, aber es war taghell,
und vor der Einfahrt standen meine Eltern. Weinen konnte ich
nicht, obwohl ich wusste, dass der Abschied endgültig war.
Mutter und Vater würde ich in ein paar Wochen wiedersehen,
aber vor dieser Einfahrt, vor diesem Haus standen sie das letzte
Mal. Im Winter hatte Papa einen Käufer gefunden. Im Februar
hatten wir uns alle im Haus getroffen, ein letztes Mal, zum
Ausräumen. Ich schlief im Zimmer meiner Großeltern, über
die Jahre war es zu *meinem* Zimmer geworden. Wie jede erste
Nacht in dem großen Bett mit der harten Matratze hatte ich
dem Rotieren des Deckenventilators zugehört, der Wind hatte

mit dem Haar in meinem Nacken gespielt, und ich spürte, wie die Zeit durch den Raum wirbelte. Denn da an der Wand schaute ich Fernsehen, während Oma auf dem Bett lag, und dort drüben saß ich auf ihrem Schoß, als sie mir zwei goldene Armreifen schenkte. Der Fernseher war weg, Oma auch, nur ich war hier, aber bald auch nicht mehr. Am Morgen hatte Mama an der Terrassentür ihren Tee getrunken, »Hallo, Julchen!« gerufen, wie sie es auch zuhause tut, wenn ich verschlafen aus meinem·Zimmer schleiche. Aber hier klang es anders, hier hupte es im Hintergrund, die Luft war wärmer, und alle Türen im Haus standen offen. Wir waren in einer Parallelwelt gelandet, aber wir waren auch zuhause.

Im Garten pressten die ersten Auberginen ihr noch grünes Kleid durch die Knospen, eine rote Chili hing einsam an der Spitze ihres Baums. Mein Bruder Arun hatte Wackelpudding mitgebracht, *jelly*, Geschmack Himbeere. Er ist der ruhigere von uns, eher Karrieretyp als ich, alles wirkt bei ihm irgendwie immer in Ordnung. Arun kümmert sich, ist immer zur Stelle, ein großer Bruder, der mir bei jedem Umzug geholfen hat, mit dem ich mich geschwisterlich angemessen streiten und auch ohne Worte wieder vertragen kann. Seine Meinung sagt er, wenn er es für notwendig hält, und wir haben einander sehr lieb. Sentimental sind wir trotzdem selten. Aber dann packte er den Wackelpudding aus, und ich musste schlucken. Ein bisschen rotes Pulver, hauptsächlich aus Zucker und Gelatine, und ich war ein Mädchen, das mit seinem großen Bruder am Esstisch »Liebeslied« von Absolute Beginner rappte und bei Oma Rup und Opa Rajinder *jelly* mit Vanilleeis aß. In der Küche rührten wir die Nachspeise diesmal selbst an. Es war das erste Mal seit über 15 Jahren, dass wir zu viert in Indien waren: Mama, Papa, Arun und ich. In der Zwischenzeit hatten wir alle unsere eigenen Beziehungen zu diesem Ort gelebt. Hinter uns stand noch ein Bild von Oma Rup und Opa Rajinder, ein

Schwarzweißporträt von ihrer Hochzeit. Papa trug seine Baskenmütze auf dem feinen Haar, zum Schutz vor Neu-Delhis Winterluft, die Anfang Februar bis ins Haus gekrochen kam. Mit Arun stieg ich zum ersten und letzten Mal die kleine Wendeltreppe zu Ahmeds Dienstzimmer hoch. Nur eine leere Cola-Flasche stand noch im Wandregal. Ahmed hatte sie jeden Abend am Wasserfilter in unserer Küche aufgefüllt, bevor er aus der Tür gehuscht war und mich angewiesen hatte, sie hinter ihm abzuschließen, in dieser Mischung aus Englisch und Hindi, die auch ich verstand. *Lock Karo.* Schließ ab. Als ich nun zum letzten Mal durch die Tür nach draußen lief, wurde mir klar, dass dieses Haus der einzige Ort war, der mich mein ganzes Leben begleitet hatte. Ich habe kein Elternhaus, dem die Erinnerungen meiner Kindheit in den Wänden stecken. Mir war das auch nicht wichtig, Erinnerungen, dachte ich, leben ja in uns, und Abschiede gehörten immer schon dazu. Was ich aber hatte, war ein Großelternhaus, das sich über die Jahrzehnte mit uns verändert hatte, aber immer da war. Die Menschen, die es einst zu *meinem* Ort machten, sind schon lange fort, meine Eltern hatten ihre Rollen zu füllen versucht. Was stand mir noch zu, wenn dieser Ort nun verschwand?

Papa, der in dem Haus nicht aufgewachsen ist, war pragmatisch wie immer: »Ohne meine Eltern habe ich eigentlich keine emotionale Verbindung zu diesem Haus«, und seine Abgeklärtheit versetzte mir einen klitzekleinen Stich.

Ich bin noch einmal nach Neu-Delhi gekommen. Nicht in unser Haus, an dessen Stelle schon ein paar Monate später ein neues Gebäude in die Höhe wuchs. Ich kam in eine andere Wohnung, nicht weit entfernt, in derselben Stadt, zu diesem Mann, bei dem ich etwas suchte, das ich noch nicht begriffen hatte. Von der Terrasse aus konnte ich den blauen Himmel sehen. Es gab kein Gemüsebeet, aber Kunstrasen, auf dem ich am Morgen meine Yogamatte ausrollte. Danach nippte ich am heißen Tee und dachte an meine Mutter, die das erste Mal zu ihrer Hochzeit nach Indien gereist war, ohne Eltern oder Freunde. Papa sprach kein Deutsch, alles war hier anders, Sprachen, Essen, Gerüche, Klänge. Ich dachte an Tante Vini, die als junge verheiratete Frau lernte, allein durch die Straßen zu spazieren; an Tante Papu, der die Ehe zu sich selbst finden half, und an meine Großmutter, die auf dem Gasherd *Chapatis* buk. Es gab auch in dieser Küche einen Gasherd, und wann immer ich konnte, spazierte ich durch die Seitenstraßen des ruhigen Wohnviertels. Mir gefiel der Gedanke, alle diese Geschichten weiterzuschreiben, den Kreis irgendwie zu schließen. Mama kam her, dann gingen Papa und sie fort, Vini auch und schließlich Oma. Heute waren sie alle fort, und ich kam wieder. Trotzdem wurde ich das Gefühl nicht los, nur auf Durchreise zu sein. An der Stadt lag es nicht, Neu-Delhi und ich kamen uns eher näher. Aber dieser Mann, das wurde mir mit jedem Tag klarer, würde mich nicht vervollständigen, im Gegenteil. Was uns verband, war vor allem der Wunsch nach Klarheit im anderen, nicht unbedingt Zuneigung, Leichtigkeit oder *Commitment*. Ich erwartete von ihm, mich zu einer Person zu machen, die ich allein nicht sein konnte, und er suchte in mir genauso Antworten wie ich in ihm. Aber die musste jede*r für dich finden.

/

Einen Irrweg verlässt man am sichersten rückwärts. Die eigenen Schritte zurückzuverfolgen reicht dabei nicht immer. Manchmal muss man die der anderen finden. Zurück führt ein Flug, eine Bahnreise, eine kurze Autofahrt. Zurück ist das Wohnhaus meiner Eltern in einem hessischen Dorf, in dem jetzt Oma Rup und Opa Rajindas schwerer Esstisch steht, die

Kommode aus ihrem Schlafzimmer, der kleine Schrank. Im Container übers Meer geschifft. Neben den weißen Regalen und Vitrinen wirken sie, wie ich mich fühle: verloren, entrückt, falsch abgestellt. Wenn ich ehrlich bin, hat hier auch vorher nichts zusammengepasst. Indische Gemälde an den Wänden, zwei knallrote Wintersterne auf der Fensterbank, diese royale Standuhr von Opa Paul, mit goldenem Pendel, dazwischen der Ikea-Tisch, helle Eiche, den ich vor 15 Jahren mit Mama aufgebaut habe, und ein paar schwarze Stühle aus Papas alter Firma. Meine Eltern tendieren zu zwei Verhaltensweisen: erstens, Dinge aufzuheben, und zweitens, diese willkürlich miteinander zu kombinieren. Mich hat das früher gestört, bis Freundinnen mir ähnliche Tendenzen in meiner Kleidungswahl attestierten. Heute nenne ich das *eklektisch*. Den meisten Menschen muss ich das Wort erklären, das auch mir eine Freundin erklärt hat. Aber *eklektisch* klingt nun mal besser als »zusammengewürfelt« oder, noch schlimmer, »beliebig«. Ich betrachte die Anrichte zur offenen Küche, auf der Buddha-Figuren in unterschiedlichen Größen meditieren. Auf der Kommode direkt darunter steht eine Sammlung Bilder in eklektisch zusammengestellten Rahmen. Onkel Andi und Cousine Anika in Farbe, meine Großeltern Rup und Rajinder in Schwarz-Weiß, Oma Annemarie und Opa Paul in Farbe, mein Bruder mit Frau und Baby, meine Eltern. Ich. Allein. Ein alter Schnappschuss auf dem Sofa, mit dem Handy aufgenommen. Mama hat ihn in einen Rahmen aus kitschigen Silberpailletten gesteckt, der aussieht wie ein Schrottwichtel-Geschenk, das so lange weitergereicht wurde, bis sie sich eben erbarmte. Er passt hier nicht hin, ich passe hier nicht hin, eigentlich passt hier nichts (mehr) hin, trotzdem sind wir alle hier, es ist okay, und irgendwie tröstet mich das. Weil ein Rahmen ein Rahmen ist, wieso sollte er nicht zu den anderen gehören? Und ein Mensch ist ein Mensch, braucht es wirklich mehr Gemeinsamkeit als das?

Weiter zurück als zum Haus meiner Eltern kann ich nicht gehen, zumindest nicht allein. Deswegen bin ich mit Papa in ein Café gefahren. Wir sitzen draußen, als die Kirchenglocken läuten. Ich habe mein Notizheft aufgeschlagen. Dies ist kein normales Gespräch, sondern eine Recherche. Noch einmal will ich Journalistin sein statt Tochter. Um mich der Geschichte aus einer Perspektive zu nähern, die ich noch nicht kenne. Papa ist nicht mein Vater, sondern ein Mensch, der vor über 40 Jahren seine Heimat verließ und sich jetzt, in einem hessischen Kurort, daran zu erinnern versucht, wo er in einem anderen Land zur Schule ging, wann er mit seiner Familie in welchem Viertel, in welcher Stadt lebte. »Jetzt bin ich ein alter Mann«, sagt er, »ich vermische alles.« Ein Wasserbüffel kommt in seiner Erzählung vor, er stand hinterm Haus und gab jeden Morgen Milch, da war Papa noch ein Kind. Später teilte sich die Nachbarschaft eine ganze Parzelle voller Büffel. Mein Bruder konnte schon laufen, mit der Milchkanne in der einen und Opa Rajinder an der anderen Hand. Oma Rups Haare reichten bis zum Po, weil Sikhs daran glauben, dass der Körper in perfekter Form geschaffen wurde, weshalb man an ihm möglichst wenig ändern sollte. Papa ist kein Sikh, aber er hat immer gesagt: »Lasst eure Körper in Ruhe.« Er ist auch kein Inder, zumindest will er nicht so genannt werden. Seine Muttersprache ist Englisch, Hindi kam danach, genau wie Panjabi, Gujarati und Deutsch. Das höre ich zum ersten Mal, denke ich zumindest. Vielleicht ist es auch wie mit der Religion: Ich konnte lange nicht glauben, dass die Muttersprache eines Inders Englisch sein konnte, weil ich es nicht verstand. Weil *meine* Idee von Indien genauso von Annahmen und Klischees geprägt war wie die meiner Freund*innen. Weil ich dachte: Ein Inder musste doch *Indisch* sprechen. Papa sagt, er beherrsche Deutsch heute besser als die drei indischen Sprachen. Ein Bankformular in den Schriftzeichen des *Devanagari* versteht er genauso mittel-gut wie ein

Großteil der hindisprechenden Bevölkerung die in gehobenem Duktus gehaltenen Reden des indischen Premierministers. In der Schule las er »*Fünf Freunde*« der britischen Autorin Enid Blyton, die auch ich später auf Deutsch verschlang. Durch die Erinnerungen meiner Kindheit klingen Melodien englischer Kinderlieder und Musicals, die Papa gerne sang. »Wir sind mit der britischen und westlichen Kultur aufgewachsen«, sagt er schließlich, und mir wird klar, dass ich in diesem Gespräch nicht die Einzige bin, die um ihre Identität ringt. Die Frage nach einem *ursprünglichen* Indien hat vermutlich auch Papas Selbstverständnis beeinflusst. Ich frage mich, wie weit man zurückgehen muss, um diesen Ursprung zu finden, diesen Ort der vermeintlichen Unberührtheit. Wo beginnt, wo endet – Staatsbürgerschaft an dieser Stelle mal vorausgesetzt – *Deutsch*? Ehrlich gesagt fand ich diese Diskussion immer sinnlos, weil ich aus eigener Erfahrung wusste, wie divers die Lebensrealitäten in meiner Heimat sind. *Deutsch* definiert jede*r für sich, genau wie Familie, Liebe oder Religion, aber das Bekenntnis zum Grundgesetz und wie dessen Einhaltung kontrolliert wird, hält all diese Definitionen für mich zusammen. Trotzdem erwarten wir von anderen Ländern, auch von Indien, häufig eine Kohärenz, die wir selbst nicht erfüllen konnten. Dabei sind wir doch alle das Ergebnis ständiger Konfrontation mit dem Außen, dem *Anderen*. Diese Konfrontation verändert und prägt uns als Menschen, aber auch das Selbstverständnis von Nationen, deren Kulturen ebenso einem Wandel unterliegen. Dadurch wachsen wir auch, alte Kategorien brechen auf, Neues entsteht, in dem sich auch jede*r von uns neu erfahren darf.

»Einen *reinen* Inder gibt es meiner Meinung nach nicht«, sagt Papa, wie um sich selbst zu erklären. Der Abschnitt aus Shashi Tharoors »*Eine kleine Geschichte Indiens*« kommt mir in den Sinn. Er schrieb über die vielen Rollen, in die sein Indischsein sich teile: in die Rolle des Keralaners (geografisch), des Malayalis (sprachlich), des Hindus (religiös), des Nairs (Kaste), des Kalkutters (Schule und Ehe, des Stephaniers (Ausbildung). Nicht eine dieser Rollen könnte ihn als Inder pauschalisieren. Es ist die Kombination aus allen, die abhängig vom Gegenüber hervor- oder zurücktreten, sich immer wieder abwechseln.[1] Und ist es so nicht auch im Leben ganz allgemein? Jeder Mensch vereint im Alltag unzählige Rollen auf sich, ist Mutter, Sohn, Mitarbeiter, Freundin, Nachbarin, Kollege; ist mal zurückgezogen oder abenteuerlich, sentimental und mitfühlend, pragmatisch oder argumentativ, immer auch abhängig von der jeweiligen Situation, dem eigenen Befinden und dem Gegenüber. Trotzdem versuchen wir ständig Persönlichkeiten in Eindimensionalitäten zu fassen, auch die eigene.

In den Yogasutren des Patanjali wird von *Asmita* gesprochen, wörtlich: Ich-bin-heit, oder Ich-Bewusstsein, eine von fünf *Kleshas*, den fünf Ursachen von Leid.[2] *Asmita* bezeichnet die Überidentifikation mit dem eigenen Körper, dem Geist, den eigenen Fähigkeiten und Unfähigkeiten, Neigungen und Abneigungen, dem Intellekt oder den Gefühlen. Was wir können und nicht können, fühlen, denken, wie wir aussehen – und wie andere uns sehen: Aus all diesen Informationen formen wir eine Idee davon, wer wir *sind*, was wir mögen und nicht mögen, was wir wollen (sollten) und was nicht. Das allein erzeugt kein Leid, ist im Grunde sogar hilfreich, weil das Gehirn auf Basis von Erfahrungen leichter Entscheidungen treffen und so Energie sparen kann. Ich habe auch gelesen, dass das *Ich* für die Neurowissenschaft nur eine Geschichte ist, die uns das Gehirn erzählt, damit eine Handlung zu einem bestimmten Zeitpunkt Sinn ergibt. Damit *Ich* Sinn ergebe. Problematisch wird *Asmita*, wenn wir uns zu fest an diese Geschichte klammern. Dann kämpfen wir gegen die eigene Entwicklung und beginnen zu leiden.

Vor ein paar Monaten, bevor wir nach Neu-Delhi flogen, um das Haus auszuräumen, hatten Papa und ich diese Auseinandersetzung. »Du schreibst nur noch über Indien«, sagte er. »Gibt es keine anderen Themen?« Mich ärgerte seine Aussage wirklich, weil sie erstens nicht stimmte und zweitens Salz in meine Angstwunde streute: *Die falsche Inderin. Guck mal, die tut nur so.* »Es gibt viel wichtigere Themen«, fügte er hinzu, und ich wollte wissen, welche er denn meinte. Eine klare Antwort bekam ich nicht, aber ich wusste, dass es eigentlich um etwas anderes ging. Dass Papa fürchtete, seine Tochter hätte sich in *Asmita* verloren. Überidentifikation.

»Warum war es plötzlich so ein Problem für dich, dass ich über Indien schreibe?«, frage ich ihn jetzt und versuche, dabei journalistisch distanziert zu gucken. Je neutraler, desto direktere Antworten erhoffe ich mir. Keine allgemeinen Lebensweisheiten, keine Abwehrhaltung, kein drum herum Reden. »Die Leute sehen deinen Namen, wie du aussiehst, sie denken vielleicht, du wärst Inderin oder anders, und reduzieren dich darauf«, sagt er. Die falsche Inderin zuckt zusammen, guckt aber professionell. »Also soll ich *nicht* darüber schreiben, damit die Leute nichts Falsches denken?«

Halte ich mich in dem Versuch, der Wahrnehmung der anderen zu widersprechen, nicht genau darin gefangen? Überhaupt, vielleicht interessiert es mich einfach! Was wäre so schlimm daran? Findet Papa es nicht schön, dass ich Interesse an seiner Heimat zeige? Die Sprache lernen wollte, das Land erkunden?

»Ich finde es sehr schön, weil es eine Bereicherung für dich ist. Du bist sehr offen für die Welt, kannst dich anpassen. Ich habe mich sehr bemüht, euch Indien zu zeigen. Damit ihr euch in beiden Kulturen wohlfühlt.«

»Aber?«

»Aber ich hatte die Befürchtung, dass meine Familie wieder auseinandergerissen wird.«

»Wegen diesem *Mann*?«

»Der Mann ist ein Teil der Geschichte. Aber ich bin braun, und du bist auch braun. Das heißt, man fühlt sich hier vielleicht weniger zuhause als in einem Land wie Indien, wo alle aussehen wie man selbst.«

Man fühlt sich. *Vielleicht. Braun.* Dass Papa unsere Hautfarbe erwähnt, sie einfach so ausspricht, fühlt sich beinahe verboten an. Als hätte er ein Geheimnis gelüftet, das ich endlich ablegen darf. Ich kann mich nicht daran erinnern, das Wort Rassismus jemals aus seinem Mund gehört zu haben. Aber ich weiß, dass er es nicht mag, wenn Mama darüber spricht – als würde sie uns damit etwas beibringen, worüber wir nichts wissen sollten. »Hast du denn Erfahrungen mit Rassismus gemacht?«, traue ich mich endlich zu fragen. Papa bleibt erstaunlich ruhig, lenkt nicht ab, sucht keinen Ausweg, wie er es manchmal tut, wenn er von einem Thema nichts hält. Er schaut nicht plötzlich zur Seite und ruft: »Oh, Julia, guck mal, da fahren Kinder auf dem Fahrrad durch die Straßen! Die sind aber ein bisschen zu schnell unterwegs, meinst du nicht?« Nein, Papa antwortet. Er sagt: »Ich habe immer mal wieder Abneigung erfahren. In den USA, in England oder hier. Aber ich sage dir«, lacht er auf, »am meisten habe ich das in Pune erlebt.« In Indien. Er sollte eine Fabrik bauen lassen. Pune liegt im Bundesstaat Maharashtra. Einer der Kollegen erklärte ihm: Du bist Nordinder. Das ist ein Problem. Weil Nordinder in dieser südlich gelegenen Region den Ruf hatten, nur auf ihren eigenen Vorteil bedacht zu sein. »Wäre ich als Deutscher dort hingekommen, hätte ich bessere Chancen gehabt«, sagt Papa. Rassimus aber, damit habe er nicht viel am Hut. Im Gegenteil. Über Rassismus in unserer Familie spricht, wie gesagt, nur Mama. Als Grundschullehrerin hat sie immer wieder beobachtet, wie schon Kinder darunter leiden. Und Papa will davon nichts hören, als hätte er Angst, sie würde damit etwas heraufbeschwören. Als bestünde die größere Gefahr nicht darin, dass es längst da war und keiner hinschaute. Sicher kann Mama sich in das Thema reinsteigern. Ein bisschen ist das ihr Temperament. Vielleicht hat sie aber auch einfach weniger Angst, anzuecken, weil sie nicht ständig beweisen muss, nicht *anders* zu sein – gleichzeitig aber genau weiß, wie sich Anderssein anfühlt.

/

Als Heranwachsende wissen wir Vieles über unsere Eltern, ohne irgendetwas davon zu begreifen. Ich kannte die Geschichte meiner Mutter, sagen wir: so halb. Immer mal wieder kam sie beiläufig zur Sprache. Meine Mutter war zehn Jahre alt, als sie auf eine Reise ging, von der sie nie zurückkehrte. Sie wurde in einer Kleinstadt im südlichen Teil Polens geboren, der bis 1945 zu Deutschland gehörte. Laut Pass war sie deutsch, aber ihre Sprache war verboten. Also sprachen sie auch zuhause Polnisch. Schnappte sie doch ein deutsches Wort auf und schrieb es ahnungslos in einen Aufsatz, bekam sie eine Sechs. Mama sagte immer, es sei ihnen gut gegangen in Polen. Opa Paul hatte seine eigene Firma, die Heizungen installierte und wartete, Oma Annemarie machte die Buchhaltung. Sie verdienten genug, um sich ein Motorrad zu leisten, später ein Auto. An den Nachmittagen nahm Mama Ballettunterricht und lernte Klavierspielen. Es gab Leute, die der Familie das gute Leben nicht gönnten. »Privatisierungsgegner.« Der eiserne Vorhang senkte sich über Osteuropa herab. *Tretet in die Partei ein*, forderten sie, und Oma Annemarie wusste, dass jede Weigerung die Zukunft ihrer Kinder aufs Spiel setzen, dass Opa Paul seine Firma verlieren könnte. Also packten sie zwei Koffer. Meine Mutter hatte bis dahin noch nie ihre Heimat verlassen. Wohin es gehen sollte, wie lange sie bleiben würden – sie wusste es nicht, und es war egal, solange die Eltern sie dabei an der Hand hielten. Zwischen die Kleider klemmte Oma Annemarie Papiere, die sie in ihrem neuen Leben brauchen würden, die bewiesen, was sie gelernt und besessen hatten. Sie schlossen die Wohnung hinter sich zu, am Abend brachte Tante Gretl sie zum Zug. Die Augen groß, die Mündlein offen, starrten eine Zwölfjährige und ihr vierjähriger Bruder aus dem Fenster. In der Dunkelheit zogen die Lichter der Städte an ihnen vorbei. Mama fand sie schön.

An ihrem Geburtstag vor ein paar Jahren hatte sie mir erneut von der heimlichen Ausreise erzählt, beziehungsweise: Ich hatte sie danach gefragt. Es war 2015, und die vielen Menschen, die in Europa und Deutschland auf der Suche nach einer sicheren Zukunft eine neue Heimat suchten, forderten den menschlichen Kompass der anderen heraus. Sicher, die Geschichte meiner Mutter unterschied sich von jenen Hilfesuchenden an deutschen Bahnhöfen oder Grenzen. Mama kam nicht als Flüchtling oder Migrantin, sie war eine »Aussiedlerin« oder »Vertriebene«, wie die rund 4,5 Millionen deutschen Staatsangehörigen oder Volkszugehörigen, die nach dem zweiten Weltkrieg aus den Ostblockstaaten in die BRD oder DDR kamen. Trotzdem: Für Viele war es eine Wiederkehr in eine Heimat ohne Erinnerung, aber diese Erfahrung war auch normal. Der Krieg hatte viele Menschen entwurzelt.

Es fiel mir lange schwer, diese Geschichte mit meiner Mutter in Verbindung zu bringen, mit meinem Leben, in dem der größte Verlust darin bestand, eine der vielen Möglichkeiten gehen zu lassen, um eine andere zu ergreifen. Ich erinnerte mich daran, wie Opa Paul mit seiner Pflegerin Polnisch sprach. Mama sprach kein Polnisch mehr, aber sie verstand vieles. Ich verstand nichts, wie in Indien, wenn meine Großeltern Hindi sprachen. Mein Bruder und ich wuchsen mit der Erfahrung auf, dass wir auch innerhalb einer Familie so unterschiedlich sein können, dass wir nicht mal dieselbe Sprache sprechen. Wir gehörten trotzdem zusammen. Es war normal, es war egal. Aber dann kam 2015. Freiwillige verteilten Äpfel und Wasserflaschen an Geflüchtete, die erschöpft in deutsche Bahnhöfe einfuhren, montags lief *Pegida* durch Dresden, und Angela Merkel sagte ihren berühmten Satz, für den ich sie immer respektieren werde: »Wir schaffen das.« Deswegen hatte ich Mama nach ihrer Geschichte gefragt, und sie hatte mir davon erzählt, am Geburtstagstisch, bei Marmorkuchen und Kaffee. Sie erzählte, wie sie die Anspannung ihrer Eltern gespürt hatte, damals im Zug, vor allem die ihrer Mutter. Wie also Oma Annemarie die Kleider vor den polnischen Zollbeamten umschichtete, behutsam, damit sie die Papiere dazwischen nicht fanden. Sie erzählte auch von der ersten Nacht in der Sammelstelle, in der sie schlafwandelnd umherirrte, bis sie angstgeschüttelt aufwachte und nach ihren Eltern rief. Sie erzählte von dem »Lager« in Langen, in dem sie drei Jahre lebten, in einer Wohnung für vier Familien, zu viert in einem Zimmer. Wie Oma Annemarie beim Anblick der Eisenbetten unter die kratzige Wolldecke kroch und tagelang nicht aufstehen wollte, gebeutelt von der Angst, Opa würde sie verlassen, weil sie ihn zur Ausreise überredet hatte. An Nachmittagen mühte sich Mama mit Hausaufgaben ab, in einer Sprache, die ihr bekannt war, aber zu fremd, um sie zu nutzen. Sie musste eine Klasse wiederholen. Oma, eigentlich Lehrerin, fand einen Job an der Supermarktkasse. Opa Paul verkaufte erst Fernseher, dann ließ er sich zum Heizungselektriker ausbilden. In dem Lager teilten sie sich mit den drei anderen Familien ein Badezimmer. Es war sehr klein, aber Mama stellte sich manchmal vor, wie schön es wäre, ein Bett darin aufzustellen und zu schlafen, ein Zimmer für sich zu haben. »Ich kam nicht so leicht mit meiner Umwelt zurecht«, hatte sie gesagt, und ich konnte mir das nicht vorstellen, weil meine Mutter, wenn es drauf ankommt, die anpassungsfähigste Person ist, die ich kenne. Als Kind aber weinte sie oft. Dazu kam die Unsicherheit des Andersseins, die in den kleinsten Ecken Nahrung fand. »Mein sehnlichster Wunsch war es, so auszusehen wie die anderen Kinder und auch solche Kleider zu tragen, besonders die weißen Kniestrümpfe.«

Ich habe meine Mutter nie gefragt, ob sie sich deutsch fühlt. Was Deutschsein für sie bedeutet. Wo Heimat für sie ist. Aber nachdem ich Jahre damit verbracht habe, Papas Heimat irgendwie zu meiner zu machen, frage ich mich doch, warum die Geschichte meiner Mutter nicht dieselbe Wirkung auf mich hatte. Warum spürte ich nie die Sehnsucht nach ihrer Vergangenheit? Sicher, weil sie immer näher war, Großvater wohnte nicht weit weg, Onkel und Cousine auch nicht. Wir sprachen dieselbe Sprache, lebten in ähnlichen Verhältnissen. Wenn etwas selbstverständlich scheint, schauen wir nicht richtig hin. Mama ist generell eher der Gegenwart verhaftet, Nostalgie überkommt sie selten. Vielleicht schienen mir Land und Familie auch nicht *anders* genug, um irgendwas daran zu lernen, das ich nicht sowieso schon zu wissen dachte. Mama war ja immer Deutsche und im Grunde keine Migrantin, sondern eine Heimgekehrte. Außerdem war sie *weiß*. Ihr *anders* hatte sich bald aufgelöst, und bald schon war es ihr nicht mehr anzuhören, anzusehen oder an ihrem Namen abzulesen. Es war eine Geschichte, wie wir unzählige in uns tragen, und sie war unsichtbar geworden. Aber das macht sie nicht ungeschehen.

Mich machte sie vor allem ratlos. Komische Fragen stiegen in mir auf. Hatte ich sozusagen einen doppelten Migrationshintergrund? Hatte das Auswirkungen auf die Qualität meines Deutschseins? Oder auf irgendetwas anderes? Und wer war eigentlich der krassere Migrant, die krassere Migrantin? Papa kam als Erwachsener her, mit Arbeit und Geld, dafür ohne Familie, okay. Mama kam mit Familie, aber ließ alles andere hinter sich. Ihre Eltern mussten sich neu erfinden, sie sich anpassen. Papa traf auf Englisch sprechende Kolleg*innen und blieb in seiner Heimat verwurzelt, baute sich aber gleichzeitig in Deutschland eine neue. Mama machte bei allem mit, mühelos. Sie konnte ankommen und loslassen, was immer das Leben gerade verlangte. Aber, Moment, wieso war das überhaupt relevant? Irgendwoher kommen wir doch alle, und dann gehen wir irgendwo hin und bleiben oder nicht. Wir essen, trinken, schlafen, leben. Was soll diese ständige Diskussion darüber, wer wann wieso wohin darf oder nicht? Hauptsache, wir behandeln einander mit Respekt und lernen voneinander!

Vor allem aber machte mir Mamas Geschichte eines deutlich: wie leicht wir uns täuschen lassen. Weil Papa *braun* ist (oder ich) und aus Indien kommt, denken manche vielleicht, sie wüssten etwas über ihn (oder mich), über das Land, das andere als seine Heimat sehen, und sei es, dass es *anders* ist, oder wir *anders* sind.

Dabei ist er im Grunde einfach für einen Job fortgegangen und hat sich verliebt, während meine Mutter als Kind aus ihrer Heimat floh (ohne es zu wissen), aber man würde es ihr nicht ansehen, deswegen fragte sie auch niemand danach. Diese ganzen Überlegungen fanden kein Ziel, aber eines machten sie deutlich: dass jeder Mensch ganz individuelle Erfahrungen macht, die ihn oder sie prägt. Und dass die Wahrscheinlichkeit, mit Annahmen darüber falschzuliegen, sehr hoch ist. Wenn wir nicht fragen.

Als ich nach dem Hausverkauf aus Indien zurückkam, habe ich einer Freundin gestanden, dass ich insgeheim lange dachte, ich würde mal einen Menschen aus einem anderen Land heiraten. Dass mich diese Idee mehr angezogen hatte als der Mann, den ich schließlich in Indien zurückließ. Meine Freundin schwieg einen Moment. Sie hatte ihre eigenen Erfahrungen mit diesem

Wunsch gemacht. Dann sagte sie: »Sind wir dafür nicht ein bisschen zu alt?«, und dieser Satz traf mich. Natürlich meinte sie: Einen Menschen danach auszuwählen, wer ich gern sein wollte, war doch oberflächlich, ja unreif, und da war ich ganz bei ihr. Für einen Moment schämte ich mich. Dann war ich verletzt und ärgerte mich. Für sie bedeutete das *Andere* vielleicht bloß Abenteuer, etwas Aufregenderes als das, was sie kannte, oder auch: Differenzen, die irgendwann zum Problem werden würden. Aber genau darin lag für mich auch Normalität. Ich kannte es von meinen Eltern, aus meiner Kindheit. Diese Vermischung von Sprachen, Kultur, Familie. Auch wenn Deutschland meine Heimat war, fühlte ich mich in diesem Dazwischen zuhause. Mir wurde in diesem Moment meine eigene Geschichte bewusst und dass meine Freundin und ich zwar viele Erfahrungen teilten, manche grundlegenden aber nicht. Dass mich deswegen vielleicht andere Fragen umtrieben oder anderen Gefühle zu denselben Fragen. Aber so kann uns die Idee von *Gleichsein* genauso einsperren wie die des *Anderen*.

/

»Hast du nie darüber nachgedacht, nach Indien zurückzukehren?«, will ich von Papa wissen. »Nein«, sagt er, beinahe ein bisschen zu schnell, zu überzeugt. Ich kann das schlecht nachvollziehen, weil ich zwar immer in die Welt hinaus, aber gleichzeitig bei meiner Familie sein wollte. Papa ist der Zusammenhalt, die Nähe sehr wichtig. In einem Land wie Indien allerdings, in dem der Wettbewerb groß und die Möglichkeiten begrenzt sind, gehört Fortgehen dazu. In einer globalisierten Welt sowieso. Er sagt: »Ich habe mich von Indien verabschiedet. Ich sehe mein Leben dort nicht mehr.«

»Wieso?«

»Ausschlaggebend war, dass unser Ahmed gestorben ist. Es

gab niemanden mehr, der sich um das Haus kümmert. Der Einsatz, den Alltag zu bestreiten, ist sehr hoch. Das stört mich.« Vor nicht allzu langer Zeit habe es Probleme mit dem Abwasser gegeben, erzählt er mir. Ahmed organisierte einen Mann, der beinahe nackt in den Gulli hinabstieg, um ihn zu entschlammen. Ich denke an die Geschichten über Dalits, die Latrinen säubern. »Das fand ich inakzeptabel«, sagt Papa. »Die Leute passen sich an Probleme an, statt sie zu lösen. Die Straßen sind nicht okay, also werden Federn in die Autos gebaut, statt die Straßen zu verbessern. Der Verkehr wird schlimm, also organisiert man sich einen Fahrer.«

»Genau wie du.«

»Weil ich sonst keine Zeit gehabt hätte, mich um andere Dinge zu kümmern.« Er wollte die ganze Abwasseranlage neu bauen lassen. Aber dann verließ uns Ahmed, der Ring verschwand und mit alldem auch ein großes Stück Kontrolle.

Vielleicht, denke ich in diesem Moment zum ersten Mal, wollte Papa sich auch endlich nicht mehr dazwischen fühlen. Alles auf eine Seite räumen. Ankommen.

»Indien hat sich auch verändert. Diese ganzen Diskussionen über Religion, Hindutva, Kasten. Das alles ist mir fremd. Zu sehen, wie Leute das Land mit ihren rückständigen Vorstellungen kaputt machen.«

»Solche Diskussionen gibt es doch in Deutschland auch, die Kategorien heißen nur anders.«

»Ja, und auch hier bin ich davon irritiert.« Ich habe keine Deutsche geheiratet, sondern eine Person, einen Menschen, hatte Papa mal gesagt. »Und wenn zwei Menschen zusammenkommen, dann formen sie ihre eigene Kultur. Also, eigentlich sollten wir von Familienkulturen sprechen, nicht von Ländern.«

In den darauffolgenden Monaten sprechen wir immer wieder in dieser Art Vater-Tochter-Interview, im Arbeitszimmer, beim

Essen, manchmal am Telefon. Am Anfang stelle ich ihm die Fragen, distanziert, ich bin ein Mensch, der das Leben eines anderen erfahren möchte. Nicht aus meiner Perspektive, sondern aus seiner. Es fällt mir manchmal, wie jedem Kind, schwer, meinen Eltern zuzuhören. Die Geschichten wiederholten sich, und Papa erzählte oft weniger, als dass er ein Fazit zog, eine Botschaft formulierte, wie das Leben zu nehmen sei. Die Tochter in mir witterte implizite Anweisungen, fühlte sich stets angewiesen, beratschlagt, erzogen. Ich musste mich ein Stück weit vergessen, um ihn zu sehen. Um Raum zu machen für den Anderen. Wenn ich zu Besuch komme, setzt sich Papa nun manchmal zu mir ins Zimmer und redet einfach. Ich höre zu. Irgendwann habe ich die Idee zu diesem Buch. Für ihn muss es sich anfühlen wie Provokation: Jetzt schreibt sie auch noch ein Buch über Indien. Überidentifikation. *Asmita.* Ich erzähle ihm also davon, wie um ihn zu warnen. Papa fragt nicht, worum es geht, er fragt: Wie lange willst du daran schreiben? Wie viele Seiten sollen es werden? Ein Projekt braucht einen Rahmen. Dann reibt er sich müde die Augen und schaut durch die Balkontür auf die Terrasse, auf der noch ein Rest Sonne liegen geblieben ist. Wir reden über seine Freunde aus Studienzeiten, die sich im Alter mit den *Veden* und indischer Mythologie beschäftigen. »Geschichte ist nie wahr«, sagt er dann, dort auf dem Sofa im Gästekinderzimmer. »Sie ist immer Interpretation.« Der Großteil indischer Geschichte, wie sie den Menschen bekannt ist, sei auf Englisch geschrieben, die Veden würden auf Englisch erklärt, wer sprach schon noch die alte Sprache, Sanskrit. Was wussten wir also über die *Geschichte* des Landes, was *indisch* wirklich bedeutet? »Der einzige Weg ist, all diese Geschichten loszulassen und auf Wissenschaft zu setzen«, sagt er. Nachts schaut er *Quarks* und lernt über die Entstehung des Universums. Dass er dort mehr Eindeutigkeit findet, will ich bezweifeln, aber vielleicht ist ihm der ganze Rest einfach zu kompliziert geworden, und ich kann es ihm nicht verdenken. So kreisen wir gemeinsam um seine Gedanken. Langsam, fast unmerklich, werden aus Interviews Gespräche, ein Austausch. An einem Nachmittag im Garten, wir sprechen über Herkunft, über Migration, über Oma, da hält er plötzlich inne, sagt: »Aber, Julia, mich interessiert wirklich, was das für dich bedeutet. Nicht jetzt, aber wenn du so weit bist, dann würde ich gerne hören, was du über all das denkst.«

/

Ich habe viele Gedanken, sie könnten ein ganzes Buch füllen, aber ich muss sie erst aufschreiben, um sie zu verstehen. So ist es manchmal. Gedanken formen Wirklichkeit, und manchmal holt die Wirklichkeit sie aus uns heraus. Es ist Weihnachten, meine Eltern und ich feiern zum ersten Mal nur zu dritt. Papa schenkt uns Rotwein ein, wir reden ganz frei, über die anderen Familienmitglieder, das Leben im Allgemeinen, Politik. Mama erzählt, dass US-Präsident Trump dem indischen Premierminister Narendra Modi einen Award für die Stärkung der strategischen indo-amerikanischen Zusammenarbeit verliehen hat. »Ob ihm das so gut gefällt?«, kommentiere ich beiläufig. Die US-Wahl 2020 ist gerade vorbei, Donald Trump und die Republikaner abgewählt. Modi wurde in der Vergangenheit eine gewisse ideologische und strategische Nähe zu Trump nachgesagt. Die indische Diaspora in den USA ist sehr groß und als Wählergruppe einflussreich, viele unterstützen Modi – vor allem jene, die sich als Hindus und Republikaner*innen identifizieren. In Zukunft aber würde Modi mit Joe Biden und den Demokraten zusammenarbeiten. Darauf bezieht sich mein Kommentar, den ich so dahersage, nebenbei, ohne Anspruch auf Tiefgründigkeit. Stammtischqualität. Aber Papa sagt: »Ich habe den Eindruck, du denkst, nur weil du mit zwei Leuten im

Land sprichst, wärst du eine Indien-Expertin.« Da ist er wieder, der Kampf um die Deutungshoheit. Der Nicht-Inder und die falsche Inderin ringen darum, wer was weiß, denken, meinen, sagen darf. Er, ein *Overseas Citizen* wie ich, aber mir in seinem *Hintergrund* um eine Migration voraus. Wahrscheinlich ringt Papa nicht mit mir, sondern mit der deutschen Journalistin, die wie ihre Kolleg*innen in andere Länder reist und ihnen großspurig erzählen will, wer sie sind. Wie es auch ist, ich denke: Wer von uns beiden leidet hier eigentlich unter Überidentifikation? Und dann platzt es aus mir heraus, ich werde richtig laut, auf einmal ist alles ganz klar: »Pass mal auf, ich bin ein Mensch wie jede andere, mit einem Gehirn wie jede andere, ich kann genauso Informationen aufnehmen und verarbeiten und sie einzuordnen versuchen, dafür muss ich keine Inderin sein. Was soll das überhaupt heißen, *Indien-Expertin*?! Ich lass mir von dir nicht mehr verbieten, über Indien zu sprechen, darüber nachzudenken, mich dafür zu interessieren! Warum soll ausgerechnet ich das nicht dürfen?!« Meine Mutter schaut erst mich an, dann Papa, und ich meine Tadel in ihrem Blick zu sehen. Aber ich bin noch nicht fertig, da will noch was raus, ich rufe: »Du wirst mir nicht mehr sagen, welche Identität ich habe, wer ich bin oder sein darf!« Papa sagt nichts, Mama auch nicht. Meine Worte hängen in der Luft wie die Lösung eines Rätsels, das zu lange zu viel Raum in meinem Kopf eingenommen hatte. Und ich bin mir nicht sicher, ob ich zu ihm gesprochen habe, zu allen anderen, die je versucht haben, mich in ihre eigene Ordnung zu fügen – oder zu mir selbst.

12 Nach Hause kommen

Seit unserem Abschied vom Haus und meinem letzten Besuch war ich nicht mehr in Indien. Im März 2020 wollte ich fliegen, um an der Idee zu diesem Buch zu arbeiten. Aber dann wanderte ein Virus um die Welt, und die indische Regierung strich alle kommerziellen Flüge. Überraschenderweise erleichterte mich die Reiseblockade. Ich hatte wohl angenommen, dass ich Antworten auf all meine Fragen nur in Indien finden könnte, aber vielleicht lag darin der Trugschluss. Die eigentliche Reise geht immer nach innen. Wer ankommen will, muss lernen, stillzuhalten.

Während sich die Welt vor dem Virus versteckt, bestreue ich die Einsamkeit mit Tulpen, stelle sie auf den Schreibtisch, in die Küche, auf den Esstisch. In meiner Hamburger Wohnung bin ich erst mal allein. Beim Zusammenfügen meiner Teile habe ich einen wichtigen Menschen verloren. Vielleicht aus Angst, ich weiß es noch nicht. Eine Pandemie ist ausgebrochen und alles liegt offen.

Nachmittags trage ich meinen Cappuccino auf die Terrasse meines Stammcafés, zwei Tische haben sie stehen lassen. Es fühlt sich an wie ein Akt der Zärtlichkeit. Und während wir alle versuchen, unseren Durst nach Gemeinschaft auszuhalten, verspüre ich mit einem Mal großen Appetit auf indisches Essen. Normalerweise habe ich nur in Indien Lust auf *Chapatis* und

Dal, als bräuchte ich dafür einen Ventilator über dem Kopf und das Geräusch rasselnder Straßen im Ohr. Auf Netflix suche ich nach indischen Serien und Filmen, lese Bücher indischer Autor*innen, die ich von meinen Reisen mitgebracht habe. Am Geburtstag eines Onkels singen wir, fast 30 Verwandte aus Indien, Spanien, Deutschland und den USA, über *Zoom* gemeinsam »Happy Birthday«. Eine nach dem anderen teilen sie Anekdoten aus dem Leben dieses Onkels, Geschichten aus Kalkutta, Chennai und seiner Schulzeit, über Lieblingsgerichte ihrer Kindheit. Ein Gedicht wird gelesen, auf Hindi. Ich verstehe es kaum. Aber ich finde es schön, wie die anderen lachen. Über Videocall führt mein Cousin Sharad mir die Kleider vor, die er für seine Hochzeit gekauft hat: eine cremefarbene Weste und einen *Kurta Pyjama* in Rostbraun. Er sagt: »Du hättest so einen Spaß auf der Feier.« Ich antworte: »Das hätte ich ganz sicher.« Die meisten Hochzeiten in meiner indischen Familie habe ich verpasst. Für diese eine jedoch, das war klar, würde ich alle anderen Pläne fallenlassen. Mit einer Pandemie hatte ich nicht gerechnet. Wir reden wieder über die Liebe. Er, der nie eine Beziehung geführt hat und seine Verlobte gerade ein paar Monate kennt. Ich, die ein Drittel ihres Lebens mit derselben Person verbracht hat. »Du musst mit dir selbst zufrieden sein, dann kann nichts Schlechtes passieren«, sagt Sharad, weise wie immer. Seine Hochzeit verfolge ich an einem Freitagmittag über einen Livestream auf meinem Handy. Sharad trägt einen cremefarbenen Turban, seine Frau ein rotes, mit goldenen Fäden besticktes Tuch über dem Haar. Der Priester legt der Braut Blumen in die zur Schale geformten Handflächen, dann sagt er etwas zum Bräutigam, der seine Hand auf ihre legt. Ich verstehe einzelne Worte. *Beide. Wasser. Seele.*

Die Pandemie hat uns auseinandergerissen und anders wieder zusammengesetzt. Zum ersten Mal sind wir alle gleichzeitig und direkt betroffen. In der Isolation vereint, finde ich öfter mit der Familie in Indien zusammen. Mit manchen Verwandten zum ersten Mal. In Neu-Delhi dauert der erste Lockdown länger, ist strenger als unserer. Als der Alltag sich dort normalisiert, zwingt uns der zweite Lockdown in Deutschland für Monate in die Isolation. Wir alle erleben das Gleiche, aber auch sehr unterschiedlich, abhängig von den persönlichen Umständen: der Größe der Wohnung und der Anzahl der Menschen, mit denen wir sie teilen, der Verantwortung für andere und den finanziellen Einbußen, der gesundheitlichen Verfassung und Widerstandskraft, körperlich, emotional. In einem aber, das wird mir klar, sind wir einander verbunden: Es sind dieselben Dinge, die uns krank machen. In der Pandemie wird deutlich, dass das nicht nur Viren sind. Es ist auch: Einsamkeit. Ständiges Zusammensein. Ungewissheit. Angst.

Während wir Begriffe wie Inzidenzzahlen, Rückverfolgung und Herdenimmunität lernen, telefoniere ich mit Tante Papu, Tante Vini, mit Cousinen und Cousins, meinen Eltern. Gerne wäre ich dafür bei ihnen gewesen. Nach jedem unserer Gespräche überkommt mich ein Gefühl von Aufgefülltsein. Etwas ist in mich hineingesickert. Ihre Geschichten verbinden sich mit meiner.

»Welche Verrenkung zwischen Körper und Seele hat es mir erlaubt, zu fühlen, dass ich ohne den Einfluss meiner Herkunft und Geschichte existiere?«[1], schreibt die Autorin Maria Chaudhuri in ihrem Roman »*Beloved Strangers*«, und ich kann spüren, wie meine ausgekugelte Seele langsam wieder ins Gelenk rückt. Vielleicht zum ersten Mal. An Diwali bestelle ich bei einem neuen indischen Restaurant und lade eine Freundin ein. Es gibt *Chole Bhature*, Kichererbsencurry, und frittierte Teigfladen. *Rajma*. Mangolassi. Tagsüber habe ich mit Tante Vini gesprochen, die ihre Wohnung für Diwali aufgeräumt und ausgemistet hat. Meine Wohnung ist nicht ausgemistet oder sauberer als sonst. Ich trage zwar ein neues Kleid, habe aber kein *Halwa* gekocht, die traditionelle Grießspeise, die an besonderen Festen gereicht wird und die auch Papa seit einigen Jahren an Geburtstagen und Diwali kocht. Im Wohnzimmer brennen drei Teelichter, aber in den Türrahmen, in die Fenster, habe ich keine gestellt. Einen Augenblick lang verfalle ich in Panik, die falsche Inderin duckt sich verschämt. Dann atme ich tief ein und stelle mich mit stolzem Herzchakra dem inneren Ordnungsamt. Wenn ich eines begriffen habe, dann, dass die Form dem Inhalt dienen sollte, nicht andersherum. Die Form, das sind Rituale, das sind Begriffe, in die wir Bedeutung, in die wir *uns* fassen. Für mich ist Diwali zu einem Fest geworden, das mich mit meiner Familie in Indien verbindet, weil wir gleichzeitig unsere Energie auf dieselben Dinge richten, Hoffnung fühlen, Verbundenheit. Ein Fest des Lichtes, das ich je nach Laune und jedes Jahr anders arrangieren kann. Hauptsache, es ist hell genug, dass wir einander sehen können.

Und während ich meinen Verwandten zuhöre und an all die Menschen denke, denen ich je zuhören durfte, kann ich fühlen, wie alles zusammenhängt, wie wir alle zusammenhängen. Unsere Vergangenheiten und die Gegenwart. Eine ständige Wechselwirkung, als Individuen und im Kollektiv. Ich muss an den Begriff *Entangled History* denken, den die indische Sozialanthropologin Shalini Randeria geprägt hat. Sie betrachtet die Geschichte von Ländern nicht getrennt oder vergleichend, sondern geht davon aus, dass Nationen, Kulturen und Völker sich seit jeher gegenseitig beeinflusst haben und immer noch beeinflussen. Wer wir sind, als Menschen, Gesellschaften oder Länder also: ein ständiger Dialog zwischen *uns* und den *anderen*. Und die Suche nach einem Raum, in dem wir sicher sein, aber auch *werden* können, miteinander. Dieser Raum existiert nicht nur zwischen zwei Menschen oder in einer Familie. Dieser Raum ist auch Gesellschaft.

Um ihn für jede*n sicher zu gestalten, muss diese Gesellschaft unangenehme Fragen zulassen können. Welche falschen Annahmen und Ungerechtigkeiten leben unbemerkt in unseren Köpfen, Worten und Bewertungen anderer weiter? Woher kommen sie? Wirken sie sich im Alltag aus, darin, wie wir andere behandeln, was wir über sie denken? Und wie sehr lassen wir uns von Kategorien wie Hautfarbe, Herkunft, Sprache oder Glauben von dem ablenken, was uns im Kern verbindet? Menschlichkeit. Würde. Die Angst vor dem Tod und der Wunsch danach, gesehen zu werden, wie ich bin. Sein zu dürfen, wie ich werde. Jeden Tag ein bisschen anders, immer eine Summe aus den Blicken der anderen, unsichtbaren gesellschaftlichen Strukturen, dem eigenen Selbstverständnis und den emotionalen Hürden, die ich im Leben nehmen musste. Ein ständiges Balancieren zwischen all den Rollen, die ich einnehme, und dem Wunsch, keine zu erfüllen.

In einem Workshop zum Thema »Leadership« durfte ich vor ein paar Jahren dem Mediziner und Entwicklungswissenschaftler Ramaswami Balasubramaniam zuhören, der in den USA und Indien an Eliteuniversitäten unterrichtet und Unternehmer*innen und Politiker*innen auf der ganzen Welt berät. Er sprach in diesem Workshop von den drei großen Krisen der Welt: der ökologischen Krise, der sozioökonomischen Krise und der Krise des Selbst. Und dann sagte er: »Nur wenn wir die letzte Krise meistern, lösen wir auch die anderen beiden.« Für mich faltete er damit einen Zusammenhang auf, der tiefer drang als alles, was ich bisher gehört hatte. Es ergab so viel Sinn: Wer sich selbst versteht, versteht den Menschen. Wer Menschen versteht, versteht die Grundpfeiler von Menschlichkeit: das Bedürfnis nach Nähe etwa, nach Zugehörigkeit, und gleichzeitig nach Raum, Freiheit. Wer das begreift, wird doch die Welt, jede Gesellschaftsordnung und jeden vermeintlichen Fortschritt daraufhin prüfen, ob sie der Menschlichkeit wirklich dienen. Und er wird das nicht nur für sich selbst, sondern für alle wollen.

Die Seele will nach Hause kommen.

Zuhause ist kein Ort, es sind Menschen, sagen viele, sage auch ich. Aber die eigentliche, die wirklich tiefe Bedeutung dieses Satzes liegt darin verborgen: Zuhause bin auch Ich. Ein Ort, an dem ich mir selbst erlaube, alles sein und werden zu dürfen, und dann auch dem anderen. Identität ist ein konstantes, gemeinschaftliches *Werden*.

Sich selbst bezeichnen zu können ist ein wichtiger Teil dieses *Werdens*. Ich füge der Wahrnehmung der anderen meine eigenen Erfahrungen hinzu.

In einer Gesellschaft helfen kollektive Selbstbezeichnungen, Strukturen und Ungerechtigkeit sichtbar zu machen. Wir lernen dadurch etwas über die Verhältnisse, deren Teil wir alle sind, und am Ende über uns selbst.

Die Frage etwa, ob ich mich nun als *Person of Color* bezeichnen würde, hat mich dazu gezwungen, bestimmte Erfahrungen, aber auch mein eigenes Denken zu reflektieren. Habe ich Rassismus erfahren, Diskriminierung erlebt? Denke ich selbst rassistisch? Was ist das genau? Wie sehen mich andere, und wie sehe ich mich selbst? Leider werden auf Basis dieser Selbstbezeichnungen Identitätsdebatten gesponnen, dann fallen Begriffe wie *Diskriminierungswettbewerb, Betroffenheitsbingo, Privilegien.* Die Sichtbarmachung kollektiver Erfahrungen wird als Spaltungsversuch missverstanden oder als gesellschaftliche Fragmentierung. *People of Color* gegen *Weiße*, Frauen gegen Männer, LGBTQ+ oder andere Minderheitsgruppierungen gegen die sogenannte Dominanzgesellschaft. Ich glaube, das Gegenteil ist der Fall. Der Soziologe Aladin El-Mafaalani hat den Begriff des

Integrationsparadoxons geprägt. Damit beschreibt er, wie gelungene Integration nicht zu einer homogeneren Gesellschaft führt, sondern zu einer diverseren. Das bedeutet auch: zu mehr, nicht weniger Konflikten. Weil immer mehr und unterschiedliche Menschen an einem Tisch Platz finden, ein Stück vom Kuchen wollen. Oder bestimmen, welcher Kuchen überhaupt gebacken wird. Natürlich ist das nicht bequem. Diversität bedeutet, anzuerkennen, dass die eigene Perspektive nicht allgemeingültig und Gleichberechtigung nur möglich ist, wenn alle mitmachen, auch ich. Dafür muss sich manches ändern. Wie wir miteinander sprechen zum Beispiel. Weil unsere Sprache Ungerechtigkeit reproduziert. Sie transportiert historische Bedeutungen, die von Entmenschlichung und Gewalt erzählen, von traumatisierenden Erfahrungen und Unterdrückung, die bis heute fortwirken, in Gesellschaften und im Einzelnen. Gleichberechtigung setzt voraus, dass wir diese Schmerzen und Strukturen anerkennen und verstehen, woher sie kommen. Nur so lassen sie sich wirklich bekämpfen.

Identitätsdebatten verunsichern viele Menschen, auch mich. Es ist schwierig, frei darüber zu schreiben, weil immer die Angst mitschwingt, jemanden auszuschließen, zu verletzen oder die eigenen Empfindungen und Erfahrungen abgesprochen zu bekommen.

Aber ich wundere mich über die Vehemenz, mit der Leute bestimmten Veränderungen, sei es das Gendern von Sprache oder das Weglassen bestimmter Begriffe, abwehren. Jemand hat dir gesagt, dass deine Sprache Schmerzen verursacht, Menschen ausgrenzt oder sie verunsichert. Dass deine Wahrnehmung nicht die einzige ist. Wieso ist es dir so wichtig, daran festzuhalten? Häufig heißt es dann: »Ich meine das doch nicht böse!« *Political Correctness* fühlt sich für manche überheblich an, kleinkariert, anstrengend. Aber die Begriffe, die sie so frei und nicht böse gemeint verwenden, die Stereotype, die wir alle in uns tragen, diese kleinen Voreingenommenheiten im Alltag, Annahmen und Ideen vom *Anderen*, wurden in der Vergangenheit instrumentalisiert, um die Unterdrückung von Menschen zu rechtfertigen. Ganze Völker wurden unter dem Vorwand des *Andersseins* gehandelt, gedemütigt, ausgestellt und über ihren Tod hinaus misshandelt. Mit dem Denken fängt es an, Sprache lenkt und festigt es. Und wieso sollte die Intention wichtiger sein als ihre Wirkung? Es geht hier nicht um *Political Correctness*, es geht um Anstand und minimale Rücksichtnahme in einer Gesellschaft.

Ich glaube, es ist häufig eine trotzige Form der Verletzlichkeit, die sich in solchen Debatten zeigt. Denn schlecht behandelt worden zu sein kann genauso weh tun wie die Einsicht, andere schlecht behandelt zu haben. Oder das Gefühl, alles richtig zu machen und trotzdem als Schuldige wahrgenommen zu werden. Privilegien vorgeworfen zu bekommen, obwohl man das Leben auch nicht einfach findet. Der Mensch will so unbedingt gut sein, dass er immer eine Erklärung dafür findet, warum sein Verhalten gerechtfertigt ist, warum er das Gute verdient. Dabei machen uns die Erfahrungen anderer nicht zu schlechten Menschen, sondern schlicht zu Menschen innerhalb einer Gesellschaft, deren Vergangenheit wir nicht geformt haben, aber deren Zukunft in unseren Händen liegt. Privilegien zu haben bedeutet kein unverdientes *Mehr*, es bedeutet, bestimmte Probleme nicht zu kennen, sie nicht nachempfinden zu können, häufig nicht einmal zu sehen. Menschen können Privilegien genießen und gleichzeitig Diskriminierungserfahrungen machen. Eine von Armut betroffene weiße Frau mit deutschem Namen etwa kann im Kontext ihres sozioökonomischen Status und Geschlechts benachteiligt werden, während sie gegenüber einer nicht-weißen Person mit ausländischem Namen oder einer Behinderung strukturelle Vorteile erfährt.

Leider drehen sich die Debatten über Identität, Zugehörigkeit und Benachteiligung in Deutschland zu häufig um den angekratzten Selbstwert jener, die sich beschuldigt fühlen – statt der Frage, wie Privilegien für alle zur Norm werden, also echte Chancengleichheit möglich gemacht werden könnte. Weil es nicht um Zugehörigkeit geht, sondern um Teilhabe und nicht um Identität, sondern um strukturelle Erfahrungswerte in einer Gesellschaft.

Es wäre schön, wenn wir Erfahrungen teilen könnten statt Meinungen. Wenn wir zuhören würden, ohne uns angegriffen zu fühlen. Sprechen könnten, ohne andere zu beschuldigen. Das setzt allerdings voraus, den eigenen Selbstwert nicht vom anderen abhängig zu machen. Nur sollte dieses Gebot des Aushaltens nicht missverstanden werden als Erlaubnis, einander respektlos zu behandeln, zu beleidigen, zu verletzen – um dann so zu tun, als wäre es nicht der Rede wert.

Diskriminierung macht krank und ist für viele Menschen in Deutschland Alltag. Sie werden aufgrund ihrer Hautfarbe, von Namen und Herkunft, der sexuellen Identität, sexuellen Orientierung oder einer Behinderung stereotypisiert, ausgeschlossen, als *anders* konstruiert, angegriffen, beleidigt, entwertet, exotisiert oder kriminalisiert. Ihre Perspektiven und Erfahrungen aber bleiben unsichtbar oder durch *Ist-doch-nur-ein-Scherz*-Attitüden, *Political Correctness*-Bashing oder ein beschwichtigendes »Das meint er nicht so« relativiert. *Mikroaggressionen* nennen das Psycholog*innen. Sie können zu Depressionen und Angststörungen führen und beeinträchtigen das Vertrauen, das Betroffene zu sich selbst und nahestehenden Menschen haben, die sie wohlmöglich ebenfalls, unbewusst, rassifizieren, diskriminieren oder ausgrenzen.[2] Trotzdem schien in Deutschland in diesem Zusammenhang lange zu gelten:

Worüber nicht gesprochen wird, das gibt es nicht. Wahrnehmungssysteme anzuprangern ist besonders schwierig, weil man sie schlecht *sehen* kann. Um sie sichtbar zu machen, haben mehrere Organisationen aus den Schwarzen Communitys in Deutschland 2020 einen Afrozensus ins Leben gerufen, rund 6000 Schwarze, afrikanische und afrodiasporische Menschen wurden in Deutschland zu ihren Diskriminierungserfahrungen befragt. Die Ergebnisse waren eindeutig: 80 Prozent gaben an, auf Dating-Apps sexualisierte Kommentare zu ihrem Aussehen bezüglich ihrer »Herkunft« erhalten zu haben. 90 Prozent hatten erlebt, dass andere ihnen ungefragt in die Haare fassten. Mehr als die Hälfte wurde bereits grundlos von der Polizei kontrolliert oder von Fremden gefragt, ob sie Drogen verkauften. Häufig berichteten die Befragten, dass man sie für inkompetent hielt oder sie Stereotypen zuordnete. Und: 90 Prozent gaben an, ihnen würde nicht geglaubt, wenn sie davon erzählten. Ihr Wahrnehmung wurde in Frage gestellt, ihr Erfahrungen individualisiert und relativiert.

Auch ich teile einige dieser Erfahrungen. Trotzdem habe ich meine Herkunft stets als Privileg verstanden, als die Freiheit, reisen zu können, Vielfalt und Zwischenräumen ausgesetzt zu werden. Als Tochter zweier Akademiker*innen, nicht von Armut betroffen. Als Inhaberin eines der wertvollsten Pässe der Welt. Als Weltbürgerin. Ich empfand die Pflicht, diese Freiheit nicht nur für mich zu nutzen, sondern auch für andere einzusetzen – aber ich wusste nicht, wie. Die Privilegien, die ich genoss, bedeuteten nämlich auch, dass ich wenige Probleme kannte, deren Lösung ich mich widmen könnte. Die Sehnsucht nach Identität ist häufig auch das: die Suche nach einem Sinn, einer Aufgabe. Aber sie wird zum Problem, wenn wir uns davon Eindeutigkeit erhoffen. Das Leben ist nicht eindeutig. Es ist eine Sammlung von Erfahrungen im Miteinander. Ein Experiment, in dem wir versuchen, möglichst zufrieden gemeinsam zu verweilen. Ich glaube nicht (mehr), dass es dafür eine feste Aufgabe oder Identität braucht. Sehnsucht danach hatte ich trotzdem, vielleicht, weil sie mir beigebracht wurde. Wenn ich groß bin, dachte ich früher, höre ich auf zu *werden*. Dann *bin* ich. Meine Sehnsucht nach Eindeutigkeit hat sich mittlerweile in eine Haltung aufgelöst: Mich selbst nicht definieren zu müssen, um darin Zugehörigkeit zu finden, sondern Erfahrungen auszutauschen – und die sind vielfältig. Die Fragen danach, was als normal und was als anders betrachtet wird, beeinflussen mich als Teil einer Gesellschaft natürlich darin, wie ich mich selbst wahrnehme und andere. Das kann bedeuten, dass ich mich mit Menschen verbunden fühle, die mir in bestimmten Merkmalen ähneln. Aber nicht die Merkmale stehen im Mittelpunkt, sondern die gelebten Erfahrungen, die wir teilen. Darüber hinaus gibt es unzählige Ebenen, über die ich Verbindung herstellen kann: über die Angst vor dem Scheitern oder die Begeisterung für Bücher, über den Abschied von Menschen oder die Suche nach Zuhause. Denn ein Zuhause brauchen wir alle.

Diese Haltung bedeutet für mich, mehr zu fragen, statt zu meinen. Mich zu informieren, statt zu provozieren. Anzunehmen, statt zu bewerten. Mich selbst immer wieder daran zu erinnern, dass meine Perspektive eine von vielen ist. Diese Haltung bedeutet auch: in keine Kategorie passen zu müssen, aber in viele passen zu können, gleichzeitig. Dasselbe Privileg auch meinen Mitmenschen zugutekommen zu lassen. Sie immer erst als Individuen zu betrachten statt in Gruppen einzuordnen. Zu verstehen, dass mein Verhalten, meine Sprache und mein Denken die Freiheit anderer verletzen oder schützen können. Ambivalenz nicht als Mangel zu betrachten, sondern als *Mehr*. In meiner Individualität *ganz* zu sein. Vor allem aber: Zuzuhören, die Erfahrungen meiner Mitmenschen ebenso ernst zu nehmen wie meine eigenen. Dazu gehörte das Ein-geständnis, dass auch mich die Wahrnehmungen und Worte der anderen verwirrt und manchmal verletzt haben. Dass ich mich damit häufig alleine fühlte und eine Sehnsucht in mir trug, diese Konflikte aufzulösen. Und je diverser wir einander sein lassen, desto freier können wir *werden*. Was uns zusam-menhält, ist dann nämlich genau das: die Freiheit, nirgends hineinzupassen.

In den Yogaversen des Patañjali[3] heißt es: Stabil und leicht soll die Asana sein. *Sthira Sukham Asanam.* Das bedeutet, wir brauchen Kraft, um Gleichgewicht zu finden, und lassen gleich-zeitig alle Anspannung los, werden weich in unserer Mitte, um von hier zu wachsen. Damit ist nicht nur der Körper gemeint, sondern vor allem der Geist. Nach innen bin ich stabil, nach außen bleibe ich offen. *Sthira Sukham Asanam.*

/

Und während ich über all das nachdenke, jährt sich erst das rechtsextremistische Attentat auf eine Synagoge in Halle an der Saale, bei dem am 9. Oktober 2019, dem jüdischen Feiertag Jom Kippur, bei dem zwei Menschen getötet wurden; dann das ebenfalls rechtsextremistische Attentat in einer Shisha-Bar in Hanau am 19. Februar 2020, bei dem neun Menschen ihr Le-ben verloren. Ein weißer Polizist in den USA drückt so lange sein Knie auf den Hals des Schwarzen George Floyd, bis dieser erstickt. Weltweit ziehen Menschen auf die Straßen, um klar-zumachen: *Black Lives Matter.* Deutschland diskutiert über Rechtsextremismus in der Polizei.

Im selben Jahr brennen in Neu-Delhi muslimische Schulen, Häuser und Bibliotheken. Es ist die Reaktion auf Proteste ge-gen eine Reform des Staatsbürgerschaftsrechts. Ganz grob zusammengefasst würde es Hindus, Sikhs, Christen, Buddhisten, Parsen und Jains, die vor dem 31. Dezember 2014 nach Indien kamen, die Einbürgerung vereinfachen – also allen, außer Moslems, weil diese ja andere Länder um Hilfe bitten könnten. Die Reform richtet sich in erster Linie gegen Bangladeschis, die sich zu Millionen illegal im Nordosten Indiens aufhalten sollen. Vordergründig geht es darum, Ordnung ins Chaos zu bringen. Aber vor dieser Ordnung haben viele Angst. Und im August 2020, mitten in der Pandemie, legt Premierminister Modi in einer Zeremonie den Grundstein für einen Tempel in Ayodhya, den der Oberste Gerichtshof Monate zuvor bewilligt hatte. An einer anderen Stelle der Stadt, sozusagen zur Wiedergutmachung, soll eine Moschee gebaut werden, aber der Ministerpräsident des Bundesstaats, Yogi Adityanath, kündigt an, nicht an der Eröffnung teilnehmen zu wollen – weil er Hindu sei.

Und sosehr die Pandemie Länder auf der ganzen Welt auf eine Weise verbunden hat, so klar legt sie auch die Machtgefälle offen, in denen wir alle stecken: zwischen jenen, die Impfstoffe herstellen und bezahlen können, auch weil sie einen historischen Vorteil an Wissen und Wohlstand innehaben, der zum Großteil in Ausbeutung gründet, und jenen, die auf Spenden angewiesen sind. Länder wie Vietnam oder Taiwan brillieren mit Niedriginzidenzzahlen und Rückverfolgungsprogrammen, während Deutschland die Toten und Verlassenen der zweiten Coronavirus-Welle betrauert. Ein Artikel im Tagesspiegel[4] verweist auf den amerikanischen Soziologen William Ogburn, der 1922 mit seiner Theorie des *Cultural Lag* die westliche Ignoranz gegenüber asiatischen Ländern anprangerte. Er ging davon aus, dass unsere Deutungen und Bewertungen der tatsächlichen Entwicklung von Gesellschaften zeitlich hinterherhinkten. Überholte Fremd- und Selbstbilder führen heute dazu, dass wir andere abwerten, statt von ihnen zu lernen. Der postkoloniale Kater, den Inder*innen ihrem Land gerne unterstellen, er bestimmt uns alle. Nur nehmen wir unterschiedliche Positionen darin ein.

Dann ziehen europäische und US-amerikanische Truppen aus Afghanistan ab. Eine komplexe Debatte über Schuld und Verantwortung legt sich über die Trauer und Verzweiflung jener, die unter dem Regime der Taliban um Freiheit und Leben fürchten. Hunderttausende versuchen das Land zu verlassen. Der öffentlichen Debatte wird in Deutschland von Nachfahren afghanischer Einwanderer Neokolonialismus vorgeworfen. Die ausländischen Truppen und Entwicklungshelfer*innen hätten Afghanistan nie verstanden, heißt es. Sie hätten den Menschen in ihre eigene Idee von Freiheit und Kultur zwängen, eine höhere, westliche, Moral auferlegen wollen, die gleichzeitig Menschen im Mittelmeer ertrinken lässt. Das hätte sie schließlich eingeholt. Natürlich ist es komplexer, es gibt keine einfachen Antworten. Ich sitze vor einem Café in der Sonne und höre, wie eine ältere Frau mit einer anderen über Afghanistan spricht. Mit gesenkter Stimme lehnt sie sich zu ihrer Freundin: »Ich bin ehrlich: Ich finde nicht, dass die hier hergehören.« Für einen Moment bin ich enttäuscht und habe das Gefühl, dass wir uns im Kreis drehen.

Dann erinnere ich mich an einen Satz der kanadischen buddhistischen Nonne Pema Chödrön. In ihrem Buch »*When Things Fall Apart*« (dt. »*Wenn alles zusammenbricht*«) schreibt sie: »We have to do our best and at the same time give up any hope of fruition.«[5] Wir müssen unser Bestes tun und gleichzeitig jede Hoffnung auf Gelingen aufgeben.

/

In manchen Fragen kommen wir voran.

Anfang 2021 verkündet eine von der Bundesregierung eingesetzte Expertenkommission, dass der Begriff »Migrationshintergrund« abgeschafft werden soll. Ich kann an diesem Abend schlecht einschlafen, muss daran denken, wie ich zum ersten Mal davon hörte und nicht wusste, was das mit mir zu tun hatte. *Was ist gleich, und wo beginnt anders? Wie anders ist anders genug?* Seitdem hat der »Migrationshintergrund« mein Selbstverständnis und die Wahrnehmung durch andere mehr geprägt, als mir klar war. Weil ich mir bewusst machen musste, was andere in mir sehen, welche Rolle das für mein Selbstverständnis spielt, wer ich bin oder sein kann. Ich musste mich auch mit Klischees in meinem eigenen Kopf konfrontieren, mit dem Othering, das ich selbst betreibe. *Anders* sind immer die *Anderen*, nicht ich. Migrationshintergrund, das klang nach »fremd«, nach eingewandert, mehrsprachig, weniger deutsch, als ich mich fühlte – Kategorien, mit denen auch ich sozialisiert wurde, ohne sie zu verstehen.

Die Expert*innenkommission begründete ihre Entscheidung damit, dass der Begriff »Migrationshintergrund« nicht die vielfältigen Lebensrealitäten der darunter fallenden 21 Millionen Menschen in Deutschland abbilde, dass er häufig als stigmatisierend empfunden würde und zudem fälschlicherweise suggeriert, alle diese Menschen hätten eigene Migrationserfahrungen. 31 Prozent der damit Bezeichneten aber sind in Deutschland geboren und aufgewachsen, so wie ich.

Etwas fällt in dem Moment tatsächlich von mir ab, weil diese ganzen konfusen Gefühle und Gedanken, die ich dazu über Jahre immer wieder hatte, eine Berechtigung haben.

Die statistische Erhebung solcher Daten soll trotzdem weitergeführt werden, weil es hilft, struktureller Ungerechtigkeit zu begegnen. So sind während der Pandemie anteilig mehr Menschen mit Einwanderungsgeschichte von Arbeitslosigkeit betroffen als andere, aber auch von Corona selbst. Diese Diskrepanz fand sich auch in anderen Ländern. Dahinter liegen

Strukturen von Ungleichheit, die sich nur überwinden lassen, wenn wir mehr darüber wissen.

Eine alternative Bezeichnung, die Vielfalt zulässt und statistische Erhebungen von Diskriminierungsebenen in Kombination mit und ohne Migrationserfahrungen möglich macht, muss noch gefunden werden. Der »Mediendienst Integration«[6] schlägt mehrere vor: Einwanderer und ihre Nachkommen. Menschen aus Einwandererfamilien. Menschen mit internationaler Geschichte. Oder auch: »türkeistämmig, postmigrantisch«, »Polnisch-Deutsch.« Das ist doch auch ein Zeichen von Vielfalt: In alledem verschiedene Begriffe zulassen zu können. Nicht der Sehnsucht nach Einfachheit zu erliegen. Grundsätzlich, heißt es in dem Beitrag noch, müsse hinterfragt werden, ob die Einwanderungsgeschichte überhaupt relevant ist für das, was man sagen will. Aber das Schöne ist ja, dass wir endlich beginnen, darüber zu sprechen.

/

Seit der Pandemie, seit diesem einen Weihnachten, ist auch zwischen Papa und mir eine andere Redseligkeit eingezogen.

Am Telefon erzählt er mir von seinen Pflanzen, von Mama, die ihm mit nie endenden Aufgabenlisten auflauere. Von den Büchern, die er lese, über deutsche Geschichte, während ich mich der indischen widme. Eine diagonal-historische Selbstfindung zwischen zwei Generationen. Steht ein relevanter hinduistischer Feiertag an, kopiert er uns den Wikipedia-Eintrag in die WhatsApp-Familiengruppe. Manchmal erzähle ich von *meinem* Buch. Das Kapitel über Kasten fällt mir schwer. Papa macht, was er immer noch am besten kann: alles nicht so wahnsinnig ernst nehmen. Er sagt: »Vielleicht kannst du da was aus dem Internet kopieren?«

An einem Spätsommermittag habe ich mich mit Tante Papu zum Videocall verabredet. In Indien wären wir Cappuccino trinken gegangen. Jetzt schauen wir einander über den kleinen Bildschirm unserer Smartphones an. Ich habe viele Fragen, so viele, dass ein Gespräch nicht reicht, vielleicht nicht einmal ein Leben, aber wir versuchen es und wandern durch ihre Kindheit, durch Wohnzimmer von Groß- und Ur-Großeltern, durch Erinnerungen an den Klang von Morgengebeten, von Schulmessen, an spirituelle Experimente, die Anfänge und Fast-Enden von Ehen, die Heimkehr der Seele. Wir sprechen auch über Beziehungen, erste Begegnungen, über die Selbstheilungskräfte des Körpers. Zwischendrin werde ich sentimental. Es berührt mich, zu wissen, wie unterschiedlich Leben sein können und wie ähnlich wir trotzdem erleben. Alles, was sie erzählt, scheint zu mir zu gehören. Vielleicht, weil sie meine Tante ist, weil sie mir von der Familie erzählt, also von einem Teil von mir. Vielleicht fühlt es sich auch einfach so an, wenn zwei Menschen über das Menschsein sprechen. Nach fast drei Stunden bedauern wir noch einmal, dass wir nicht gemeinsam im Café sitzen können, dass unser gemeinsamer Urlaub ausgefallen ist, und hoffen, ihn bald nachholen zu können. »Alles ist sehr ungewiss«, sage ich noch, mehr als Floskel als mit einer bestimmten Absicht. Papu stimmt mir erst zu, hält kurz inne. Dann sagt sie, ein bisschen verspielt: »*But let's enjoy it! Yes?*« Ihre Worte klingen in meinem Kopf nach, als ich durch die letzten Sonnenstrahlen dieses faulen Sonntagabends jogge. Denn, ob hier oder dort, ob falsche Inderin, Weltbürger, Deutsche, Hindu, ob Mann oder Straßenrebellin, Krieger, Dalit, mit oder ohne Migrationshintergrund, Vater oder Tochter: Es ist schon alles ziemlich kompliziert. Wir können jeden Tag versuchen, es besser zu machen. Aber es nützt alles nichts, wenn wir dabei die Fähigkeit verlieren, vom Leben fasziniert zu sein. Spaß zu haben. Also, let's enjoy it. *Yes?*

Danke

Fürs Lesen, Anregungen und Zuspruch: Angela, Bella, Christiane, Fiona, Frederik, Liz, Pradnya, Ronja, Vero.

For your trust and stories: Papa, Mama, Papu, Vini, Sharad, Basit, Neha, Shravan, Sunaina, Petra, Gretl. All the people who shared their experiences and their knowledge with me.

Papa, für unsere Gespräche, deine Liebe und den Humor, der alles ins rechte Licht rückt. Mama, für deine Menschlichkeit, dein Lachen und die Bodenhaftung, die viel wichtiger für mich sind, als in diesem Buch deutlich werden konnte. Fiona, für deine motivierende Energie, den besten Ratschlag gegen Schreibblockaden und das schönste Geschenk zur ersten Abgabe. Sandro, for our discussions, your enthusiasm and the nice pictures. Nora, für die virtuelle Selbsthilfegruppe.

Arun und Valentina, für den Zusammenhalt.

Der Robert Bosch Stiftung für das tolle Austauschprogramm.

Imke, der agentur rauchzeichen, Laura und dem dtv für ihr Vertrauen und die Unterstützung.

Arne, für deine Liebe, und dafür, dass du immer das Gute siehst, auch in mir.

In memory of Ahmedji and with much respect to his family.

Anmerkungen

2 Was sie sagen und was ich denke

1 https://www.spiegel.de/politik/deutschland/kinder-statt-inder-ruett-gers- verteidigt-verbalen-ausrutscher-a-68369.html, zuletzt aufge-rufen am 04.01.2022.
2 https://www.bpb.de/nachschlagen/lexika/270615/migrationshinter-grund, zuletzt aufgerufen am 04.11.2022.

3 Falsche Inderin

1 https://www.migrationpolicy.org/article/emigration-immigration-and-diaspora-relations-india#1, zuletzt aufgerufen am 04.01.2022.
2 Schulze Palstring, Verena. 2015. Das Potenzial der Migration aus In-dien. Entwicklungen im Herkunftsland, internationale Migrations-bewegung und Migration nach Deutschland. Bundesamt für Migra-tion und Flüchtlinge, Forschungsbericht 26. Quelle online: https://www.bamf.de/SharedDocs/Anlagen/DE/Forschung/Forschungsberichte/fb26-potenziale-migration-indien.pdf?__blob=publicationFile&v=14, zuletzt aufgerufen am 04.01.2022.
3 https://www.migrationpolicy.org/article/indian-immigrants-united-states-2019, zuletzt aufgerufen am 04.01.2022.
4 Plünnecke, Axel. 2021. Inder haben die höchsten Medianlöhne in Deutschland. IW-Kurzbericht, Nr. 83, Köln.

4 Haut: Die Farbe Anders

1 Mishra, Neha. 2015. India and Colorism: The Finer Nuances. Wa-shington University Global Studies Law Review, Volume 14, Issue 4: Global Perspectives on Colorism (Symposium Edition), S. 729.
2 Russell-Cole, Kathy, et al. 2013. The Color Complex: The politics of skin color in a new millennium. Anchor Books, S. 29.
3 https://www.joydegruy.com/post-traumatic-slave-syndrome, zuletzt aufgerufen am 04.01.2022.

4 Emilia Roig. Why We Matter. Das Ende der Unterdrückung. Aufbau, Berlin 2021. © Aufbau Verlage GmbH & Co. KG, Berlin 2021, S. 39.

5 Alice Hasters. 2019. Was weiße Menschen nicht über Rassismus hören wollen, aber wissen sollten. Carl Hanser Verlag, Berlin, S.133.

5 Herkunft: Die Kaste Mensch

1 Diese Tätiget wird auch toddy tapping genannt, weil daraus unter anderem Likör hergestellt wird.

2 https://thediplomat.com/2019/01/where-did-indians-come-from-part-3-what-is-caste/, zuletzt aufgerufen am 04.01.2022.

3 In der hinduistischen Kosmologie wird von vier Zeitaltern gesprochen, die sich abwechseln wie Jahreszeiten, aber jeweils mehrere Tausende von Jahren andauern: Satya Yuga, Treta Yuga, Dwapara Yuga und Kali Yuga. Kali Yuga wird auch Zeitalter des Niedergangs gennant, in dem das Universum in Hass, Gier und Verwirrung zerfällt und zerstört wird.

4 Brahmanen sind Priester und Gelehrte, Baniyas Geschäftsleute und Händler.

5 https://www.ambedkaritetoday.com/2019/10/who-were-shudras-the-riddle-of-shudras.html, zuletzt aufgerufen am 04.01.2022.

6 In: Ambedkarr, B. R. 2014. Annihilation of Caste. The annotated critical edition. Verso, London und Brooklyn/Navayna Publishing, New-Delhi, S. 24 ff.

7 Ein paar Jahre später aber gab er seinen Ministerposten ab, weil er feststellen musste, dass die hinduistische Elite seinem Sinn nach Gleichstellung nicht in vollem Maße nachkommen wollte.

8 Eine Studie aus dem Jahr 2015 legte dar, wie schwer es ist, als Dalit oder Moslem in Städten an Wohnungen zu kommen: Von 1500 Wohnungssuchenden, je zu ein Drittel Moslems, Dalits und höhere Kasten, wurden nur Dalits und Moslems schon am Telefon von Vermietenden abgelehnt. Bei persönlichen Treffen wurden fast die Hälfte aller Dalits und mehr als 60 Prozent der muslimischen Suchenden abgelehnt, von den höheren Kasten nur drei Prozent. Quelle: Thorat, S., et. al. 2015. Urban Rental Market: Caste and Religion Matters in Access. Economic and Political Weekly, Volume 50, Issue 26/27, S. 47–53.

9 https://www.spiegel.de/lebenundlernen/schule/auslaendische-vornamen-migranten-diskriminierung-durch-firmen-bestaetigt-a-960855.html, zuletzt aufgerufen am 04.01.2022.

10 https://www.wiwo.de/erfolg/jobsuche/diskriminierung-beim-arbeitsamt-jobcenter-benachteiligen-menschen-mit-auslaendischen-namen/20309164.html, zuletzt aufgerufen am 04.01.2022.

11 https://www.zdf.de/nachrichten/panorama/wohnungssuche-diskriminierung-100.html, zuletzt aufgerufen am 04.01.2022.

12 https://scroll.in/article/808890/kancha-ilaiah-explains-why-he-decided-to-add-shepherd-to-his-name, zuletzt aufgerufen am 04.01.2022.

13 https://indianexpress.com/article/opinion/columns/dalit-caste-names-up-marginalised-community-7446182/, zuletzt aufgerufen am 04.01.2022.

14 Tharoor, Shahi. 1996. Eine kleine Geschichte Indiens. Suhrkamp Verlag, Frankfurt am Main, S. 153.

15 https://www.statista.com/statistics/266808/the-most-spoken-langua ges-worldwide/, zuletzt aufgerufen am 04.1.2022.

16 https://indianexpress.com/article/opinion/columns/maharashtra-pro tests-kopardi-case-maratha-kranti-morcha-3049916/, zuletzt aufgerufen am 04.1.2022.

17 https://factly.in/data-reported-atrocities-against-scheduled-castes-increased-by-19-in-5-years/, zuletzt aufgerufen am 04.1.2022.

18 Tharoor, Shahi. 1996. Eine kleine Geschichte Indiens. Suhrkamp Verlag, Frankfurt am Main, S. 87.

19 https://www.deutschlandfunk.de/linke-identitaetspolitik-partikular interessen-versus.1184.de.html?dram:article_id=438586, zuletzt aufgerufen am 04.1.2022.

20 Francis Fukuyama. Identität. Aus dem amerikanischen Englisch von Bernd Rullkötter. © 2019 Hoffmann und Campe Verlag GmbH, Hamburg, S. 194.

21 https://economictimes.indiatimes.com/news/economy/indicators/quota-unquote-here-is-the-reality-of-jobs-and-education-in-india/articles-how/67496710.cms?from=mdr, zuletzt aufgerufen am 04.01.2022.

22 Ende 2018 führte der Bundesstaat Maharashtra eine 16-Prozent-Quote für Marathas ein. Ein Bericht der bundesstaatlichen Kommission für Backward Classes hatte die Gemeinschaft zuvor als sozial und ökonomisch rückständig eingestuft. Durch diese Erweiterung werden nun mehr als zwei Drittel der Arbeitsplätze im öffentlichen Dienst und an Universitäten über Quoten vergeben. Anfang 2019 verkündete der indische Premierminister zudem, zehn Prozent aller Quotenplätze für wirtschaftlich schwache Haushalte zu reservieren, die keiner der gelisteten Minderheiten angehören. Unter die Definition »wirtschaftlich schwach« fallen 95 Prozent der Bevölkerung. Quelle: https://www.thehindu.com/opinion/lead/a-solution-in-search-of-a-problem/article25962037.ece, zuletzt aufgerufen am 04.01.2022.

23 Laut dem repräsentativen Indian Human Development Survey können mehr als zwei Drittel der Schulkinder aus höheren sozialen Gruppen zwischen 8–11 Jahren lesen, unter benachteiligten Kasten und Indigenen sind es nur zwischen 40 und 45 Prozent.

6 Länder und Kulturen: Die Macht der Außenperspektive

1 https://www.ted.com/talks/chimamanda_ngozi_adichie_the_danger_ of_a_single_story?language=de, zuletzt aufgerufen am 04.01.2021.

2 Bei den ausgewählten Medien handelte es sich um Spiegel Online, Deutsche Welle, Bild.de und Express Online, alle vier unter den meistbesuchten Nachrichtenseiten im Dezember des Erhebungsjahres 2018. Vgl. Behme, Pia-Yvonne. 2019. The Image of India in German Broadsheet and Tabloid Media. University of Amsterdam.

3 https://www.thehindu.com/thread/reflections/are-foreign-journalists-ignorant-of-the-true-india-or-is-their-focus-on-news-that-sells/article 19416256.ece, zuletzt aufgerufen am 04.01.2021.

4 Sen nennt diesen Ansatz curatorial approach, was sich von Kuratorium ableitet: eine Runde von Experten, eine Auswahlkommission. Der Begriff unterstreicht die Autoritätsinstanz der Beobachter.

5 Siehe vor allem Schlegels Schrift »Über die Sprache und Weisheit der Indier.« Abrufbar unter: https://web.archive.org/web/20140118194141 /http://fiindolo.sub.uni-goettingen.de/gretil_elib/ScF808__SchlegelF_ SpracheUndWeisheitDerIndier.pdf, zuletzt eingesehen am 04.01.2022.

6 https://www.deutschlandfunk.de/edward-said-kritiker-der-westlichen-ueberheblichkeit-100.html, zuletzt aufgerufen am 04.01.2022.

7 Tharoor, Shahi. 1996. Eine kleine Geschichte Indiens. Suhrkamp Verlag, Frankfurt am Main, S. 192.

8 Bregman, Rutger. 2020. Im Grunde gut: Eine neue Geschichte der Menschheit. Rowohlt Verlag, Reinbek, S. 260.

9 Appiah, Kwame Anthony. 2019. The lies that bind: Rethinking Identity. Profile Books, London.

10 Wanta, W., Golan, G., & Lee, C. 2004. Agenda setting and international news: Media influence on public perceptions of foreign nations. Journalism & Mass Communication Quarterly, Volume 81, Issue 2, S. 364–377.

7 Von Frau zu Mann: Tee trinken im Patriarchat

1 https://www.weforum.org/reports/gender-gap-2020-report-100-years-pay-equality, zuletzt aufgerufen am 04.01.2022.

2 Emilia Roig. Why We Matter. Das Ende der Unterdrückung. Aufbau, Berlin 2021. © Aufbau Verlage GmbH & Co. KG, Berlin 2021, S. 63.

3 www.ncbi.nlm.nih.gov/pmc/articles/PMC3394179/pdf/nihms347595. pdf, zuletzt aufgerufen am 02.01.2022.

4 https://economictimes.indiatimes.com/news/elections/lok-sabha/india/ women-turn-out-in-greater-numbers-than-in-previous-elections/article show/69405687.cms, zuletzt aufgerufen am 04.01.2022.

5 https://www.bmfsfj.de/bmfsfj/themen/gleichstellung/gender-care-gap/

indikator-fuer-die-gleichstellung/gender-care-gap-ein-indikator-fuer-die-gleichstellung-137294, zuletzt aufgerufen am 04.01.2022.

6 Bregman, Rutger. 2020. Im Grunde gut: Eine neue Geschichte der Menschheit. Rowohlt Verlag, Reinbek, S. 255.

8 Religion: Sind wir alle ein bisschen Hindu?

1 Der rituelle Minimalismus unterscheidet sie von weiter verbreiteten, traditionelleren Formen des Hinduismus, auch Sanatan Dharma genannt.

2 https://encyclopedia.ushmm.org/content/de/article/aryan-1, zuletzt aufgerufen am 04.01.2022.

3 https://www.bpb.de/internationales/asien/indien/181208/hitler-wahrnehmung, zuletzt aufgerufen am 04.01.2022.

4 In der Mahabharata kämpfen zwei Königsfamilien um die Macht. Es geht um rivalisierende Brüder, um Wiedergeburt und Dharma, um das Gute und Böse, das nie klar trennbar ist. Darin enthalten ist auch die im Ausland sehr populäre Schrift der Bhagavad Gita: eine Unterhaltung zwischen Gott Krishna und Sohn Arjun, der vor der schwierigen Entscheidung steht, gegen Familienmitglieder in die Schlacht zu ziehen, um für seine Werte einzustehen – und diese gleichzeitig zu verraten, weil er andere verletzen würde.

5 Der Fluss liegt heute in Pakistan.

6 Tharoor, Shahi. 1996. Eine kleine Geschichte Indiens. Suhrkamp Verlag, Frankfurt am Main, S. 186. Oder: https://vivekavani.com/paper-on-hinduism-swami-vivekananda/, zuletzt aufgerufen am 04.01.2022.

7 Das indische Zivilrecht ist folglich religiös und regional zersplittert. Gegen eine Vereinheitlichung wehren sich vor allem religiöse Minderheiten, weil sie darin einen Angriff auf ihre Souveränität sehen.

8 https://www.foreignaffairs.com/articles/south-asia/2017-10-19/gandhis-role-partition-india?utm_medium=promo_email&utm_source=lo_flows&utm_campaign=registered_user_welcome&utm_term=email_1&utm_content=20211217, zuletzt aufgerufen am 04.01.2022.

9 Der Mörder von Mohandas Karamchand Gandhi war Anhänger dieser Ideologie und tötete ihn, weil sich dieser in seinen Augen zu sehr für die muslimische Gemeinschaft im Land eingesetzt hatte.

10 Tharoor, Shahi. 1996. Eine kleine Geschichte Indiens. Suhrkamp Verlag, Frankfurt am Main, S. 166 ff.

11 Tharoor, Shahi. 1996. Eine kleine Geschichte Indiens. Suhrkamp Verlag, Frankfurt am Main, S. 134.

12 https://caravanmagazine.in/vantage/reporter-mob-attacked-muslim-sonia-vihar-delhi, zuletzt aufgerufen am 04.01.2022.

13 https://www.ndtv.com/india-news/under-narendra-modi-government-vip-hate-speech-skyrockets-by-500-1838925, zuletzt aufgerufen am 04.01.2022.

10 Liebe: Arrangiert euch bitte

1 Şeyda Kurt. 2021. Radikale Zärtlichkeit: Warum Liebe politisch ist. HarperCollins, Hamburg, S. 125.

2 Hooks, Bell. 2018. All About Love: New Visions. William Morrow Paperbacks, New York, Kindle Edition, S. 208/209.

11 Abschied

1 Tharoor, Shahi. 1996. Eine kleine Geschichte Indiens. Suhrkamp Verlag, Reinbek, S. 164.

2 Die anderen sind: Avidya, Unwissenheit. Raga, das Mögen oder der Wunsch. Dvesha, die Abneigung, Ablehnung. Abhinivesha, die Furcht vor dem Tod, oder allgemeiner: Angst. Das sind die fünf Leiden des Menschen.

12 Nach Hause kommen

1 Chaudhuri, Maria. 2014. Beloved Strangers: A memoir. Bloomsbury, New York, S. 137.

2 https://www.antidiskriminierungsstelle.de/SharedDocs/downloads/DE/publikationen/Expertisen/expertise_diskriminierungserfahrungen_in_deutschland.pdf?__blob=publicationFile&v=6, zuletzt aufgerufen am 04.01.2022.

3 Vgl. Desikachar, T. K. V. 2016. Über Freiheit und Meditation. Das Yoga Sûtra des Patañjali. Eine Einführung. Verlag Via Nova, Petersberg, S. 89.

4 https://www.tagesspiegel.de/politik/warum-wir-nicht-von-asiatischen-laendern-lernen-corona-offenbart-die-westliche-arroganz/26893480.html, zuletzt aufgerufen am 04.01.2022.

5 Chödrön, Pema. 2005. When things fall apart: Heart advice for difficult times. HarperNonFiction, London, 2. Edition, S. 145.

6 https://mediendienst-integration.de/artikel/alternativen-zum-migrationshintergrund.html, zuletzt aufgerufen am 04.01.2022.